词汇主义视阈下的汉语非连续结构研究

——以范畴语法为纲

韩玉国　著

北京语言大学出版社
BLCUP

图书在版编目（CIP）数据

词汇主义视阈下的汉语非连续结构研究：以范畴语法为纲 / 韩玉国著. -- 北京：北京语言大学出版社，2017.12

ISBN 978-7-5619-4947-4

Ⅰ. ①词… Ⅱ. ①韩… Ⅲ. ①汉语－语法结构－研究 Ⅳ. ① H14

中国版本图书馆 CIP 数据核字（2017）第 279728 号

词汇主义视阈下的汉语非连续结构研究——以范畴语法为纲

CIHUI ZHUYI SHIYU XIA DE HANYU FEILIANXU JIEGOU YANJIU——YI FANCHOU YUFA WEI GANG

排版制作：北京创艺涵文化发展有限公司
责任印制：周 燚

出版发行：北京语言大学出版社
社 址：北京市海淀区学院路 15 号，100083
网 址：www.blcup.com
电子信箱：service@blcup.com
电 话：编辑部 8610-82303647/3592/3395
国内发行 8610-82303650/3591/3648
海外发行 8610-82303365/3080/3668
北语书店 8610-82303653
网购咨询 8610-82303908
印 刷：北京建宏印刷有限公司

版 次：2017 年 12 月第 1 版
印 次：2017 年 12 月第 1 次印刷
开 本：787 毫米 × 1092 毫米 1/16 印 张：16.75
字 数：258 千字
定 价：68.00 元

PRINTED IN CHINA

本书出版受到北京市支持中央在京高校共建项目资助

目　录

第一章　词汇主义句法理论源流与汉语研究应用

纵观当代形式语言学的产生与发展，我们发现一条线索由暗至明贯穿其中，乃至发展成为今天的非转换生成语法（non-transformational generative grammar），特别是形式语义学的基石和红线，那就是对词汇在句法理论中的地位和作用日渐重视。在形式语义学中，词汇所承载的句法特征、语义特征已成为语句生成的起点，甚至建构起一个过渡性平面，通过词汇规则的操作为句法规则的应用提供正确的前提、起点和方向，保证组合性原则的准确应用和语句的生成路向，词汇因此而获得了句法体系中的核心地位。

1. 词汇主义句法理论概要

1.1　转换生成语法和非转换生成语法

形式语言学这一术语概指生成语法（generative grammar），包括肇始于乔姆斯基（Chomsky）的转换生成语法（transformational generative grammar）和在此基础上后续形成的非转换生成语法（non-transformational generative grammar）。两种生成语法都建立在语言的生成性之上，将语言看作数学客体和形式，通过形式化的描写和规则操作生成语句并努力确保能够推导、论证所生成语句的合法性，同时，以此致力于对普遍语法的探索。转换和非转换的分野在于不同的生成机制。前者的生成途径来自于转换这一核心机制，其本质是无限制改写系统（unrestricted rewriting systems）。Peters 和 Ritchie（1973）论证了其标准理论的生成能力过于强大，无法对句子的合法性做出判断。正是基于这一怀疑和批评，一些语言学家开始考虑语法的其他组成部分是否有可能承担原来由转换规则承担的语言描写任务。非转换生成语法就是在这样的背景下出现的，“其宗旨与乔姆斯基尽可能地削弱无限制改写系统的机能相反，而是千方百计地扩大上下文自由语法的机能，以适合自然语言的需要，其结果很可能是殊途同归”（方立，1993）。

1.2 非转换生成语法的词汇主义特征

在现代语法理论中，语法除包括传统意义上的组成部分外，还包括词库。这就意味着，有些人会从句法学的短语结构规则中再寻出路，有些人则会从词汇、语义学或语法的其他组成部分中另辟蹊径，甚至还有人会从语言之外的因素来看问题。广义短语结构语法（Generalized Phrase Structure Grammar，GPSG）代表前者；核心驱动短语结构语法（Head-Driven Phrase Structure Grammar，HPSG）基于GPSG但格外强调词汇的作用并引入了复杂特征集，词汇主义特征更加明显；词汇—功能语法（Lexical-Functional Grammar，LFG）更多地依赖于词库记录词项的句法信息，通过功能结构（functional structure，f-structure）建立句法和语义的联系；蒙塔古语法（Montague Grammar，MG）、范畴语法（Categorial Grammar，CG）则主要通过增加语义学的内容来减轻句法学过多的负担。抛弃转换机制意味着这些语法否认深层结构和表层结构这两个层次，所有的研究基于表层结构展开，因而被称为单一层次的语法（Monostratal Grammar）。

除抛弃转换机制外，非转换生成语法也深受生成语义学（generative semantics）的影响，讲求句法和语义的严格对应。回顾转换生成语法，语义可以说是屡遭诟病并推动其变化和发展的一条线索。在乔姆斯基看来，句子的结构表达是句子的语义和音系解释的基础，因此，句子提供的句法信息越多，语义和音系解释也就越简单。也就是说，发达的句法学可以减轻语义学和音系学描写语言的任务，甚至使句法不依赖于语义，这就是他在经典理论时期强调的句法自治性（autonomy of syntax）。尽管在标准理论时期乔姆斯基修正了他的语义理论，在词库中列入了语义特征，但仍然坚持句法优于语义，只有句法才有生成能力，而语义仅对深层结构具有解释功能，句法不依赖语义而存在（参见 Chomsky，1965）。正是这一主张导致了转换生成语法学派内部的分裂，生成语义学派就此产生，代表人物是莱可夫（G. Lakoff）、麦考莱（J. McCawley）、罗斯（J. Ross）等人。不同于乔姆斯基标准理论时期的语义观，生成语义学派认为句法和语义不可截然分开，语义是语法的基础和中心，具有生成性。生成语义学主张语言最深层的结构是义素，通过句法变化和词汇化的各种手段而得到表层的句子形式。生成语义学的生成路径仍然拘于深层结构和表层结构，尽管已不再被视为一种可行的语法模式，但其对语义的重要性的认识为后续 GPSG、HPSG、LFG、CG 等非转换生成语法理论产生了一定影响，这些流派都将句法和语义作为并行的系统。正如邹崇理（1995）所言："生成语义学在揭示英语的意义方面获得了不少研究成果，他们正确地看到，语义同语形一样，也具有生成能力。语义的生成分析甚至还能说明许多语形结构运算无法解释的语言现象。"

1.3　词汇主义句法理论的共同特征

我们将非转换生成语法的词汇主义理念概括为以下五点：

第一，词库中词条所包含的不只是形态学意义上的静态词形，也包括该词条的句法信息、语义信息甚至是语用信息，内涵十分丰富，句法构造由此投射而来。

第二，由于词条信息足够丰富，使得先前在转换生成语法中由句法承担的大多数转换任务由词汇承担，短语结构规则因此而被消解，句法变得更为简洁。

第三，以组合的方式自下而上地生成语句。其过程受到制约条件的限制（constraint-based），以保证生成的句子都符合语法。

第四，强调句法和语义的平行与对应，力图使句法学同句子语义学一同得到严格、细致而深入的发展，因此而不同程度地采用形式语义学表达方式，遵守语义组合性原则并格外重视句法和语义之间的接口层面。从某种程度上说，词汇主义句法理论既是句法的，也是语义的。

第五，在上述特征基础之上，词汇语法以对动词（谓词）动态语义的详尽分析见长，词汇意义（词典意义）影响到句法和语义表达的部分也被列入研究的范围中来并加以分析，甚至成为首道程序。

可以说，词汇主义不是指某一种具体的句法理论，而是一种研究的视角与维度，表明了词汇在句法理论中作为构句基本单位的起点作用，从这一点看，似乎是自下而上的。但由于句法搭配、语义角色等信息的载入，使得语句的整体信息在词汇层面得以分解和描写，因而又是自上而下的，其总体特征是“大词库、小规则”。

1.4 词汇主义句法理论与形式语义学

词汇主义句法理论的第四个特征表明了非转换生成语法与形式语义学的深厚渊源，二者之间的关系不能简单地归结为“借用”或是“逻辑加上自然语言的例子”，而是语言学领域内的一种融合。简言之，非转换生成语法有句法部分，也有语义部分，而语义部分正是基于形式语义学的方法；从形式语义学方面来看，为了达成细致的语义刻画和描写，也首先需要构建句法部分，在此基础上完成它们的工作，而其句法的构建也正是基于非转换生成语法。二者在侧重点上有所不同，尤其是蒙塔古语法及后续的各种范畴语法对句法和语义之间“规则对规则假设”（rule-to-rule hypothesis）的严格遵守，使得句法和语义之间形成了同态甚至是同构（homomorphism）关系。也正是因为如此，蒙塔古通过自然语言句法范畴和逻辑类型的对应而建构起来的理论既被称为句法学，也被称为语义学。正如资深的蒙塔古语法研究专家和形式语义学奠基人之一 Barbara H. Partee 所言：“在我的研究中历来确信形式语义学就是句法内容添

加语义因素的结果，或许还伴随出于句法语义接口的需要对句法的某种调整。”（转引自邹崇理，2007）

形式语义学肇始于蒙塔古语法，后续发展出的影响较大的理论有广义量词理论（Generalized Quantifier Theory，GQT）、话语表达理论（Discourse Representation Theory，DRT）、情境语义学（Situation Semantics，SS）和类型逻辑语法（Type Logical Grammar），这些理论的产生和发展源自对语言研究中难题的破解，也促进了形式语义学对自然语言研究的适用性和精准性。可以毫不夸张地说，形式语义学就是蒙塔古语义学及其后续发展出来的多种理论。

Albertazzi（2000）归纳了形式语义学理论假设（转引自束定芳，2005）：

1）语言可以通过作为计算系统（algorithmic）来描述。

2）语言系统本身是自足和自主的，对它的分析不需参照语言之外的事物。

3）语法，尤其是句法，是语言的一个独立层面。

4）语法具有生成性，可以生成某一语言的所有句子。

5）意义可以通过逻辑形式语言以真值条件的方式得到描述，该逻辑形式语言的规则根据塔斯基的单一意义协调原则得到定义。

6）语义具有严格的组合性，但其重要性与句法相差甚远。

7）类推、隐喻、呈放射性状态的概念等不应包括在语言研究之列。

不难看出，这些理论假设与非转换生成语法的特点是高度契合的，二者的合流成为必然。Partee（2007）认为：适用于或者可以适用于基于组合的形式语义学的句法绝大多数都是非转换生成语法。与组合形式语义学相兼容的非转换生成语法包括 GPSG 与 HPSG 及其后续的发展、范畴语法的现代版本、树连接语法（Tree-Adjoining Grammar，TAG）、词汇—功能语法（LFG）。

2. 汉语的词汇主义研究

2.1 计算语言学的词汇主义路线

尽管相关语法理论的引介比较充分，然而词汇主义在汉语研究中的应用主要集中于计算语言学，尤以 HPSG 和 CG 为重。黄昌宁、陆镜光（1998）从计算语言学实践出发总结现代语言学重要思想所得出的结论无一不与词汇主义相关。他们认为："词汇主义被视为现代语法理论的首要倾向；在语言单位的描写上以复杂特征集取代早先的单一标记（即原子）；主张语言在句法和语义两个层面上的平行、关联与同构（homomorphism）；组合性（compositionality）是句法和语义学共同的基石。"冯志伟（2011）对计算语言学进行历史回顾和现状分析时总结了计算语言学的八种形式模型，直接或间接与词汇主义句法理论相关的达五种之多。正因如此，他在总结当前计算语言学发展特点时指出："计算语言学中越来越重视词汇的作用，出现了词汇主义（lexicalism）的倾向：词汇信息在自然语言的计算机处理中起着举足轻重的作用。"作为计算语言学的基石，词汇主义理论的研究与应用不可谓不充分。

2.2 汉语本体研究的词汇主义倾向

与计算语言学相比，汉语本体研究的词汇主义理论应用正在经历一个从自发到自觉的过程。从名词的格到动词配价、语义特征，再到动词词义的动态性，直至当前，自觉意识到词汇意义对句法的影响、关注词汇的特征描写，进而提出"大词库、小语法"的主张。从这一系列渐进性的变化中，我们看到了汉语语法研究逐渐向词汇主义靠近的脉络——从静态到动态、由"类"特征到个体特征。这一线索体现在"三个平面"理论提出以来的汉语语义研究中。以下，我们按照时间线索总结汉语带有词汇主义色彩的语法研究的发展。

2.2.1　三个平面理论

胡裕树、范晓（1985）提出的“三个平面”理论使语义成为汉语研究的理论视角之一。他们从莫里斯符号学出发，认为“词语与客观事物（符号与内容）之间也有一定的关系，这种关系是属于语义的（semantical）”，并以施事、受事说明语义关系。同时，他们也明确指出：“语义平面所说的语义，不同于词的词汇意义。词的词汇意义是词所具有的个别意义，是可以在词典里说明的。”这说明“三个平面”中的语义集中表现为体现成分之间关系的语义，也是一种静态的语义。范晓、胡裕树（1992）进一步将语义平面研究的语义概括为“动核结构（或称谓核结构）、动词的价（也称‘向’）、名词的格、语义指向、歧义、语义的选择限制”。由于“三个平面”理论从宏观角度厘清了汉语语法研究的维度和范围，因而影响广泛。但实际上，与此同时，以马庆株为代表的“语义·语法范畴”研究已经开始基于语义特征对汉语动词进行深入研究，并取得了具有解释力的成果，具有句法—语义接口的意味。

2.2.2　语义·语法范畴

马庆株（1981）基于完成、持续和状态这三种语义特征提出了持续性动词（含强持续性动词和弱持续性动词）、非持续性动词的分野，后又受藏语启发于1988年区分了自主动词和非自主动词（含属性动词和变化动词）。基于这些成果，马庆株（1992）提出了语义·语法范畴。他指出：“如果语义的差别形成了语法范畴、语法类，那么，要确定语法类就应该找出可把两类区别开来的语法特征，而不宜采用意义标准。”实际上这体现了句法和语义相互验证的思想。

马庆株的动词分类不禁使我们想起Vendler（1957）通过有无过程、有无终点这两个体貌特征对英语动词的四分：状态（state）动词[+过程 –终结]、活动（activity）动词[–过程 –终结]、达成（achievement）动词[–过程 +终结]和完成（accomplishment）动词[+过程 +终结]。这一分类成为句法学、语义学甚至第二语言教学与习得的基础性参考。我们在第二章将会讨论到这一方法对范畴语法的贡献。

2.2.3 汉语配价语法研究

《现代汉语配价语法研究》(沈阳、郑定欧，1995）的出版引发了空前的讨论，使该研究成为20世纪90年代的热点。在配价语法这种词汇主义思潮中，我国汉语语法学者对题元角色及句法实现进行了深入的思考并取得了丰硕的成果。但由于种种原因，如汉语动词词义的灵活性和动态性、汉语基本语法关系与话题的纠结、对汉语作格性质的认识不足等，汉语配价语法研究并没有深入贯彻词汇主义语法理论的原则，具体表现在这样两个方面：对动词语义动态性能够造成的句法影响持怀疑态度，为避免“词无定价，离句无价”的局面而限制词汇意义的深入分析；虽然提出了“原子句”“基础句”“必有论元”“最小配价”等概念，但没有自觉地将它们与语法关系直接对应起来。这两个方面导致的结果是配价语法在热潮后开始转向句式语法来解决这些问题。

陶红印（2000）评价汉语配价语法研究时认为：“基本上都可以概括为静态的研究”，“这种研究的主要特征是结合动词的语义特征判断它的论元结构的主要方面”，在此基础上他明确提出：“动词的论元结构其实是开放型的，具有动态变化特征，而且从根本上来说是受制于实际的语言运用的；静态的研究方法不能揭示这个基本的语言事实。”这些评价表明，一些学者已开始察觉到汉语动词的动态性特征，陶红印、张伯江、郭锐的研究是这方面的代表。

2.2.4 词语的语法、语义多功能性

陶红印（2000）明确提出了“动态的论元结构假说”(Emergent Argument Structure Hypothesis)：第一，频率越高的动词论元结构越不稳定；第二，实际语言运用中所见到的动词经常和典型论元相结合，较少和非典型论元相结合；第三，被扩大的论元结构首先会涉及最接近核心的论元类型；第四，论元结构的扩大作为一种重要的结构变化以不妨碍交际为前提，因此在时间上是一个缓慢的过程，在句法构造上有特别标记；第五，句法的变化不排除甚至常常伴随着语义的变化。他结合共时和历时研究对“吃”的普遍用法进行了考察，论证了高频动词“吃”的结构变异类型。张伯江（2002）对高频动词“死”的

考察也属于同类研究，通过语料统计的方法描绘出“死”从前景用法扩充到背景用法，再发展出主体论元后置的结构，进而发展出名物化结构的途径。

郭锐（2004）指出：“词在句法层面上会产生词汇层面未规定的性质，我们把这种性质叫语法的动态性。”实际上，他在2002年就对此有过较为详尽的阐释：“词语的语法性质应区分为‘词汇层面的语法性质’和‘句法层面的语法性质’。词语在词汇层面的语法性质，是词语固有的词性，可以在词典中标明；而词语在句法层面的语法性质，是词语在具体使用中产生的，由句法规则控制。词语在上述两个层面的语法性质一般情况下是一致的。”（郭锐，2002）这一主张与Zwicky、Pullum开创的接口语法（the Interface Program）的句法—形态接口相契合。方立（1993）对此的评价是：“他们区分了形态词和句法词，并认为一个形态词总是体现为一个句法词，但也有一些例外的情况。”

陆俭明（2004a）认为郭锐的“词语的语法动态性”宜改为“词语的语法多功能性”（the dynamics of the syntax of words and phrases），他同时提出“词语的语义多功能性”，是指词语在相同的词类序列中，或者跟同一个词语组合，可呈现不同的语义功能，担当不同的语义角色。同时把“词语的语法多功能性”和“词语的语义多功能性”二者合在一起，统称为“词语的语法、语义多功能性”（the dynamics of the syntax and the semantics of words and phrases），并指出这种多功能性的三个主要表现：

1）某一个词类里的词语，在语法功能上发生变化。

2）动词或形容词前后所实际出现的论元数（或称“配价数”）发生变化。

3）语义角色性质发生变化。

我们认为，或许这就是汉语句法灵活性的根源所在。其后，陆俭明先后多次明确提出构建“大词库、小语法”的理论主张。

2.2.5 “大词库、小语法”主张的提出

基于面向计算语言学的汉语研究和构式语法的语义问题，陆俭明一直倡导关注词汇语义的汉语句法研究，并先后发表文章表达对这一研究理念的关注。

陆俭明（2004b）通过五组实例具体说明和论证了词的具体意义对句子意思理解所产生的影响，得出的结论是："句法虽然还要深入研究，但更要重视和加强概念结构及彼此之间相互制约关系的研究，因为某个词类序列能形成什么样的句法结构，将会具体表示什么样的意思，主要取决于具体词语的意思，即具体词语所代表的概念及其彼此之间的相互制约关系。"其后，他从计算语言学角度重申了这一主张，指出"重视词语的具体意义（实际上是概念之间的关系）对句子意思的影响，重视词语的特征研究与描写，这可能是解决语义与句法接口问题的一条光明大道"（陆俭明，2006a、2006b），同时，也为后续研究提出了建议："词语的特征到底该如何描写，才能满足解决语义与句法接口问题的需要，这是亟须探索的新问题。"（陆俭明，2006b）相关研究中他也非常客观地指出："词库说实在至今还是个假设性的东西。当然图纸是有了——词库是语言中所有词项的集合，而每个词项，其特征都要从语音到句法，到语义，甚至到语用进行充分的描写。"（陆俭明，2008）

3. 本书的理论框架与研究目标

陆俭明应用词汇主义思路研究汉语的主张为我们提供了进一步探索的空间，本书正是基于词汇主义句法理论典型代表——范畴语法而进行的这样一种尝试。

非转换生成语法诸理论中，范畴语法对其他几种语法理论的发展产生了极其深刻的影响，其理论最宽泛、抽象的表述方式成为其他非转换语法的基础，表现为为句法代数配上与之同态的语义代数。基于这样的认识，Partee 甚至认为："GPSG 和 HPSG'都是'蒙塔古语法，因为这些理论能用上述方法构造并且相应的语义学是组合的。"（转引自邹崇理，2007）

对于范畴语法对汉语语法研究的适用性问题，詹卫东提出了自己的隐忧，他在《当代形式语法理论概观》* 中总结了范畴语法存在的四个问题：

第一，范畴标记和词类不是一一对应的，要在具体的语流中确定具体词的范畴标记有相当难度，甚至无异于先要理解。

第二，不负载在词上面的结构（如汉语中的联合结构、连谓结构等）就很难纳入范畴语法的框架去表达。

第三，超距关系的成分（如“王冕死了父亲”中的“王冕”和“父亲”）在范畴语法的框架中无法建立约分关系。

第四，像汉语这样语序灵活、填项经常不完备（省略）的语言，用范畴语法去描述也会遇到很多麻烦问题。

应该说上述问题在古典范畴语法理论时期的确存在，但随着范畴语法的发展和手段的扩充，上述问题中的第三个和第四个已得到很好的解决，而本书也将有所论及。第一个、第二个问题的确是范畴语法语言哲学观和方法论上的问题，无论具体推演手段如何，这两个问题都是需要首先面对的。针对这一问题的思考实际上是本书的第一个研究目标。除此以外，本书基于范畴语法还要讨论的问题有：汉语语法关系的确立、汉语话题句的生成、“把”字句、“得”字补语句、兼语句和与非连续结构相关的紧缩句，我们从“非连续”这一独特的视角将这些语言现象统一在一起。我们所采取的词汇主义方案是借助生成语义学理念对范畴语法进行扩充的理论框架——组合范畴语法（Combinatory Categorial Grammar，CCG）。

语言中的非连续现象是理论语言学研究的核心问题，转换生成语法正是出于对这种现象的无奈提出深层结构这样一种理想化模型。范畴语法承认非连续结构的存在并以解决这类问题见长。通过深入的语义考察和句法描写，我们发现，汉语“把”字句、一部分“得”字补语句和兼语句具有一系列共同特征并将它们统一在 TVP 范畴之下，这是一种完全不同于以往的解决方案。在汉语中承认 TVP 这样一个非连续的及物动词短语范畴，许多相关问题将迎刃而解。

* 该文为北京大学詹卫东教授的《计算语言学概论》课程资料，来源网址：http://ccl.pku.edu.cn/doubtfire/Course/Computational%20Linguistics/contents/Chapter_03_Appendix.pdf

本章参考文献

Albertazzi, L. (2000) Which Semantics? In L. Albertazzi (ed.), *Meaning and Cognition: A Multidisciplinary Approach*, 9-10. Amsterdam: John Benjamins Publishing Company.

Chomsky, N. (1965) *Aspects of the Theory of Syntax*. Cambridge, MA: The MIT Press.

Partee, Barbara H. (2007) A Brief History of the Syntax-Semantics Interface in Western Formal Linguistics. Paper presented at Conference Синтаксические Структуры, Russian State Humanities University.

Peters, Stanley, and Robert Ritchie (1973) On the Generative Power of Transformational Grammars. *Information Science* 6: 49-83.

Vendler, Z. (1957) Verbs and Times. *Philosophical Review* 56: 143-160.

范　晓、胡裕树（1992）有关语法研究三个平面的几个问题 [J],《中国语文》第 4 期，272-278 页。

方　立（1993）美国理论语言学研究 [M]，北京：北京语言学院出版社。

冯志伟（2011）计算语言学的历史回顾与现状分析 [J],《外国语》第 2 期,9-17 页。

郭　锐（2002）现代汉语词类研究 [M]，北京：商务印书馆。

郭　锐（2004）语法的动态性和动态语法观 [A]，载《21 世纪的中国语言学》第一辑 [C]，商务印书馆编，北京：商务印书馆。

胡裕树、范　晓（1985）试论语法研究的三个平面 [J],《新疆师范大学学报》第 2 期，7-15 页。

黄昌宁、陆镜光（1998）现代语言学给我们的启迪 [J],《世界汉语教学》第 4 期，43-46 页。

陆俭明（2004a）词语句法、语义的多功能性：对“构式语法”理论的解释[J],《外国语》第 2 期，15-20 页。

陆俭明（2004b）词的具体意义对句子意思理解的影响 [J],《汉语学习》第 2 期，1-5 页。

陆俭明（2006a）要重视特征的研究与描写 [J],《长江学术》第 1 期，80-86 页。
陆俭明（2006b）句法语义接口问题 [J],《外国语》第 3 期，30-35 页。
陆俭明（2008）构式语法的理论价值与局限 [J],《南京师范大学文学院学报》第 3 期，142-151 页。
马庆株（1981）时量宾语和动词的类 [J],《中国语文》第 2 期，1-7 页。
马庆株（1988）自主动词和非自主动词 [J],《中国语言学报》第 3 期，157-180 页。
马庆株（1992）汉语动词和动词性结构 [M]，北京：北京语言学院出版社。
沈　阳、郑定欧（1995）现代汉语配价语法研究 [C]，北京：北京大学出版社。
束定芳（2005）认知语义学的基本原理、研究目标与方法（之一）[J],《山东外语教学》第 5 期，3-11 页。
陶红印（2000）从“吃”看动词论元结构的动态特性 [J],《语言研究》第 3 期，21-38 页。
张伯江（2002）“死”的论元结构和相关句式 [A]，载《语法研究和探索（十一）》[C]，中国语文杂志社编，北京：商务印书馆。
邹崇理（1995）逻辑、语言学和蒙太格语法 [M]，北京：社会科学文献出版社。
邹崇理（2007）从逻辑到语言——Barbara H. Partee 访谈录 [J],《当代语言学》第 2 期，151-165 页。

第二章　范畴语法述要

1. 引言：范畴语法——语言研究的数学方法

现代语言学从索绪尔的结构主义经历了乔姆斯基革命直至今天多元化发展的局面，人们对语言本质的理解从作为社会现象的约定俗成的符号系统到具有生物学特性的天赋的语言生成机制，再到基于人类自身体验的认知性象似系统，走过了近百年的历程。当代语言研究中数学方法的运用使其形式化程度得到了进一步提高，在促进语言学不断现代化的同时，也更加适应数字时代技术革命的需要。

正如 Chomsky（1970）指出的："生成语法研究之能够实现，乃是数学发展的结果，普遍语法的数理研究很可能成为语言理论中的中心领域。"有人把生成语言学比喻为数学，它从经验性的对于表层形式的观察转向了抽象的层面，即形式化的底层语法。生成语言学把语言看作是数学客体，构建类似于数学的原子及推导规则的集合。Chomsky 和 Miller（1963）这样说道：

> 语法是形式化的，它由某种语言的句法结构的数学理论构成。数理语言学正是基于人们对语言数学性质的认识而自觉发展起来的运用数学的方法研究语言的学科。它从数学领域得到的主要是思考问题的思路和方法，而不是某种专门的结果。

从语言研究的角度看，数学主要是作为语言理论的形式化手段而并没有与句法规则完全合流，在这方面做出努力并颇有成效的是范畴语法理论。1953 年

巴 – 希勒尔（Bar-Hillel）发表了《句法描写的准算术记法》，提出了句法类型的演算方法，这是一种辨识模型，这种模型又被称为范畴语法，在描写英语方面取得了令人满意的效果。

范畴语法来源于语言学描写这一传统，先前的语言学描写强调语言构成成分的结构，与语言哲学、逻辑学以及代数学是相互分离的。范畴语法对自然语言的深层本质的看法与依存语法（dependency）是类同的，认为语言是基于语义关系构造成句的，而不是对语言解构的分析模式——这也是范畴语法不同于传统描写语言学之处。其特色在于对句法中的语义的直接表达，因此范畴语法受到语言哲学的钟爱，而其数学的表达方式得到逻辑学家尤其是形式和计算语言学者的青睐。

2.　范畴语法概要

2.1　范畴语法源流

2.1.1　古典范畴语法

范畴语法的基本思想来源于 19 世纪弗雷格的语言哲学思想，其最早表述是由波兰逻辑学者莱斯涅夫斯基（Lesniewski）提出的。其后，20 世纪 30 年代的爱裘凯维茨（Ajdukiewicz）在技术上进一步完善和发展了范畴语法系统的逻辑处理，兰贝克（J. Lambek）丰富和发展了有关代数演算。20 世纪 50 年代初巴 – 希勒尔（Bar-Hillel）的工作使范畴语法系统地应用于自然语言的领域，用范畴语法的递归方式来解释自然语言语形范畴之间的转化关系。“范畴语法”（Categorial Grammar，CG）这个概念最早就是由巴–希勒尔提出的（Bar-Hillel，1964），用以综合他早期的学术思想（Bar-Hillel，1953）以及莱斯涅夫斯基和爱裘凯维茨对于短语结构语法的语言研究。

在范畴语法的处理下，自然语言语形范畴之间的关系不是平行并列的，而是一种导出、派生的关系。巴－希勒尔及之前的范畴语法的算法规则只有函数应用，其生成能力被证明基本上等同于上下文自由语法，被称为古典范畴语法或者纯范畴语法。由于古典范畴语法无法解决非连续结构问题，使得巴－希勒尔最终放弃了范畴语法。自然语言被逻辑学家们认定充满了模糊性和歧义，不适宜应用逻辑学家为形式语言而设定的句法、语义操作手段。

2.1.2 蒙塔古语法

在古典范畴语法的基础上，蒙塔古（Richard Montague）一反先前逻辑学家和哲学家对逻辑形式方法用于自然语言描写的怀疑态度，坚持采用数理逻辑的方法对英语进行研究（Montague，1970），成为形式语义学的起点。Montague（1974）提出了一条描写自然语言意义的思路，具有三种语义学性质：真值条件语义学（Truth-Conditional Semantics）、模型论语义学（Model-Theoretic Semantics）、可能世界语义学（Possible Worlds Semantics）。该方法把每一句法范畴对应于某个语义范畴——高阶内涵逻辑的类型，用 λ-词项的方式表示句法范畴的语义值。这样，范畴语法获得了严密的语义解释，使它在自然语言的逻辑处理方面显示出独特的魅力，因而重新焕发了生机。当然，由于蒙塔古语法的句法部分线条过于粗糙，以至于被称为蒙塔古语义学而非语法学（Dowty，1981）。后续语言学家摒弃了蒙塔古对生成语言学句法部分的忽视，强调语义解释和句法结构的统一，从而使范畴语法获得了长足发展。

2.1.3 现代范畴语法

20 世纪 80 年代以来，由于斯蒂德曼（M. J. Steedman）、范本瑟姆（Van Benthem）、卡彭特（B. Carpenter）及莫里尔（G. Morrill）等人的工作，CG 在类型逻辑语义、逻辑推演及可计算性等方面加速发展。简言之，CG 的逻辑化趋势愈益明显，最终形成了类型—逻辑语法。类型—逻辑语法由于其表述的简洁性现已成为 20 世纪 90 年代西方形式语义学、语言哲学研究领域关注的焦点。几十年来 CG 发展迅猛，出现了许多分支，如贴合范畴语法（Applicative Categorial Grammar）、Lambek 演算、扩充的范畴语法（GCG）、合一的范畴语法（UCG）、组合的范畴语法（CCG），等等，内容丰富，涉猎极广。

简单地说，范畴语法根植于弗雷格和莱斯涅夫斯基的数理逻辑，从互不依赖、完全不同的两个方向发展，一个方向是 Bar-Hillel（1953）的句法计算，另一个方向是蒙塔古形式语义学，由 Ades 和 Steedman（1982）进行逻辑融合，得益于在计算语言学中的广泛应用而在近年来爆炸性发展。

近些年，国内语言及逻辑学者开始关注范畴语法理论，并对其理论体系、工作原理及操作过程诸方面进行了引介，如冯志伟（1987、1991、1999、2001）、方立（1993、1997、2000、2001、2003）、邹崇理（1993、1995、2000、2002、2007、2011）、姚从军（2012）；也有学者开始运用范畴语法对汉语本体进行研究并取得了一些新的发现，如邹崇理（2000、2002、2004）、王欣（2009）、姚从军（2014、2015）；计算语言学界对范畴语法的应用主要包括中国科学院计算技术研究所提出的“短语结构制导的范畴表达式演算”（赵章界、白硕，2005）、微软亚洲研究院基于组合范畴语法进行的树库建设（宋彦、黄昌宁、揭春雨，2012）等。

2.2 当代范畴语法作为非转换语法繁荣的动因

美国结构主义的短语结构语法属于上下文自由语法。正是由于美国结构主义的有限状态语法、短语结构语法以及上下文自由语法都不能充分而简洁地描写自然语言，因而乔姆斯基引入了转换规则，不仅能调整句子成分的序列，而且还能消去或增加成分，所以具有强大的描写能力。但是由于生成能力过强，以至于无法对句子的合格与否做出判断，也就是说这种无限制的改写系统不能正确判断什么样的语言是人类语言而什么样的不是。

方立（1993）指出：“由于自然语言的性质很难确定，也就不完全排斥其他语法类型仍有可能在描写自然语言方面取得成功，非转换生成语法就是在这样的背景下出现的，其宗旨与乔姆斯基尽可能地削弱无限制改写系统的机能相反，而是千方百计地扩大上下文自由语法的机能，以适合自然语言的需要，其结果很可能是殊途同归。”范畴语法成分间的导出派生关系、函数复合规则、范畴改变规则等规则的运用及“语言片段”概念的发展大大增强了古典范畴语法的生成能力，使其有别于上下文自由语法。这种路线与其他学派的非转换生成语法是一致的。

2.3 范畴语法与其他语法理论的区别

2.3.1 范畴语法与短语结构语法

范畴语法与短语结构语法对同样的语言字符串采用了不同的方法。范畴语法的描写是类型代数的方法，而短语结构语法则使用了并联代数（或者说是加括号式的并联，algebra concatenation）。总的来说，范畴语法被看作是短语结构语法的逻辑学元理论。短语结构语法和范畴语法经常分别被认为是位置语法和计算语法、函数语法。在范畴语法看来，中心语这个概念，也许并不像GPSG认为的那样是基本的、非派生的，而是由更为基本的概念——函数和变元推演出来的。双向范畴语法（即古典范畴语法）类似于上下文自由语法，多种范畴语法的不同之处在于对方向性的处理。也可以说，范畴语法与短语结构语法的根本区别在于：前者建立于严格数学意义上的函数概念上。范畴语法中与转换规则功能相同的规则是函数复合规则（function composition）及范畴改变规则（category change）。范畴语法与非范畴语法的对立在于：前者对操作进行限定，按照一定的算法进行，而后者没有限定，也不存在算法系统。短语结构在范畴语法中的地位与在短语结构语法中的地位是完全不同的。

两种语法如果基于给定的共同词汇生成同样的句子的集合，即它们给予句子同样的语序，那么这两个语法就是弱等同的（weakly equivalent），而强等同（strong equivalence）则满足附加条件——两种语法生成的每个句子的句法结构必须是相同的（树形图相同）。Bar-Hillel（1964）证明，范畴语法弱等同于上下文自由短语结构语法，范畴语法的不同在于把每个成分分为函数及论元，后者从 1 到 n ≧ 1，也就是在纵向的树形图上，每个层面增加了横向的片段（segmentation），正是由于这种横向关系，范畴语法具有近似上下文依赖性（dependency grammar）的特点——独立的成分决定依赖性的成分，例如，介词选择名词而不是动词，论元被函数选择。

2.3.2 范畴语法与转换生成语法

从数理角度看，范畴语法与转换生成语法是有区别的。Hockett（1954）区分了 IA 和 IP 两种模式，X-bar 理论及其派生形式属于 IA 模式，因为它们主要考虑的是连续性的问题。转换生成语法解决非连续成分的做法是通过连续性成分来完成的，比如语迹、语迹链的使用，也就是说在连续结构中说明非连续结构。同时，转换生成语法同结构主义语法一样坚持“直接成分”概念的使用。而具有函数范畴的范畴语法从输入和输出的角度出发，使得表达式更加丰富，源于派生的 IP 模式，它对于形态的描写不仅仅限于并联（concatenation）。转换生成语法当中的短语结构规则是句法的重要组成部分，因此也就承继了结构主义的并联代数特性。转换是并联元素的换位，而转换规则是对这种换位的限制——这是它比结构主义高明的地方。我们可以把转换规则看作是一个函数，从一种序列到另一种序列的函数，但是这些转换规则之间各自独立，内部不存在算法。

3. 范畴语法中的“范畴”

词汇的范畴是任何一种语法理论都需要的。一般意义上的句法范畴是指词语的句法分类，如名词、动词、形容词等范畴，而范畴语法中的“范畴”则有特别的含义，它是基于函数意义的范畴，这种语法的特征是：体系单位的角色是函数，另外范畴的集合是巨大的。

3.1 “范畴”的基本定义

总的来说范畴语法当中的“范畴”是表达（expression）的分类（class）。范畴语法中句法范畴的递归定义（recursive definition）是可能句法类别的有限集，分为基本范畴（primitive category）和函数范畴（functor category），并从递归定义中得到更多的范畴。句法到语义范畴之间的转换是由 Montague（1970、1974）提出来的，句法范畴被称为范畴，而语义范畴被称为类型（type）。

3.2 句法范畴

3.2.1 范畴的类型

N、NP、S 是基本范畴，由基本范畴派生出自然语言所需要的范畴：

1）N、NP、S 是基本范畴（基础部分）。

2）如果 X、Y 是范畴，则 X/Y、Y\X 也是范畴（规则部分）。

3）除由 1）、2）生成的范畴之外，其他的都不是范畴（对规则的限定部分）。

X、Y 是变元，X/Y 是函数，右边是论元的斜线是顺向斜线，相反是逆向斜线。

句法范畴主要有：S（句子）、N（名词）、NP（名词短语）、VP（动词短语或不及物动词）、NP\S（动词短语）、VP/NP（及物动词）、（VP/NP）/NP（双及物动词）、VP\VP（动词附加语，即副词或介词短语）、（VP\VP）/NP（介词）、S\S 或 S/S（全句附加语，副词或介词短语）、N/N（做定语的形容词）等。相应的主要语义类型有 np=e，s=t，vp=<e,t>，vp/np=<e,<e,t>>，vp\vp=<<e,t>,<e,t>> 等。

由于组合的多样性，每个词的范畴描写也是多样的，因而范畴语法中的范畴是一个十分庞大的数字。比如动词的总范畴是（n\s）$，按照分布及组合情况的不同，这个总范畴涵盖了多种次范畴（subcategories）描写，如 s/np、(s/np)/np、((s/np)/np)/np、np\s、np\(np\s)、s/x、(s/np)/x（x ≠ np）、s/vp、(s/np)/vp 等。任何一个次范畴与总范畴之间都具有类似音位和音位变体的关系，因而其具体描写具有不确定性的特点。由于用某个词的具体组合性特征（源于其句法分布）来描写该词的范畴，因此每个词的范畴描写上都承载着句子信息。每一个词有多少种不同的句法表现形式就有多少个范畴，这些范畴包含在词库中。比如"吃"这个词，带宾语和不带宾语时范畴就是不同的。

两个范畴属于同一句法范畴当且仅当包含这两个表达之一的句子不因其互相替换而不再成句（Ajdukiewicz，1935）。非基本范畴被称为函数范畴，函数的作用是通过简单表达而形成复合表达（compound expression），也就是说，每个函数结合一个或更多短语即论元，形成一个新的短语，即值（value）。

3.2.2 范畴的意义

对于"范畴"的质疑主要来自两个方面。首先是词的范畴不固定，一个词根据句法分布的不同可有多个范畴。如同一个动词，不带宾语时其范畴是 n\s，带宾语时是 n\s/n，如果再考虑到带状语、带补语等情况，其范畴就更为复杂。由此就导致了第二个质疑——范畴的数量过于庞大。实际上，每种语法理论都有各自的研究起点，范畴语法的起点显然不是词类，但却比词类更为细致。对于范畴的不确定性和由其导致的范畴数量过大，我们认为，作为以词库为核心的词汇主义语法，复杂精细的词库描写和词库建设是必不可少的，尤其是范畴的构建直接反映了语义，不应求全责备。

实际上，真正值得我们深入思考的问题是确定范畴的程序。一般而言，"组合"的理念表明范畴语法是自下而上的生成性语法。然而，我们在确定范畴描写时首先需要考虑的却是该词在整个句子中的分布信息，因而又带有了自上而下的性质。按照发生顺序，一个范畴的确立首先是自上而下确定范畴的描写与刻画，而在推演生成时再采用自下而上的组合方式。正如第一章第 3 节中詹卫东提出的质疑："要在具体的语流中确定具体词的范畴标记有相当难度，甚至无异于先要理解。”如果自上而下和自下而上形成了一个循环，那么范畴语法还有什么意义？是不是变成了一个类似先把蛋糕切成四块再合成一个整体这样的毫无意义的操作？回答当然是否定的，这种考虑仅是针对单个句子而言，如果将语言看作一个句子集合的话，我们认为“范畴”至少具有以下三个方面的意义：

第一，确立范畴的过程是一个句子推演的过程。有效的形式推演帮助我们发现并重新认识先前对于句子结构认识的不足并找到适当的处理方法。我们即将讨论到的非连续结构（discontinuous construction）、语言片段（fragment）以及马真、陆俭明（1996）提出的“非语法形式”都是针对推演过程当中发现的新问题所提出的解决方案。这促使我们打破线性观和固有的结构观重新思考语句的构成。

第二，词语的范畴实际上反映了句法—语义的形态。根据范畴形态的异同，我们会发现词汇分类的新角度，如英语的 persuade 和 promise，表面上看都可以带不定式结构，然而从范畴刻画上却分别是 TV/IV 和（IV/IV）/T，这就解释了为什么 persuade 可以经历被动化而 promise 则不能——TV 短语是被动化规则的唯一输入成分。如果不从句法和语义结合的角度来确定范畴，这些问题可能不会被发现。汉语的“劝”和“答应”、“答应”和“允许”也许存在同样的问题，这就为我们的研究提供了一个新的思路和空间。

第三，一个词语的范畴实际上是一个多种可能的集合——范畴集。从单个语句的生成看，范畴的确定可能特定性过强，但不同类型的语句所导致的同一个词语的不同范畴描写却将语句的类型汇集于词汇的范畴集上，为语句的生成和合法性判定提供了计算、证伪的基础。应该说，范畴的确定首先是一个发现和描写的过程，在形成范畴集后，进而进行发生学意义上的生成或者检验。这就是所谓的先自上而下，然后再自下而上的现实意义。

4. 范畴语法的特性

范畴语法有五个突出的特点，我们分为不同的小节逐一介绍。

4.1 函数—论元结构（functions and arguments）

在范畴语法中，语言被看作是函数和变元而不是成分和结构，所以它是一种配价的或依存语法的模式而不是短语结构语法。范畴语法使用函数—论元结构，这种结构反映了一种将表达结合在一起的过程。如果要计算意义（或真值），我们只能把表达分析为论元和函数。函数—论元结构这种表达方式也正是古典范畴语法与短语结构语法的根本区别。弗雷格认为，函数是一个不完整的、不饱和（unsaturated）的表达，实际上这也反映了范畴语法的依赖性质。

4.2 范畴语法中的句法、语义关系——规则对规则假设（rule-to-rule hypothesis）

弗雷格最早提出了语义组合性原则：语言中任何一个表达的意义是其直接组成成分的意义和组合这些成分的句法规则的函数。20 世纪 70 年代在真值条件语义学、可能世界语义学和模型理论语义学的基础上发展出的蒙塔古语法把语言学和逻辑学的研究紧密结合在一起，形成了当代极有影响的语义学流派，从而破除了用逻辑方法研究自然语言的顾虑。这种方法不但大大发展了古典范畴语法，而且对语言学特别是语义学研究具有革命性意义。这种语义学有两个根本假设：自然语言的语义与句法有构成关系（compositionally linked）；自然语言的逻辑形式与语言的表层结构非常相近，因此，语言的意义也与句法一样，是由规则控制的。这反映了人类语言的一个重要特征——每一个句法组成成分都在语义理解中起一定的作用。

当代形式语义学最重要的两个原则是：1）语义的组合性原则（弗雷格原则）；2）规则对规则假设。后者是说每一句法规则都有一个对应的语义规则，不过，这一假设不是语义理论的必要条件，而是获得组合性的一种方式，也是具体研究过程中的一种指导原则。Dowty（1979）对此评论道："句法学与语义学是有严格对应的，句法结构与语义结构是一一对应的，也就是说是同构的，范畴语法一些流派也认为句法和语义之间是同态的，即前者与后者可能是二对一的关系。"我们认为，"一对一"还是"二对一"取决于语义规则表达的精细化程度。如果足够精细，那么句法规则与语义规则必然是一对一的同构关系。句法描述不仅要定义哪些是合格的结构式，哪些是不合格的结构式，而且要为语义解释提供基础。范畴语法的语义分析使用与句法分析类似的树形图，体现了弗雷格的语义组合原则，通过函数关系来反映下位语义单位与上位语义单位之间的关系。

Gazdar 等（1985）也阐述了同样的思想，他认为语义组合必须直接反映句法组合，句法和语义具有极其密切的平行关系，至少是同态的，具体体现就是规则对规则假设。每个句法规则内在地固有一个语义规则，每一个句法描写都提供一个完整的组合语义学。从句法与语义的平行关系着眼，很多语法学家认为与其说是句法范畴不如说是语义范畴，因此范畴语法既是句法的也是语义的。这样，规则对规则假设导致的直接结果就是省略了逻辑式翻译这样一个中间层次。

总之，句法构造方式直接影响我们对句子意义的理解，它为意义的理解提供形式基础。一般来说，句法与语义的关系是形式与模型的关系，语义学必须构建模型解释句法形式，应该说句法还是处在中心的位置。

Zwicky 提出，仅仅从句法的角度对语言做出描写是不完整的，还必须说明从句法描写中计算出语义的方法。（方立，1984）非转换模式的工作都已集中在促使句子语义学跟句法学一起能得到严格的、细致而深入的发展。

冯志伟（2001）也从这一角度阐释了句法—语义对应性对计算语言学的意义：短语结构语法对句子进行切分，采用的是一种解析模式（analytic pattern），而范畴语法则力图反映范畴的语义连锁，采用的是一种构造模式（constructive pattern）。范畴语法尽量设法把语义直接标识于句法之中，因而受到计算语言学家的欢迎。

4.3　单一层次（monostratal）的语法

范畴语法赞同无变化的方式，而避免如转换语法的移位、删除等带有破坏性的机制。由于使用有限的非并联性操作手段（limited non-concatenative operations），严格遵循组合性原则，因而是一种单一层次的句法理论（monostratal theory of syntax）。相比较而言，转换生成语法的管辖与约束理论（Government and Binding Theory，GB）则是一种多层次理论（multistratal theory）。Zwicky（1984）指出："曾经被假设必须由转换语法做出处理的各种运算和种种关系——非连续成分、并列、歧义以及诸如提升规则和被动转换规则之间的相互作用等——实际上可由短语结构规则做出令人满意的描写。非转换语法有它们本身的特点，这些特点能保证对非连续性成分做出描写。一切非转换语法的宗旨都是有意识地否定转换规则是语法描写必不可少的一个组成部分的思想。"（转引自方立，1984、1993）

由于多层次句法理论（即转换生成语法）的生成能力过于强大，如果不加限制地使用，反而会给句法研究带来一些问题。我们认为，基于转换生成语法研究方案的汉语复杂主语修饰语提升为话题、多重话题结构、次话题、对于领主属宾句的"领有名词提升移位"假设等都是由于对移位手段不加限制地使用而形成的，这很难说是对转换生成语法的丰富与发展，反而在一定程度上背离了汉语的语言事实，对上述问题我们将专章讨论。

4.4　词汇主义主张

范畴语法是强词汇句法学，其显著的特点是：词库的词条包含了丰富的句法信息，这些信息由词汇的具体意义（词典意义）所蕴涵，因此短语结构规则是不需要的。词汇范畴的规定和说明直接影响了其句法表现。范畴、原子代替了短语结构规则，从而使得独立的语法规则部分不再需要。乔姆斯基对此的评价是："索绪尔曾认为把语法与词或者语素的语法性质统一起来，范畴语法真正精确地做到了。"（Chomsky，1963）Karttunen（1989）这样评价道："范畴语法最显著特征是词语的词汇实体事实上包含了词语结合成短语所需要的所有信息，没有独立的句法规则部分，而其他语法却一定要包含这个部分。范畴语法中的绝大多数语言实体通过与什么组合和组合成什么来定义，而基本范畴是十分有限的。"

4.5 对复杂结构语言现象的优雅描写

许多语言现象违反了规范的成分结构，比如不受约束现象、非连续的依赖现象。正如 Zwicky 所说的："虽然非转换语法否定转换规则，但那些原定由各种转换来做的事情还是要做的。那一系列似乎需要通过转换才能解决的经典性语言事实必须得到描写，这些语言事实包括歧义、句子之间的释义关系、各种非连续成分（尤其是远距离成分的依赖现象），以及各种句法结构的相互影响等等。它们依然是任何一种语法理论必然应当描写的句法现象。争论的焦点是，我们可否能提出形式上较之于转换语法更加有限的语法理论来对这些语言现象做出令人满意的描写。"（转引自方立，1993）范畴语法之所以能够对上述语言现象做出令人满意的解释，其原因就在于算法与规则的不断扩充与丰富，能够在范畴语法的框架内采用组合的方式解决这些问题。

5. 范畴语法中的"语言片段"（fragment）

范畴语法的联结（associativity）手段是直接采用函数应用方式进行的。但是需要注意的是，这种函数应用有一个先后顺序的问题，也就是说动词作为函数范畴“NP\S/NP”先与哪个论元范畴——主语还是宾语——结合。实际上在范畴语法当中，这个有两个变元的函数先和哪一边的变元结合都可以。例如“张三喜欢赵英”这个句子就可以有两种生成方式：

a.

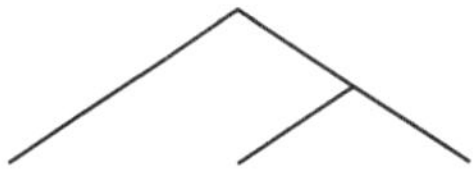

张三 喜欢 赵英

[张三 [喜欢赵英]]

b.

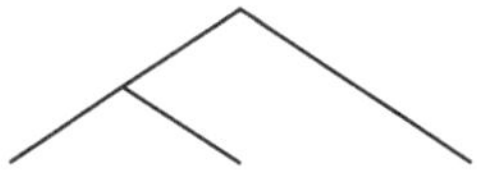

张三 喜欢 赵英

[[张三喜欢] 赵英]

也就是说，联结保证了名词性成分在语义上得到正确的语义角色，而不管它被分配在什么样的句法位置上。这就在语义解释不改变的情况下为我们提供了可选择的句法成分构成，为句法的灵活性描写提供了可能。因此范畴语法更注重“语言片段”这个概念而不是“直接成分”。但是这种方法却似乎导致了“非语法形式”的问题，如在上面这个例句中生成了“张三喜欢”这样的语言片段，这似乎是让人难以接受的。更为重要的是类似上图 b 这样的形式完全背离了转换生成语法的支配（dominance）和统制（command）概念。一般认为两种不同的句法结构意味着歧义，但实际上这是对同一个语义解读的两种可能的表层结构，也就是说根本不是真正的歧义，因而被称为“似是而非的歧义”或者“有名无实的歧义”(spurious ambiguity)。

“非语法形式”是马真、陆俭明（1996）在对“名词 + 动词”词语串的描写和分析中提出的概念，“非语法形式”是指从层次分析的角度看彼此不构成直接组成成分关系的词语串，他们同时也提出了“名词 + 动词”词语串成为语法形式的条件。他们发现，大约 50% 的动词可以单独做谓语，由这些动词形成的“名词 + 动词”的词语串都能成为合法的语法形式，但当这些动词带上后续成分（如宾语、补语、联合成分或“了 / 着 / 过”等）后，由这些动词形成的“名词 + 动词”的词语串就不是语法形式，我们刚才说的“张三喜欢”就是一个非语法形式。Steedman（1991）对此的解释是：“这种‘非语法形式’的句法派生（derivations）与可能分配的不同语重音、表达不同的主位—述位结构（theme and rheme）相关。”

上图b中宾语统制（command）主语，这与反身代词约束规则是相违背的，然而 Bach 和 Partee（1980）在约束、照应方面的工作从逻辑解释的角度得到了与约束理论同样的效果，同时以 Steedman（1996、2000）为代表的 CCG 则论证了从表层结构的统制关系来说明反身代词约束（anaphor binding）是不正确的，相应的问题应该在动词的“谓词—论元”结构中解决。这样，范畴语法发展了不同于转换生成语法的理论来解决约束和照应问题，这也是“语言片段”这一概念得以产生并巩固的前提。

“语言片段”所造成的“有名无实的歧义”现象是范畴语法扩大上下文自由语法生成能力的重要手段，这个概念对于一般句子的生成显然造成了冗余，但这种冗余为其他句法结构如话题句、NCC 结构等非连续语言现象的生成提供了必要的句法基础。换言之，对某个具体的句子的生成而言，“有名无实的歧义”也许是多余的，但对整个句法系统来说却不是多余的，而是必要的、必须的。对于具有高度普遍性与概括性的语法体系来说，适度的冗余是必要的，这种冗余增强了语言的生成能力。

6. 范畴语法的发展及主要流派——GCG 与 CCG

6.1 扩充的范畴语法（Generalized Categorial Grammar，GCG）

6.1.1 对古典范畴语法的扩充

古典范畴语法的原子范畴不准确，运算规则也非常单一（只有并联规则）。Lambek（1958）提供了句子类型的代数范畴算子，从而为区分句与非句提供了运算法则，这个算子清晰地表达为一个演绎系统。兰贝克（Lambek）演算规则导致了自然语言运用当中的四种分析方法：函数应用（application）、联结（associativity）、复合（composition）和提升（raising）。以上这四种方法构成了自由范畴语法（free categorial grammar）。其中，前三种分析方法是二元规则（binary rules），而提升则是一元规则（unary rules）。二元规则使得两个范畴联合成一个，而一元规则则把一个范畴转换成另外一个范畴。

兰贝克之后的研究在不同的方面进行了扩展，最终形成了扩充的范畴语法。具体的扩充表现在这样几个方面：对基本范畴的扩充方面增加了 NP 范畴，这样就区分了形容词和冠词的范畴描写方式；在函数与变元联结手段的扩展方面，除了方向性斜线以外，还使用了无方向性的竖线，用来生成那些论元既可以在函数左侧也可以在函数右侧的句子；在规则的扩展方面发展了排列（或配置）规则（permutation）用于解决词序变换和非连续成分的问题。具体地说包括右向联结 RCON（right concatenation）、左向联结 LCON（left concatenation）、右向内包 RWRAP（right wrap）、左向内包 LWRAP（left wrap）。右向联结是说函数在前变元在后，左向联结是说变元在前函数在后，两种联结都是以成分的相邻性为前提的，而内包则放弃了语言成分的相邻性，成为非连续成分的构造方式。其他规则还有如不协调函数复合（disharmonic composition）等，这些手段与规则我们都将做具体介绍。

6.1.2　Dowty 对 GCG 的贡献

Dowty（1979）是扩充的范畴语法当中的重要著作。邹崇理（1995）总结了该著作对蒙塔古 PTQ 系统（Montague，1974）的两点扩充：

第一，在蒙塔古语法框架内吸取生成语义学的成果，提出一个关于词汇语义学的研究纲领。具体地说，就是提出一个真值条件模型语义学基础上的词义分解方法。笔者认为，Dowty（1979）不但高度重视词义分析，而且做得非常细致、深入，比如他重新考察了 Vendler（1957）根据态的不同语义特点而划分出的状态动词、活动动词、完结动词、达成动词这四种英语动词后认为，把动词放到动词短语中甚至整个句子中去考察，这样来确定其归属比较合理，单独一个动词无所谓状态与达成之分，也无所谓活动与完结之别。只有在构成句子的动词短语中，动词才体现出态的特征来，态的特征关系到动词短语甚至整个句子，所以，应该在句子的层次上划分态的不同，即把句子分为状态句、达成句、活动句与完结句，再把其中的动词分别当作相应类别的动词来处理。

第二，Dowty 对于 PTQ 的发展还在于在内涵逻辑模型中，用间隔语义学（interval semantics）的方法取代蒙塔古所用的时刻语义学，其内涵逻辑部分十分复杂，极大地丰富了范畴语法对自然语言语义刻画的手段，使范畴语法更适合于对自然语言的研究。

从语言学的角度看，我们认为 Dowty 的贡献还在于他充分挖掘和丰富了范畴语法作为词汇语法的特征，主要表现在提出词汇规则及关系转换规则层面、对词义分析及词义的句法影响的重视、对语法关系的深入探讨、揭示补足语和附加语转换的再分析规则、支持并发展了内包操作以解决语言中非连续现象等多个方面。这些成果充分体现了长于词义分析的生成语义学与蒙塔古语法的完美结合。正像邹崇理（1995）所说的那样："生成语义学在揭示英语的意义方面获得了不少研究成果，他们正确地看到，语义同语形一样，也具有生成能力。语义的生成分析甚至还能说明许多语形结构运算无法解释的语言现象。然而生成语义学的这些成就缺乏系统、严格的数学表述，正值蒙塔古语义学在发展过程中也需要不断丰富、充实自身，因此，两者合流的趋势便不可避免。" Dowty 的工作正是一个典范，他的成果对汉语研究具有很大的启发意义。

6.2 Steedman 的组合的范畴语法（Combinatory Categorial Grammar，CCG）

由于范畴语法框架中语义与句法平行关系及自然语言的逻辑形式与语言的表层结构非常相近这一特征，因此，一般认为语义完全可以从表层结构中的句法关系推导出来，这样，表层结构就成为一个唯一可以依赖的表达层面，而 Steedman（1996）则对此提出了质疑，他认为基于表层结构的范畴语法缺乏必要的心理现实性，因而他提出"谓词—论元"结构是唯一的表达层面。

由于“谓词—论元”结构原则上最符合模型理论语义学，特别是Montague（1970）逻辑形式所需要的模型论语义学，因此成为CCG中唯一的表达层面。小句局部关系（clause-local relations）如约束（binding）和控制（control）必须在“谓词—论元”结构层面解决。在这个语法结构图式当中，表层结构不是一个表达层面。

正如当代许多语法流派在词汇平面区分“谓词—论元”结构和配价结构一样，在这里，CCG的理论具有类似Chomsky（1963）的最简性质（minimalist），Steedman强调区分“谓词—论元”结构与配价结构，二者的区别在于前者是最简的。我们认为这种区分是十分有必要的，虽然Steedman并没有提及，但词汇语法中特别是强词汇主义的代表流派——词汇—功能语法（LFG）将“谓词—论元”结构与语法关系即主语、宾语概念直接对应起来，因此，“谓词—论元”结构的地位是十分重要的。其他多数语法认为词库只贮存词的意义、形态、语音及词性，而词汇—函项语法则认为词库除贮存以上特性外，还包括多种词形（如英文中动词的屈折形式）以及该词可能搭配的句子。例如，一个动词的词库包括该词所能携带的所有“施事”或“受事”、“主语”或“宾语”。实际上，扩充的范畴语法（GCG）对语法关系的定义也是从最简关系出发的，但与Steedman的表述的不同之处在于，Dowty是从最简句法结构来定义语法关系的，由于我们知道范畴语法中句法与语义的对应性，实际上二者的本质是一致的。

Steedman的“谓词—论元”结构是一种逻辑语义概念，而每个“谓词—论元”结构的形成完全是从谓词的意义出发的，也就是说即使是同一个谓词，如果语义发生了变化，那么相应的“谓词—论元”结构也就会发生变化，这种变化直接映射为主语和宾语成分这样的语法关系的变化。由于汉语动词语义具有很强的动态性，而这种动态性变化缺乏相应的形态表征，因此，基于词义分析的“谓词—论元”结构对汉语研究是十分重要、十分必要的。如果动词语义发生了变化（凸显蕴涵义），那么其句法结构也会相应改变。一个典型的例子就是“死”，当表达基本义“死亡”时，只能有一个主语而没有宾语，而在“王冕死了父亲”这个句子中，“死”的意义是由“死亡”而蕴涵的“失去”义，其“谓词—论元”结构必然发生变化——失去 < 领有者，领有物 >，二者分别是主语和宾语，因此我们可以断定这是一个“主—谓—宾”句。GCG 和 CCG 的主张为我们的专题研究提供了理论基础。

7. 范畴语法的规则及算法系统

以下是范畴语法的主要规则，其中，提升规则和除法规则为一元规则，其他为二元规则。

7.1.1 函数应用规则

X/Y　　Y　　→　　X（顺向函数应用）

Y　　Y\X　　→　　X（逆向函数应用）

例如：

约翰　　喜欢　　玛丽

N　　（N\S）/N　　N

____________顺向函数应用

N\S

____________逆向函数应用

S

7.1.2 结合规则

（X\Y）/Z ↔ X\（Y/Z）

（X\Y）/Z → X\（Y/Z）

X\（Y/Z）→（X\Y）/Z

（X/Y）\Z →（X\Z）/Y

比如“喜欢”的范畴可以是（N\S）/N，此时先和宾语结合再和主语结合，也可以是 N\（S/N），此时先和主语结合再和宾语结合。

7.1.3　函数复合规则

和谐函数复合规则：

Z\Y　　Y\X　　→ Z\X（顺向和谐函数复合）

X/Y　　Y/Z　　→ X/Z（逆向和谐函数复合）

不和谐函数复合规则：

X/Y_S　　$Y\backslash Z_S$　→ $X\backslash Z_S$

Y/Z_S　　$X\backslash Y_S$　→ X/Z_S

复杂和谐与不和谐函数复合：

（X/Y）/Z　　Y/Z　→ X/Z（顺向复杂和谐函数复合）

（X/Y）\Z　　Y\Z　→ X\Z（顺向复杂不和谐函数复合）

Y\Z　　（X\Y）\Z　→ X\Z（逆向复杂和谐函数复合）

Y/Z　　（X\Y）/Z　→ X/Z（逆向复杂不和谐函数复合）

Ades 和 Steedman（1982）及 Steedman（1985）提出的函数复合（FC）成为范畴语法系统当中非常引人注目的一种理论，其独特之处在于它是一种对于自然语言具有高度普遍性的规则。函数复合规则导致这样两个重要理论结果：第一，使得 GPSG 为了解决长距离依赖问题而设计的斜线范畴成为不必要；第二，采用函数复合的方法不但使得从左至右的析句方法成为可能，而且也提供了一个合理的语义解释，从左至右渐次增加，遇到一个词就计算一个词的语义，这也非常符合心理语言学要求及常人的语感。

函数复合在描写自然语言中有特别重要的作用，比如话题提取、缺口句（gapping sentence）、NCC 结构（non-constituent conjunction）等非连续结构以及量词辖域的歧义问题的解决都要依赖函数复合规则。

7.1.4 提升规则

X → Y/（X\Y）

X →（Y/X）\Y

提升是一元规则，使得一个没有标记的名词进入一个特定的函数位置——主语或者宾语位置，或者使一个原子范畴成为一个寻找论元 X 的函数（复杂范畴），在语义解释上需要用 λ 算子进行限定。简单地说，提升规则表明：如果一个语言实体是范畴 X，那么根据一元规则，它也必然有范畴 Y/（X\Y），可以假定这是词库中就已经分配好的。

语义范畴类型提升后成为个体的集合，使得“约翰和每个人都工作”中“约翰”不再是个体，而和“每个人”一样都成为集合的集合，因此运算更为合理。主语的提升是 S/（NP\S），宾语的提升是（S/NP）\S。

7.1.5 除法规则

X/Y →（X/Z）/（Y/Z）

X\Y →（Z\X）\（Z\Y）

也称分解规则。除法规则能够解决全句修饰语（S\S）与动词短语修饰语（NP\S）\（NP\S）之间的转换问题，同时缺口句问题的顺利解决也离不开除法规则。

7.1.6 内包规则

RWRAP：右向内包

如果 a 是一个简单形式，那么 RWRAP（a,b）=RCON（a,b）

如果 a 具有 [XP X W] 这样的形式，那么 RWRAP（a,b）=[X_b_W]

（Bach，1979）

内包规则是解决非连续结构问题的至关重要的一环，同时，该规则也使得范畴语法具有了上下文敏感的性质。

8. IA 模式与 IP 模式

陈保亚（1999）对这两种模式进行了评述。IA 模式即项目与配列（Item and Arrangement）模式，这种模式通过分布来控制规则，但会在构词层面和句法层面遇到困难，他列举了这样几种：兼语式、“跳得过”、“将老李的军”，实际上这些都是非连续性成分。IA 模式强调的是纯共时平面基础上的线性，自然无法对含有历时因素且非连续的成分做出很好的解释。与 IA 模式不同的 IP 模式，即项目与过程（Item and Process）模式，其基本方法是过程——是变化、操作过程，也是生成过程。IP 模式通过过程来控制规则，既承认共时范畴因素，同时也不排除历时变化。

Hockett（1954）正是针对范畴语法的这样的句法处理路线提出 IP 模式概念的，他相信如果把语言看作是一个代数系统及对这个系统的操作过程的话，那么 IP 模式能够从数理逻辑的角度完美地形式化。古典范畴语法只有“并联”(concatenation）这样一种操作手段，因此与上下文自由短语结构语法具有相同的生成能力，仍然属于 IA 模式。1970 年蒙塔古语法的产生发展出内包（wrapping）等非并联操作手段，代表了 IP 模式的确立。现代范畴语法的范畴具有内部结构，是一系列特征的集合，这些特征决定了词汇和结构的性质，它关心的是一个句法表达如何通过形式操作手段同另一个句法表达以函数—论元的关系结合在一起，这样语义就成为一个存在算法并可以计算的系统。具体地说，每个函数范畴都包括：1）论元或输入范畴；2）值域或输出范畴；3）操作（the operation performed）。如冠词的范畴是 <CN，NP，pref>，其输入是普通名词 CN，输出是 NP，操作手段是前缀化（prefixation）——这是一种典型的 IP 模式。

语法范畴并不是一个单一的句法描写体系，而是一组同样基于论元—函数关系构造的相关体系的集合。在这种体系中，函数—论元是严格的而不是歧义的表达。IP 模式看重语言中词语的关系，比如相关词语之间（经历特定过程）

的派生关系。总之，IP 模式是基于演绎（derivation）的概念，而 IA 模式关心的是成分关系的明确表达（clarification）和形式化（formalization）。IA 模式将词和短语分解为部分，不关心复杂词语的来源问题，没有明显的历时解释，其中心概念是直接成分关系（constituency）。值得注意的是，有时 IA 模式中也运用范畴语法的方法，因为只有这样才可以澄清共时与历时的混淆。Hockett 试图论证，如果我们把语言看作是算法（algebra 或代数）及对算法（代数）的操作过程的话，IP 模式能够在数理逻辑的角度完美地形式化。但这只是他的看法，并没有付诸实践。

9. 范畴语法研究的意义

我们在本章 § 3.2.2 小节说明了范畴的意义。总体来说，范畴语法是一种词汇语法，也是一种非转换的生成语法。我国理论语言学界对形式句法的引介偏重转换生成语法，范畴语法的详细引介及应用于汉语的研究对我们来说应该算是崭新的。与转换生成语法强调句法的自治性截然不同，范畴语法当中句法和语义是一一对应的同构关系，或者说它既是句法又是语义，这无疑为语言研究另辟蹊径，丰富了语言理论的构成。值得注意的是，范畴语法已应用于多种语言的研究，而汉语句法这方面的研究仅处于起步阶段，我们希望范畴语法为我们提供一种更适合汉语特点的句法分析模式。

由于范畴语法把句法范畴和语义范畴结合起来，建立句法描述与语义描述之间的同构关系，在句法演算过程当中包含了语义信息，其算法透彻、模型简明，因而数十年来，范畴语法也一直是计算语言学研究关注的一个热点，始终保持着蓬勃的生命力。我国计算语言学学者开始关注到范畴语法，并尝试应用范畴语法来建立汉语语义范畴的演算系统。

广义的范畴语法也还可以包括蒙塔古语法及类型语义学，在自然语言和逻辑语言之间架起一座由此及彼的桥梁。基于类型—逻辑的自然语言研究在西方已持续了数十年，而我国这方面的研究相对滞后，因此，这方面的研究对我国自然语言逻辑研究也无疑具有重大的理论价值。

本章参考文献

Ades, A. E., and M. J. Steedman (1982) On the Order of Words. *Linguistics and Philosophy* 4: 517-558.

Ajdukiewicz, Kazimierz (1935) Syntactic Connexion. In S. McCall (ed.), *Polish Logic*, 207-231. Oxford: Clarendon Press, 1967.

Bach, Emmon (1979) Control in Montague Grammar. *Linguistic Inquiry* 10: 515-531.

Bach, Emmon, and Barbara H. Partee (1980) Anaphora and Semantic Structure. In Tody Kreiman and Almerindo E. Ojeda (eds.), *CLS 16: Papers from the Parasession on Pronouns and Anaphora*, 1-28. Chicago Linguistics Society, University of Chicago.

Bar-Hillel, Yehoshua (1953) A Quasi-arithmetical Notation for Syntactic Description. *Language* 29: 47-58.

Bar-Hillel, Yehoshua (1964) Four Lectures on Algebraic Linguistics and Machine Translation. In Y. Bar-Hillel (ed.), *Language and Information*, 185-218. Reading, MA: Addison-Wesley.

Chomsky, N. (1970) 为 M. Gross 和 A. Lentin 的 *Introduction to Formal Grammars* 一书所作序言，译文参见《语言学动态》1978 年第 5 期，译者拟题为《普遍语法与代数语言学》，刘连元译。

Chomsky, N. (1993) A Minimalist Program for Linguistics Theory. In K. Hale and J. Keyser (eds.), *The View from Building 20*, 1-52. Cambridge, MA: The MIT Press.

Chomsky, N., and G. A. Miller (1963) Introduction to the Formal Analysis of Natural Languages. In R. D. Luce, R. R. Bush, and E. Galanter (eds.), *Handbook of Mathematical Psychology*, 269-321. Amsterdam: Wiley.

Dowty, David R. (1979) *Word Meaning and Montague Grammar—The Semantics of Verbs and Times in Generative Semantics in Montague's PTQ*. Dordrecht: D. Reidel Publishing Company.

Dowty, David R. (1981) *Introduction to Montague Semantics*. Dordrecht: D. Reidel Publishing Company.

Gazdar, Gerald, Ewan Klein, Geoffrey Pullum, and Ivan Sag (1985) *Generalized Phrase Structure Grammar*. Oxford: Blackwell.

Hockett, Charles F. (1954) Two Models of Grammar Description. *Word* 10: 210-231.

Karttunen, Lauri (1989) Radical Lexicalism. In Mark R. Baltin and Anthony S. Kroch (eds.), *Alternative Conceptions of Phrase Structure*, 43-65. Chicago: University of Chicago Press.

Lambek, J. (1958) The Mathematics of Sentence Structure. *American Mathematical Monthly* 65: 154-170; reprinted in W. Buszkowski, W. Marciszewski, and J. van Benthem (eds.), *Categorial Grammar*. Amsterdam: John Benjamins.

Montague, R (1970) English as a Formal Language. Reprinted in R. Thomason (ed.), *Formal Philosophy: Selected Papers of Richard Montague*, 188-221. New Haven, CT: Yale University Press, 1974.

Montague, R. (1974) The Proper Treatment of Quantification in Ordinary English (PTQ). In R. Thomason (ed.), *Formal Philosophy: Selected Papers of Richard Montague*, 247-270. New Haven, CT: Yale University Press.

Steedman, Mark (1985) Dependency and Coordination in the Grammar of Dutch and English, *Language* 61: 523-568.

Steedman, Mark (1991) Structure and Intonation. *Language* 67: 262-296.

Steedman, Mark (1996) *Surface Structure and Interpretation*. Cambridge, MA: The MIT Press.

Steedman, Mark (2000) *The Syntactic Process*. Cambridge, MA: The MIT Press.

Vendler, Z. (1957) Verbs and Times. *Philosophical Review* 56: 143-160.

陈保亚（1999）20 世纪中国语言学方法论 [M]，济南：山东教育出版社。

方　立（1984）佐伊基教授谈当代语言学中的一些重大问题 [J],《语言教学与研究》第 1 期，61-70 页。

方　立（1993）美国理论语言学研究 [M]，北京：北京语言学院出版社。

方　立（1997）数理语言学 [M]，北京：北京语言文化大学出版社。

方　立（2000）逻辑语义学 [M]，北京：北京语言文化大学出版社。

方　立（2001）《当代语义理论指南》导读，当代语义理论指南 [M]，北京：外语教学与研究出版社。

方　立（2003）范畴语法 [J],《外国语言文学》第 3 期，19-28 页。

冯志伟（1987）数理语言学 [M]，上海：上海知识出版社。

冯志伟（1991）数学与语言 [M]，长沙：湖南教育出版社。

冯志伟（1999）现代语言学流派 [M]，西安：陕西人民出版社。

冯志伟（2001）范畴语法 [J],《语言文字应用》第 3 期，100-110 页。

马　真、陆俭明（1996）“名词 + 动词”词语串浅析 [J],《中国语文》第 3 期，183-188 页。

宋　彦、黄昌宁、揭春雨（2012）中文 CCG 树库的构建 [J],《中文信息学报》第 3 期，3-21 页。

王　欣（2009）类型逻辑语法与现代汉语“是”和“的”[D]，北京语言大学博士学位论文。

姚从军（2012）组合范畴语法研究述评 [J],《哲学动态》第 10 期，103-105 页。

姚从军（2014）组合范畴语法 CCG 与汉语谓词缺失现象的处理 [J],《安徽师范大学学报（哲学社会科学版）》第 4 期，29-35 页。

姚从军（2015）组合范畴语法 CCG 与汉语空代词现象的处理 [J],《湖北大学学报（哲学社会科学版）》第 4 期，45-49 页。

赵章界、白　硕（2005）短语结构制导的范畴表达式演算 [J],《中文信息学报》第 2 期，12-19 页。

邹崇理（1993）蒙太格语义学简介 [J],《国外语言学》第 3 期，1-9 页。

邹崇理（1995）逻辑、语言学和蒙太格语法 [M]，北京：社会科学文献出版社。

邹崇理（2000）自然语言逻辑研究 [M]，北京：北京大学出版社。

邹崇理（2002）逻辑、语言和信息 [M]，北京：人民出版社。

邹崇理（2004）汉语的句法语义特征和语言逻辑研究 [J],《湖南科技大学学报（社会科学版）》第 6 期，53-56 页。

邹崇理（2007）从逻辑到语言——Barbara H. Partee 访谈录 [J],《当代语言学》第 2 期，151-165 页。

邹崇理（2011）关于组合范畴语法 [J],《重庆理工大学学报（社会科学版）》第 8 期，1-5 页。

第三章　非连续结构及其类型

1. 非连续结构研究的意义

语言当中的非连续现象是理论语言学研究的核心课题之一，在当代句法理论中扮演着重要的角色，具有非常重要的理论意义。通常，关系从句、疑问句、话题句、分裂句和准分裂句等无界依存结构被认为是非连续结构。Steedman（1988）认为：“范畴语法以及其他各种语法理论的中心问题应当是如何表达自然语言当中的非连续结构或非连续现象。”而他本人也确实在这方面做出了突出的贡献。实际上转换生成语法的语迹、爬升乃至最简方案的特征核查、移位激发因素等核心理论的提出都是为了更好地（在深层结构中）保证在句法成分连续性的基础上来解决表层结构的非连续问题，因此 Steedman 的提法是不为过的。

句子的表层形式与语义结构中“谓词—论元”模型并不总是相对应的，因而常常显得杂乱无序，有些成分甚至完全被抑制，而这些结构形式又不是任意性的，这样就给语言研究带来一系列难题。转换生成语法的深层结构正是出于对这种现状的无奈而提出的一种理想模型，这是一个不同于表层结构的、自治的层面，在这个层面，表层结构中那些模糊不清的东西可以被清晰而直接地表达出来。转换生成语法建立了一系列原则及规则将深层结构与表层结构相对应，用移位理论来描写句子成分与意义之间的依赖关系，对于这些原则和规则的描写和解释构成了句法研究的主题。实际上 Chomsky（1957）第一次提到的移位现象被认为是非连续现象研究的起源。

2. 非连续结构的定义

2.1 非连续直接成分（discontinuous immediate constituent）

Bloomfield（1933）这样定义直接成分："直接成分是两个或多个复杂形式的共同部分。而所谓的复杂语言形式与其他语言形式一样负载部分语音—语义信息内容。从语感上说，如果两种形式具有恰当的并且在语音、语义方面一致的组成部分，那么这两种形式必然是相似的。"比如在"the boy ran"和"the boy fell"这两个复杂形式中，"the boy"就是它们的直接成分（索绪尔有同样的定义），这显然是从聚合的角度来定义直接成分。在这里我们给出形式化的定义表达：

> 如果一个语音串 C 在句子 S_1，S_2，……S_N 中都表达一个恒定的语义内容，那么 C 是句子 S_i 的直接成分，其中 $0 \leqq i \leqq n$。

我们不难看出这是一个比较程序（comparison procedure），这个程序严格依赖于规律性的语义解释。那么我们又将怎样判定非连续结构呢？

从直接成分的定义出发，Wells（1947）提出："如果在一定的语境当中一个非连续的语串（sequence）有相应的连续语串，这个连续语串是一个结构的直接成分并在语义上与相应非连续语串的句法结构相一致，那么该非连续结构也是一个（非连续的）直接成分。"显然，他比照连续性直接成分来说明非连续直接成分。陆俭明（1993）最早采用这样的方法对"所"字结构进行了切分。我们同意这种观点并进一步认为：非连续作为一种句法手段来源于连续结构并改变或者说丰富了连续结构的语义内容，因此，我们在论证汉语非连续结构的过程中将努力发掘这些非连续结构所对应的连续结构——尽管有时这样做很难，比如"把……VP"的对应连续性成分只有在汉族儿童语言发展过程中才出现。

在转换生成语法当中，直接成分关系（constituency）的概念是通过树形图表达出来的：在一个句子S的树形图T中，如果一个节点绝对支配（exhaustively dominates）子节点（the leaves）C_1，C_2……C_N，那么C_1，C_2……C_N就组成了S的直接成分（constitute a constituent of S）。在直接成分概念的基础上，注重连续性的结构主义对非连续现象无法做出准确的描写和解释。转换生成语法通过深层结构中的连续性成分来说明表层结构的非连续结构，运用多层面的描写（multiple levels of description）来避免非连续现象。

2.2　在上下文自由语法中定义非连续现象

除了Wells（1947）提出不连续的直接成分外，我们对非连续结构提出更宽泛的定义，这种定义以上下文自由语法的描写作为标准参照。

上下文自由语法的树形图当中的两个节点，如果它们具有直接的语义组合关系，但是在树形图中却没有中心词与姐妹节点（head-sister）的关系，那么这两个成分是非连续成分。

也可以说非连续现象的特征基于短语（phrase）概念。一个短语如果不包含连续性的成分（a continuous string fragment），那么它就是非连续的。实际上在上下文自由的树形图中，我们可以不采用转换生成语法的移位观点来确定短语。自然语言中的组合性语义关系应该在上下文自由语法的树形图中表达为中心词——姐妹节点的关系，这样非连续结构就可以定义为对这个标准的偏离。

在上下文自由树形图中，任何两个具有语义组合关系但却不是中心词——姐妹节点关系的两个节点构成非连续结构，是句法上的非连续结构；反之，如果两个成分在句法上是中心词——姐妹节点的关系而在语义上却并没有直接的组合关系，鉴于语义上的不连续，我们也视其为非连续结构，是语义上的非连续结构。

我们用下面这个非连续结构——话题句的上下文自由语法树形图来说明这个定义。

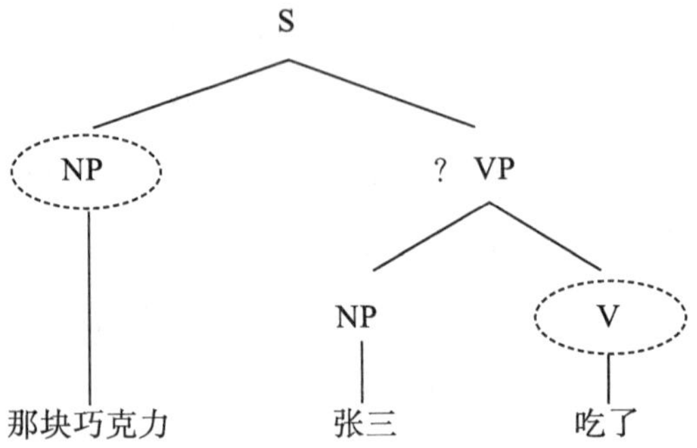

“张三吃了”一般不被认为是一个直接成分，但在上面这个上下文自由短语树形图中他们的关系只能这样表达，由于对这个语串无法定名，我们用“? VP”表示。从这个树形图中我们看到，具有直接语义组合关系的 V“吃了”和 NP“那块巧克力”(图中画圈的两个节点）不是中心词——姐妹节点的关系，也就是说它们没有一个直接的共同母节点，因此，在句法上我们断定这是一个非连续结构。需要格外注意的是非连续结构的判定必须在上下文自由语法树形图中进行，这种树形图不同于转换生成语法的树形图。在体现 GB 或者最简方案理论的话题句树形图中，V 与 NP 必然是以连续形式出现的，然后 NP 再移位至 TP 的指示语（Spec）节点。这也就是我们所说的转换生成语法对非连续现象的处理方式——由深层连续结构移位或者删除生成。

我们对非连续结构的定义中有三点非常重要。1）句法组合性与语义组合性的不对应。具体表现为：a. 两个成分具有语义组合性但在句法上却不是中心词——姐妹节点的关系；b. 句法上是中心词——姐妹节点关系的两个成分不具有语义组合性。2）非连续成分之间具有直接的组合语义关系。为了与话语层面的易位成分区分开来，我们增加这第 3 点：3）非连续结构是句法结构层面上的稳定结构或句式，而不是话语层面的动态变化的形式。我们用以上三点作为甄别汉语非连续结构的标准。

邹崇理（2015）从句法—语义的对应关系上定义了非连续结构：

从纯句法角度看，自然语言表达形式表现为由小到大生成的连续符号串。大多数情况下，这些符号串的语义随句法进行毗连组合。但在不少场合下，这种句法和语义的对应出现错位，句法的生成和语义的组合对应不起来，即句法上分离的符号串在语义上是不可分离的整体，这就是自然语言中的非连续结构。

这一定义概括出非连续结构的典型情况——语义连而句法断的句法上的非连续结构。我们认为非连续结构也存在另外一种情况——句法连而语义断，也就是语义上的非连续结构，并将对汉语中的此类现象进行分析和研究。

3. 非连续分析方案的本质

范畴语法严格遵守语义的组合性原则——这也是所有词汇语法的共同追求。同时，由于语义解释基于句法结构，也就是说句法结构为语义解释提供基础，因此，所谓的规则对规则假设只能是语义规则对应句法规则而不是相反。在所谓的非连续结构当中，为了使具有直接的语义组合关系而句法上却处于分离状态的成分直接组合起来以维护语义组合性的原则，在句法上它们就必须被看作是非连续结构（不连续的直接成分），使得句法分析与语义分析相一致，从而体现规则对规则假设；具有语义组合关系的两个成分如果不能在句法上被分析为不连续的直接成分，也应该在范畴描写上为其语义的组合性提供解释（如话题句）；同时，范畴语法出于生成的需要，将缺口句（gapping sentence）和 NCC 结构（non-constituent conjunction）中两个语义上没有直接组合关系的成分分析为一个直接成分，这也造成了句法和语义的不对应——直接成分的两个组成部分在语义上是不相连续的，因此我们把这种情形也看作是非连续结构。

古典范畴语法的生成能力等同于上下文自由短语结构语法，后来的发展在此基础之上扩展了生成能力，也可以说是一种扩展的短语结构语法，因而对基于短语结构的层次分析所遇到的难题也具有一定的指导意义。就范畴语法中确立的非连续结构现象来说，我们完全可以将其适用于层次分析当中，使得单纯依赖结构的层次分析更好地体现语义组合关系，成为层次分析的一个基本原则。实际上汉语学界已开始在实际操作中运用了这种方法。（参见吴竞存、侯学超，1982；陆俭明，2003a、2003b）

4. 非连续结构的类型

范畴语法中对于非连续结构的定义有严式和宽式两种，前者仅将两个同序并列结构融合而成的缺口句和 NCC 结构作为非连续结构（如 Dowty，1982），而后者还包括非连续的直接成分。本文采取的是我们在上文中确立的更为宽泛的标准，按照这个标准，汉语中的非连续结构大致有这样三种类型：

4.1 不连续的直接成分——复杂及物动词短语 TVP

Bach（1979）提出 verb-particle 结构，用以指代诸如“blow one’s manager off”这样的结构。范畴语法的处理方案是将 particle 分析为动词的第一常规论元，因而这是一种非连续结构，被称为复杂及物动词短语（transitive verb phrase，TVP）。范畴语法对 TVP 结构的研究非常成熟而深入，并由此激发了内包操作，成功解决了这类非连续现象。从类型上看，汉语中的“verb-particle”结构似乎与英语恰恰相反——真正的实义动词在后而语法化为介词（确切地说是轻动词，如“把、使、令”等）的成分在前。尽管如此，我们认为两者仍然具备相同的特征，那就是动词与小品词（particle）之间的紧密语义联系。将汉语中的“把”字句、致使义“得”字补语句和兼语句分析为 TVP 非连续结构的分析方案也是本研究的重点内容之一。

4.2　句法上的非连续结构——话题句

话题句是一种体现非约束依赖关系（unbound dependency）的非连续结构。话题在树形图中远离了与其具有最密切的语义组合关系的动词成分形成了典型的非连续句法结构，话题 NP 作为动词的常规论元在现实句子中出现在非常规位置上（相对于“谓词—论元”结构而言）。

4.3　语义上的非连续结构——缺口句和 NCC 结构

这两类非连续结构是由两个同序且同构的小句在融合为一个句子的过程中形成的。缺口句是 Ross（1970）提出的概念，表达的是这样一些结构，其底层结构是（1），表层结构是（2）：

（1）I ate fish, Bill ate rice, and Harry ate roast beef.

（2）I ate fish, Bill rice, and Harry roast beef.

范畴语法中的 NCC 结构是“non-constituent conjunction”的缩写，也就是非直接成分的联结，例如：

John eats rice quickly and beans slowly.

Mary eats beans on Tuesday and rice on Thursday.

John gave a book to Bill and a record to Max.

Mary gave Susan a book on Monday and Alice a record on Tuesday.

John persuaded Bill to write a book and Max to write a play.

Mary painted the chair red and the table blue.

（Hudson，1982 例）

这两种句子的共同特点是：为了句子的成功生成而将两个语义上没有直接组合关系的成分如主语和宾语、主语和状语、宾语和状语、直接宾语和间接宾语等以动词为语义中介捏合在一起，成为一个直接组成成分。从树形图上看，这类非连续结构往往是采用共用某些节点（shared nodes）的方式生成的，被共用的节点既可以在树形图位置上得到组合语义学解释，又可以同其他节点有组合关系。

4.4 三种非连续结构的差别

虽然同为非连续结构，但上面这三种类型是有本质区别的。从句法组合与语义组合的对应关系上来看，严格意义上的非连续结构仅指不连续的直接成分，即 TVP 结构。尽管有隔开成分，但 TVP 的两个组成部分在句法上仍然被分析为一个直接成分以体现语义的组合性。话题句与缺口句、NCC 结构在句法组合性和语义组合性上体现出对立互补：尽管话题与谓语动词具有语义的组合性，但由于在句法上经历了话题化操作，因此，不再被分析为一个直接成分，也就是在句法上没有直接的组合性，而是通过范畴描写间接地体现话题成分与动词的语义组合性；缺口句与 NCC 结构虽然在句法分析上是具有句法组合性的直接成分，但在语义上却不具备直接的组合性。三种类型的关系如下表所示：

三种非连续结构类型关系表

组合性 / 非连续结构类型	句法组合性	语义组合性
TVP 结构	+	+
话题句	–	+
缺口句和 NCC 结构	+	–

我们不难发现，以上列举的汉语非连续现象话题句与 TVP 结构（尤其是“把”字句）历来就是汉语研究中的难点问题。话题与主语之争直到现在还在继续，“把”字句成为“说不尽”的话题，兼语句与“得”字补语句仍然是句法研究的热点并在不断出新。而第三类情况却与前两类恰恰相反，这种结构一直没有得到应有的重视和集中研究，而是以“省略”和“紧缩”等提法草草了事。在范畴语法的理论框架下，我们能够从“非连续”这样一个角度把这些句法现象统一起来，从词汇主义的角度予以重新观察。

5. 汉语中非连续现象的研究

5.1 非连续现象对汉语研究的困扰

我们注意到，汉语中一些结构的层次描写所遇到的困难都与非连续现象有关，此时的处理方法不得不违背二分的原则而采用槽式结构（或框式结构、中嵌式结构）。陆俭明（2003a）在总结层次分析法时指出了该分析方法的基本精神有以下三点：1）承认句子或句法结构在句法构造上有层次性，并在句法分析中严格按照其内部的构造层次进行层层分析；2）每一次分析都要明确说出每一个构造层面的直接组成成分；3）在分析中，只管直接成分之间的语法结构关系，不管间接成分之间的语法结构关系，也不管句法结构中实词与实词之间的语义结构关系。正是由于对直接成分的重视和对语义关系的忽视使得结构主义语法在处理非连续现象时遭遇困境，而变通的槽式结构的出现的确是一种补救。

5.2 汉语界对非连续现象的研究

5.2.1 槽式层次分析法的运用

陆俭明在形态与句法两个方面都意识到了非连续结构的存在并突破了层次分析法的约束，采用槽式分析的方法来解决问题，对可能补语、“所”字结构和兼语短语做了如下层次分析（“所”字结构的分析还可参考朱德熙，1982）：

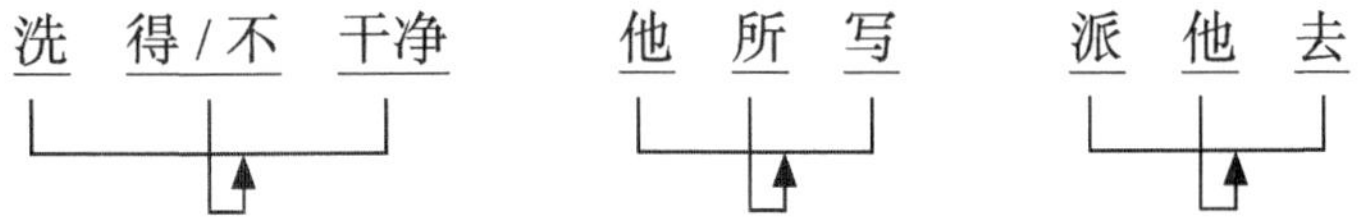

（陆俭明，1993 例）

陆俭明（2003a）运用中心词理论重新分析了“NP+ 的 +VP”这一名词性结构，并在此基础上做了如下层次分析：

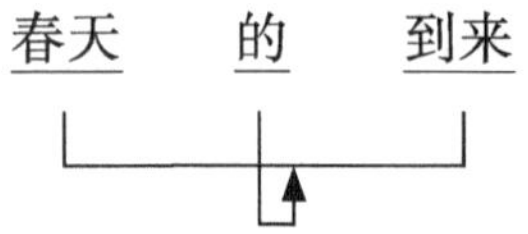

陆俭明（2003b）进一步指出：“我们要改变对结构助词‘的’的看法，不能认为它只是后置的，事实上它也可以有条件地中置，只是不能前置。”从范畴语法的角度来看上面这四种情况的确是非连续结构，如果一定要用层次分析法来表达的话，这种描写方式是唯一正确的选择。其中，“的”字结构和“所”字结构适用范畴转换规则，插入性成分改变了原有结构的句法范畴；可能补语是中缀式插入，形成习惯性表达；兼语式则是典型的TVP分析。这四种情况分别涉及形态与句法方面的非连续结构。这说明我国汉语学者意识到非连续现象的存在并在结构主义理论框架内进行了变通的处理。

5.2.2 汉语学界“非连续”概念的提出

总体上说，现代汉语的非连续现象零星散布于省略、隐含和移位、易位等研究中，没有系统的论述。比较集中的论述最早出现在吴竞存、侯学超（1982）的著作中，首次在汉语研究中提出“非连续”概念并有专门的章节进行描述。文中这样定义非连续结构：

> 非连续结构不同于一般的结构。一般结构切分出来的两个直接成分一般是紧紧靠在一起的。如果切分出来的两个直接成分为另一层次的成分分隔开，那么这两个被分隔开的直接成分就是非连续成分，插入其间的词语是隔开成分。由非连续成分和隔开成分组成的结构是非连续结构……既然非连续成分是由另一个层次的成分把它隔开的，那么在对非连续成分进行层次分析时就应当把插在非连续成分中的隔开成分挪开。

因此，他们的解决方法是移位还原后再进行层次分析，例如：

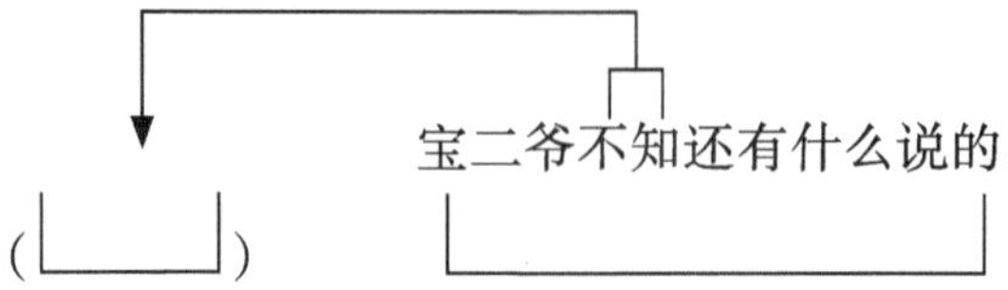

这种处理方法类似于转换生成语法的深层结构。

从吴竞存、侯学超（1982）的论述可以看出他们判断非连续结构必须满足三个条件：

第一，不能按一般结构切分。

第二，两个成分必须被另一层次的成分隔开。

第三，成为连续结构后，连续结构的意思同非连续结构完全相同。

吴竞存、侯学超（1982）特别强调凡非连续结构必须同时满足上述三个条件，否则不是非连续结构，其中，条件一最为重要。同时作者列出汉语中的以下几种非连续结构：

1）“动＋得＋代＋过”，如：打得你过、骗得他过、瞒得我过。

2）“动＋代＋不＋动”，如：看他不见、对你不起、打他不过。

3）“动＋名（代）＋副（介词结构）”，如：进城了吧，他也许；睡了吧，他们都；到底有什么看法，你对他？收拾好了吗，小王把房间？

4）“名$_1$（动$_1$）＋名$_2$＋动$_2$（数量）”，如：啤酒吧，喝点；电影，妹妹想看；快下雨了，我想；他回来了，我听说；一支英雄笔，他送我。

5）“动$_1$＋名$_1$＋动$_2$＋名$_2$”，如：过年再穿吧，你留着（连动）；再找我一下，你散了会（连动）；快回去吧，他叫你（递系）；放了学马上回家，妈叫你（递系＋连动）；通知各室主任来这儿，你下午上班（递系＋连动）。

从语料上看，以上5类非连续结构实际上可以分为两个大类：代词宾语黏着在动词短语的中心词上（第1、2类）、句法成分的易位（第3、4、5类）。我们认为第一大类是古汉语“V得OC”结构的遗留形式，其特点是宾语的特殊性（代词做宾语），不在本书探讨的范围内。而第二大类与稳定的非连续结构无关，是成分易位。

在转换生成语法理论中，很多非连续结构（如话题句等）都是由移位造成的。在判断非连续结构时需要特别注意“移位”与“易位”这两个不同的概念。陆俭明、沈阳（2003）明确区分了“移位”“易位”和“倒装”这三种语序变更情形。“移位”是相对于某个“原型结构”中某些成分的“原始位置”而言的。“移位”与“易位”的区别主要表现为：易位后的成分不再能分析为这个结构的句法成分，因此只是一种话语平面上的成分移动；而移位后的成分却一定可以充当这个结构的句法成分，因此是一种句法平面上的成分移位。易位结构不能再像一般结构那样进行层次分析，原因就在于这种“易位”是话语中临时追加或补正造成的，这样的结构当然就有可能违反一般的句法构造规则。陆俭明、沈阳（2003）书中所给的典型例句有：

太美了，这地方！

到家了吧，他大概？

我们先去上海，打算。

肚子都疼了，大伙笑得。

陆俭明、沈阳（2003）同时认为，“移位”与“倒装”的区别主要表现为：“倒装的成分必须都能够回到原来的位置，因此是一种表层结构与表层结构之间的成分位置变化；而移位的成分却不一定都可以回到原来的位置，因此这是一种深层结构与表层结构之间的成分位置变化。”从整体上看，“移位”跟“易位”和“倒装”的最主要的区别是需要有“原型结构”和“论元位置”这两个前提条件，因而在句法和语义性质上都有自己的严格定义，而“易位”和“倒装”没有这样的要求，因而相对地说在成分类型和结构形式的要求上随意性要大一些。

参照陆俭明、沈阳（2003）的论述，我们不难发现吴竞存、侯学超（1982）所举的非连续结构的例子中 3、4、5 类显然是成分的易位，属于话语层面。由于它们不是稳定的句法结构，因此不是我们定义的非连续结构。由于本书的研究角度是不同于转换生成语法的非转换生成语法，因此我们把“移位”称为“成分提取”，以符合语法体系的要求。

除此之外，吴、侯在分类过程中不是从句法组合性与语义组合性的对应关系出发，因此又显得概括过窄，典型的非连续结构反而没有提出来。同时，吴、侯认为“连续结构的意思同非连续结构完全相同”，而我们的观点却与之截然相反——句法结构上的变化必然导致语义的不同，非连续结构的特定语义表达是它存在的唯一理由。

5.2.3 非连续结构与框式结构

“框式结构”(frame structure)是邵敬敏(2008)提出的概念：

> 典型的框式结构指前后有两个不连贯的词语相互照应，相互依存，形成一个框式结构，具有特殊的语法意义和特定的语用功能，如果去除其中一个(主要是后面一个)，该结构便会散架；使用起来，只要往空缺处填装适当的词语就可以了，这比起临时组合的短语结构具有某些特殊的优势。就好比现代化的楼房建造，常常使用的框式结构一样，简便、经济、实用、安全。

邵敬敏(2011)对框式结构进行了进一步界定，提出三个特点和四种类型。三个特点是：

第一，它们由不变成分和可变成分组成。

第二，具有整体性的特殊语法意义。

第三，跟语境结合紧密，表示特定的语用功能。

四种类型分别是：双项双框式(如连A带B、又A又B等)；单项双框式，也就是插入式(如一A了之、拿A来说、有没有A头等)；双项单框式(如A就是A、A什么A等)；单项单框式(如都是A、到底是A等)。

总体来看，框式结构是一种包含可替换成分的固定构造，是一种聚合的类，代表具有约定俗成性的表达。从线性分析的角度看，不存在句法的非连续性和语义的非连续性，与语块(chunk)的关系更为紧密。

6. 范畴语法对非连续结构的解决方案

恰恰是因为对非连续结构的无能为力使巴-希勒尔对范畴语法产生了怀疑，古典范畴语法就此终结。当代范畴语法发展出两种解决方案：一种是在保留相邻性（adjacency）的基础上扩展规则系统，另一种是保留更为简单的二元和一元规则而增加内包操作，放弃相邻性。对于汉语第三类非连续结构即缺口句与NCC结构，我们采取第一种解决方案——采用顺向函数复合与逆向函数复合生成NCC成分；对于话题句及TVP结构我们采取后一种方案做出描写，具体方法分别是话题化操作（话题提取）和内包操作（wrapping）。

总之，范畴语法对于非连续结构的处理突破了属于IA模式的结构主义理论中直接成分的藩篱，从非转换生成的角度成功地解决了问题。其解决方式完全没有任何外来的机制干涉，如删除规则、移位规则、复制规则等。

本章参考文献

Bach, Emmon (1979) Control in Montague Grammar. *Linguistic Inquiry* 10: 515-531.

Bloomfield, L. (1933) *Language*. New York: Henry Holt.

Chomsky, N. (1957) *Syntactic Structures*. The Hague: Mouton.

Dowty, David R. (1982) Grammatical Relations and Montague Grammar. In Pauline Jacobson and Geoffrey K. Pullum (eds.), *The Nature of Syntactic Representation*, 79-130. Dordrecht: D. Reidel Publishing Company.

Hudson, Richard (1982) Incomplete Conjuncts. *Linguistic Inquiry* 13: 547-550.

Ross, John R. (1970) Gapping and the Order of Constituents. In Manfred Bierwisch and Karl Erich Heidolph (eds.), *Progress in Linguistics*, 249-259. The Hague: Mouton.

Steedman, Mark (1988) Combinators and Grammars. In Richard Oehrle, Emmon Bach, and Deirdre Wheeler (eds.), *Categorial Grammars and Natural Language Structures*, Dordrecht: D. Reidel Publishing Company.

Wells, Rulon S. (1947) Immediate Constituents. *Language* 23: 81-117.

陆俭明（1993）关于“他所写的文章”的切分 [A]，陆俭明自选集 [C]，郑州：大象出版社。

陆俭明（2003a）现代汉语语法研究教程 [M]，北京：北京大学出版社。

陆俭明（2003b）对“NP+ 的 +VP”结构的重新认识 [J]，《中国语文》第 5 期，387-391 页。

陆俭明、沈　阳（2003）汉语和汉语研究十五讲 [M]，北京：北京大学出版社。

邵敬敏（2008）“连 A 也 / 都 B”框式结构的争议及其框式化进程 [J]，《语言科学》第 4 期，352-358 页。

邵敬敏（2011）汉语框式结构说略 [J]，《中国语文》第 3 期，218-227 页。

吴竞存、侯学超（1982）现代汉语句法分析 [M]，北京：北京大学出版社。

朱德熙（1982）语法讲义 [M]，北京：商务印书馆。

邹崇理（2015）非连续性的复合量化句逻辑语法处理方式 [J]，《云南师范大学学报（哲学社会科学版）》第 1 期，69-74 页。

第四章　词汇规则与语法关系

1. 主语之辨

尽管 Keenan（1976）罗列了主语的数十种性质，但是依然无法从形式的角度来给主语下一个定义，这从一个方面说明了从主语的外部表征即外延入手很难概括其内涵意义。主语、宾语是功能性概念，纯形式研究应该可以不借助这些功能性概念而独立完成句法分析，但实际情况并不如此。

转换生成语法将语法关系视为派生性概念。对于语法关系，乔姆斯基评价过这样一个树形图（Chomsky，1965）：

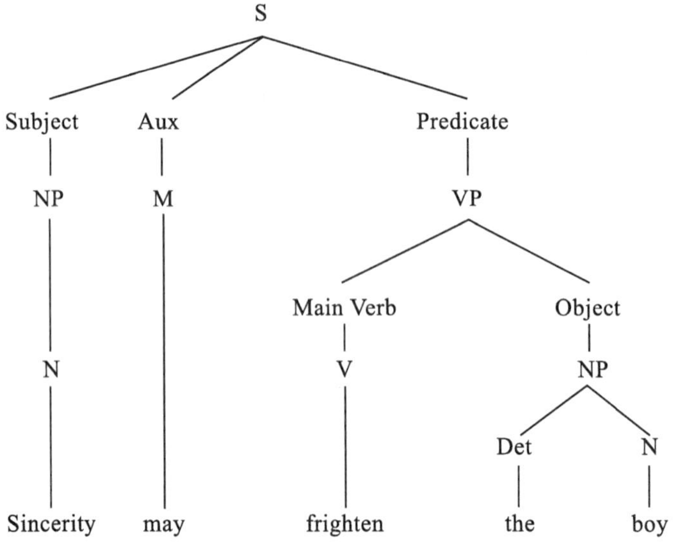

乔姆斯基对这种包含主宾语及谓语等概念的树形图提出了批评。他认为语法关系概念引入树形图是完全多余的，因为这些语法关系完全能够从“顺序”和“支配”关系上得到说明。但是正如方立（1993）所指出的：“‘支配’和‘顺序’跟语法关系究竟是一种什么样的关系？既然‘支配’和‘顺序’可以决定句子成分的功能，那么‘句法功能’就是一种装饰品，而毫无描写的作用。但是事实并不是如此，因为转换把一种结构树形图改变成另一种结构树形图，结构一改变，语法关系就容易搞乱。”我们从这一论述也可以推知，“支配”与“顺序”也许在基本句中可以定义句法关系，在其树形图中标出显得多余，但是在涉及移位等转换手段的句子中，由于“支配”和“顺序”关系的改变使得语法关系也会随之改变而呈现出不确定性，因此，语法关系必须是原始概念，这也正是词汇语法特别是强词汇主义的代表流派——HPSG、LFG的做法：前者将主宾语列入动词的特征集，而后者则将谓词的论元结构与语法关系直接对应起来。虽然没有明确提出，但是范畴语法的实际做法也是在“谓词—论元”结构当中确立语法关系，尤其是CCG的代表人物Steedman。非转换生成语法对语法关系的基本观点是：“句法内的每一成分所处的位置都具有某种功能（或者说它和句子形成某种关系），因此，语法功能（语法关系）应该属于句法中的基本概念。”（高明乐，2009）也就是说它们是句法中的基本范畴。

然而就是这个基本范畴却成为英语句法研究中的一个难题，格理论、题元角色理论等无不与此相关。主宾语问题在缺乏形态标记的汉语中争议更多，位置标准、施受事语义标准，再加上与话题的纠葛，使得语言中最基本的范畴在汉语中却难以确定。汉语“字本位”理论主张“‘主语—谓语’框架不适合于汉语的研究”，“适合作为汉语语义句法的结构框架的只有‘话题—说明’”，“它可能是汉语语法研究的一种合适的结构框架”。（徐通锵，1997等）这种放弃主宾语的设想在一定程度上反映了汉语语法关系的复杂性及其给汉语语法研究带来的困难。但我们仍然认为，语法关系作为一种基本的原生概念是任何一种语言句法研究的基础和起点，是无法抛弃的。

2. 词汇主义流派语法关系的确立

Dowty（1982）这样表达了语法关系原则：

一个最终带 n 个论元的动词可以被看作是一个带 n-1 个论元的动词通过句法规则与另一个论元结合而产生的。

a.（F1,（IV, T）, t）（主谓规则）

b.（F2,（TV, T）, IV）（动词—直接宾语规则）

由此可见，Dowty 采用的方式是用句法规则来定义语法关系：主语就是那个跟不及物动词组合而构成句子的名词；直接宾语就是那个跟及物动词组合而构成不（再）及物动词的名词。

Jacobson（1987）也以基本相同的方式再次定义了主语和直接宾语。而Keenan 和 Comrie（1977）对语法关系的定义更早也更为具体：

主语：任何一个与不及物动词结合成为句子的名词短语（term）

直接宾语：任何一个与及物动词 TV 结合成为不及物动词 IV 的名词短语（term）

间接宾语：任何一个结合 TV/T 短语成为一个 TV 短语的名词短语（term）

斜格宾语（oblique object）：任何一个与（TV/T）/T 短语结合成为 TV/T 短语的名词短语（term）

对于这种语法关系的定义我们必须注意，词汇主义语法严格区分“谓词—论元”结构与配价结构。Dowty、Jacobson、Keenan、Comrie 等人对语法关系的定义都是在最简的句法结构即“谓词—论元”结构中确立的，他们所说的“论元”是必有论元。本章我们也将论述，汉语中语法关系的确立不仅仅要限于在最简的“谓词—论元”结构中进行，更重要的是其前提条件：“谓词—论元”结构的确立必须基于谓词具体、特定的词汇意义进行。最简句法结构即我国配价语法研究中的最小原子句的概念或者“必有论元”结构。因为 IV（或者说是 VP）与 NP 是范畴语法的原子范畴，由这两个原子范畴构成的句子是另一个原子范畴 S（句子），这必然是一个单纯的小句。沈阳、袁毓林等学者先后在汉语研究中注意到原子句并强调了其在句法研究中的起点作用，而我们在这里要进一步明确的是，主语、宾语这样的语法关系必须在原子句中确定，实际上转换生成语法的 VP 蕴涵主语原则（VP-internal subject）反映的也是同样的思想。类似的还有 Kuroda（1988）、Koopman 和 Sportiche（1990）的汉语 VP 蕴涵主语原则（VP-internal subject for Chinese）。这些提法的共同之处在于——主语、宾语这样的语法关系是由谓词在"谓词—论元"结构中蕴涵的，而这种"谓词—论元"结构指的是逻辑学意义上的，类似于配价语法当中的必有论元配价结构。需要提及的是，我国汉语学界对配价语法的研究相当深入，但如果说存在一些缺憾的话，那么应该是没有自觉地将词语的最简（或最小）配价与语法关系直接对应起来。当然其原因是十分复杂的，比如话题与主语的纠葛、受事主语句的确立、次话题问题、词汇意义的动态性等等。对这些问题的认识不清导致了人们对"词汇意义确立语法关系"持怀疑态度，使得词汇主义语法的理论原则和主张没有得到完整而深入的贯彻。

在"谓词—论元"结构中确立语法关系这种提法并不新鲜，甚至可以说是相当陈旧的。这种模式源于传统命题"主词—谓词"(subject-predicate）的形式分析，我们称它为句子的命题结构。吕叔湘（1979）曾对此提出批评："主语和宾语这两个名称的来源是逻辑学上的主词和宾词……古代希腊人把语法上的句子和逻辑上的命题混为一谈，共用 subject 和 predicate 这两个术语。"的确，在汉语中，主宾语的确定看起来似乎远远不是动词的语义蕴涵及最小原子句所能够解决的。如果单纯地从句法结构定义主语，把跟不及物动词或者动词短语结合而形成一个句子的那个名词认定是主语，在汉语中会遇到困难，如："饭吃了"这样的句子按照这个定义"饭"是不是主语？句首多项 NP 句的语法关系如何确立？等等。实际上我们要特别注意的是"动词的语义蕴涵"这种提法当中的“语义”一词，因为这表明主宾语的确立是基于谓词的具体意义，因此我们要特别提出，谓词的“谓词—论元”结构的确立是基于特定的词汇意义基础之上的。这也就意味着，如果动词的意义发生变化，那么其“谓词—论元”结构也就发生了变化，相应地，主宾语也会随之变化。进一步说，语法关系相对于词汇的意义具有一定的动态性。由此，我们可以看到，词义分析在范畴语法方案中是相当重要的，正像陆俭明（2004）所总结的：“某个词类序列能形成什么样的句法结构，将会具体表示什么样的意思，主要取决于具体词语的意思。”基于词义的动态分析来确立语法关系也是词汇主义（lexicalism）语法的普遍思潮。袁毓林（2004）对此进行了很好的总结，他说道：“采取词汇主义这种研究路子的学者相信，动词的意义跟句法框架相关，动词的句法范畴框架可以从动词的词汇语义上预测。即：句法是词项要求的实现（投射），句法框架是动词意义的表层反映；从语义角色或论旨陈列上预测显性的句法。”

3. 范畴语法的词汇规则

早期转换语法把构词过程（word-formation）分析为句法转换。Chomsky（1970）提出，复杂词的构成规则应完全独立于句法，与词相关的形态等应适用于一种新的规则——词汇冗余规则（lexical redundancy rule）。这种变化有三点原因：1）构词（word-formation）不如句法系统；2）派生词的语义是完全可以从其组成部分的语义所预见的；3）那些表层结构中明明是名词的就不应该把它们假设为深层结构中的动词，然后再由名词化规则实施这种转换。这是转换生成语法中首次确立相对独立的词汇规则，乔姆斯基将自己的这种观点叫作词汇主义假设。也正是这种假设为范畴语法和其他非转换语法的发展提供了空间，使得词汇规则的重要地位在范畴语法中得以确立。

Dowty（1975、1978）基于蒙塔古语法提出了词汇规则理论，并指出类似于格转移、提升和其他属于“词汇控制”的转换都适用于词汇规则。按照这个理论，词汇规则的形式和语义解释的方式与真正的句法规则是完全相同的，区别仅在于规则的输出部分在语法中的地位：句法规则的输出都是语言当中合语法的派生表达，但是词汇规则的输出只是语言当中可能的派生性词项，其中的一些就是在词库中独立列出的词，而有些不是。把词汇规则从句法规则中区分出来的标准是：1）规则产生的形式是否都是可接受的，或者是否对这个规则有杂乱的例外；2）规则的输出部分是否在语义上是完全可以预见的。

把范畴转换规则看成词汇规则还是句法规则具有重大意义，因为有些规则在有的语言中是句法规则，有些在有的语言中是词汇规则。

基于词汇规则与句法规则的区分，Dowty（1979）区分了两种基本操作：形态操作（morphological operation）和句法操作（syntactic operation）。形态操作需要给出语言实体固定的线性次序，而句法操作则不必如此。句法操作不能打断形态操作形成的成分，而可以打断或者重新排列另一个句法操作形成的成分次序。形态操作和句法操作都可以被句法规则和词汇规则使用。句法规则如主谓规则使用句法操作把两个成分并联在一起，而使用形态操作满足其一致关系（verb-agreement）。词汇规则也可以采用句法操作在句法上把分离的表达结合起来，比如英语中类似于“verb-particle”结构的动词—形容词致使结构（verb-adjective factitive constructions），词汇规则进行句法操作使处于非连续状态的两个成分结合而成为一个函数，我们在第六章专门讨论的 TVP 结构就是这样。

词汇规则似乎应该是与句法规则形式上完全不同的规则，而 Dowty 却没有做这样的区分。词汇规则的适用范围（domain）是基本表达的集合，不包括句法操作派生的形式。任何一个包含词汇规则和句法规则的句子，词汇规则必须先于任何句法规则使用（intrinsically ordered before syntactic rules）。我们不妨引用 Dowty（1979）的表格来更清楚地表明两种规则的不同，如表 1 所示：

表 1 Dowty（1979）句法规则与词汇规则区分表

规则类别 / 操作类别	句法规则	词汇规则
句法操作	传统的句法规则（短语结构规则类及转换规则类）	将一个以上的词归并为一个词汇实体的规则，如英语中的 V-Prt 结合及役使结构（如 hammer flat）
形态操作	1. 形态屈折规则 2. 无限制的、规则的形态派生规则	形态派生规则，零派生规则及复合规则。以上规则只具有部分能产性并且语义上的可预见性不强

表 1 所反映的使用句法操作的句法规则（表格内容的左上角）和使用形态操作的词汇规则（表格内容的右下角）是传统的观点。而另外两个，即使用形态操作的句法规则（表格内容的左下角）和使用句法操作的词汇规则（表格内容的右上角）则是新的创见。

4. 词汇改变规则与论元结构的改变

对于词汇意义的改变而导致的句法结构改变，Dowty（1979）进行了细致深入的观察并在此基础上提出一系列词汇改变规则来反映这一变化。Dowty（1982）提出关系转换规则（relation-changing rules），这是在确立语法关系方面十分重要的一种词汇规则。这条规则包括三个方面的内容：关系削减（relation-reducing rules）、关系重新排序（relation-rearranging rules）和关系扩展（relation-expanding rules）。由于这些规则都导致了动词的范畴变化，所以 Dowty 也称之为动词关系变化的范畴变化分析（category-changing analysis of relation-changing verbs）。关系改变的形态标记是在动词上，因为关系改变的操作是在动词上实现的。关系转换规则是由动词在词汇层面上控制的，比如与格转移、提升与致使化在很多语言中都是词汇层面控制的，而且必定由动词控制，而先前的转换生成语法则宁可认为是名词移动了。国内学者郭锐（2000）

将“一头黄头发”从词库中的 NP 范畴改变为句法上的 VP 范畴，其本质就是一种词汇改变规则。以下我们对 Dowty 的词汇改变规则（关系改变规则）进行详细介绍。

4.1　关系削减规则

关系削减规则是对不带宾语的及物动词的词汇解释。在数理语言学或者逻辑语义学当中，及物动词表达的是一种二元关系或者一个由有序对组成的集合，而不及物动词表达的是一元关系或者由个体组成的集合。转换生成语法的做法是删除了宾语位置上的成分，而在范畴语法理论当中，我们只需要建立一个规则把及物动词转换为不及物动词，相应的语义规则以合适的方式影响其意义。这个规则如下：

S5: <F5, <TV>, IV>（“unspecified object deletion”）

Semantic operation: λx（存在 y）[α′（y）(x)]

English: F5（α）=α

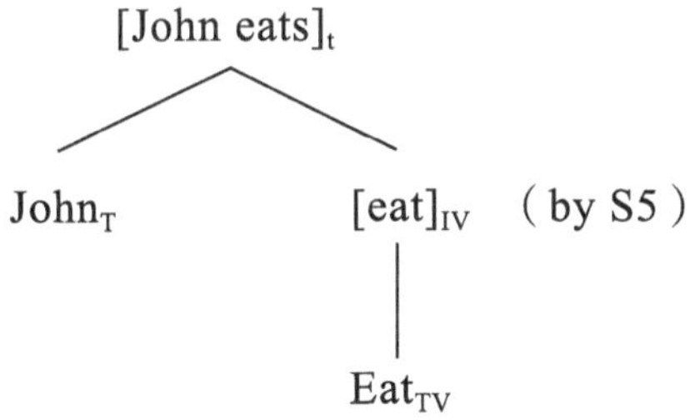

首先需要对上面这种树形图表达方式做一个简要的说明：范畴语法借鉴了转换生成语法的树形图模式，但却与转换生成语法的自上而下的分解式不同，它是自下而上的组合模式。上图中我们仍然能够看出及物动词宾语的存在，但该宾语在句法上不被列出。

关系削减规则使得我们能够在范畴语法的框架内对及物动词不带宾语的情况进行解释——及物动词关系削减为不及物动词。这种规则看似没有什么太大的作用，因为省略完全可以说明问题，但是及物动词短语的作格化以及我们后续将讨论的主谓谓语句、“次话题”、重动“得”字句中都要使用关系削减规则，在上述情况下我们必须将及物动词作为不及物动词来处理，而“省略”说则无法解释这些现象。我们不采用“省略”说法的另一个主要原因还是范畴语法是单一策略（monotonicity）的语法，不采用移位、删除等破坏性机制生成句子，因而关系削减规则是十分必要的。这个规则我们可以看作是变价规则的一种。

4.2 关系重新排序规则

关系重新排序规则：每个由动词表示的函数都有一定数目和一定层级性的论元，而关系重新排序规则在论元数目不变的情况下改变句法配位。如英语中的与格转移使得“Mary gives a book to John”变成“Mary gives John a book”，也就是说三价动词的范畴由 <x, y, z> 变为 <x, z, y>，规则表达如下：

S8: <F8, <TV/T>, TV//T>（dative shift）

Semantic operation: $\lambda z \lambda y \lambda x\, [\alpha'(y)(z)(x)]$

English: F8（α）=α

S9: <F9, <TV//T, T>TV>（verb-oblique object rule）

Semantic operation: functional application

English: F9（α, β）=F5（α, β）

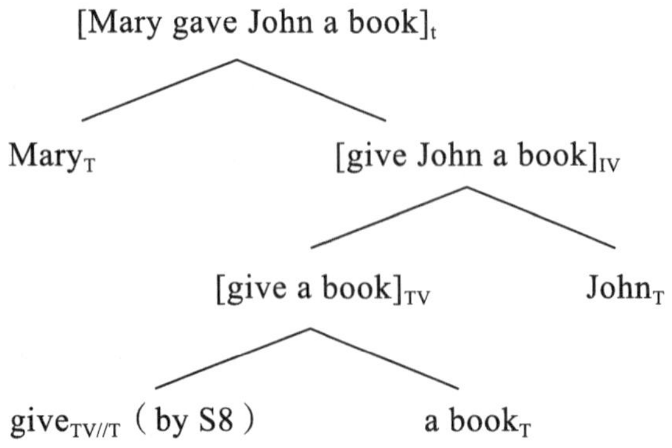

这样，与格转移句语义解释就和原句一样了。另一种关系重新排序的例子是从句主语提升为主句宾语规则（raising to object position rule）。

4.3　关系扩展规则

关系扩展规则是把一个 n 位关系（n-place relation）映射扩展为“n+1”位关系（n+1 place relation）。添加的名词短语在句法上被表达为一种基本的语法关系，如同主语和宾语一样，比如致使句中的新增致事格名词短语成为致使的施动者：

S11: <F11, <IV>, TV>（causative rule for intransitive）

Semantic operation: λyλx（存在 P）[P（x）CAUSE[α′（y）]]

按照这个规则，动词的致使化使用的是典型的关系扩展规则，而致事成分必须被分析为句法上的主语。按照这个规则，不及物动词 break 转变为及物动词，为作格动词的产生提供了解释。

5.　按照词汇规则确立汉语语法关系

由于汉语动词语义的可预见性不强，似乎让人难以把握，因此，我们假设动词的意义变化是由词汇规则控制的，并且导致了论元结构的改变。由于我们将动词的论元结构与语法关系相对应，这样导致的直接结果就是：词汇规则控制的动词语义改变导致语法关系改变。简言之：动词语义决定语法关系。我们将通过对构成汉语存在句、领主属宾句和表非给予义的双宾句的动词语义分析来说明这个问题。我们将在具体分析的基础上提出句式的“原型动词”和“非原型动词”概念，并进一步分析由这两种动词投射而成的句子的句法活力的差异。这三类汉语句式的相应例句是汉语学界广为人知的“台上坐着主席团”“王冕（七岁上）死了父亲”和“我吃了他三个苹果”。

5.1 从关系重新排序规则看汉语存在句——“台上坐着主席团”

存在句根据动词语义类型的不同分为静态存在句和动态存在句。我们一方面要通过词义分析探讨静态存在句以解决“台上坐着主席团”这类句子中的语法关系争议；另一方面，还要探讨存在动词表达原型意义（动作）的施事主语句和表达非原型意义（存在）的处所主语句的语义差别，用以说明动词语义的改变。

5.1.1 静态存在句的语法关系

“台上坐着主席团”所牵涉的争议焦点是如何确定句首 NP 的句法性质，主要有两种观点：话题说和主语倒装说。其中“主语倒装说”早已有之（黎锦熙，1924；吕叔湘，1942 等），这种观点的近期论证者是沈阳、何元建、顾阳（2001）。他们认为，这个句子是主语倒装句，并指出倒装主语句的几个特点：倒装谓语带“着”；倒装句只有一种语序；倒装句中处所成分不可省略；倒装句中处所成分不能换成时间成分；倒装后的主语有指称。

“主语倒装说”显然是基于变换来确定语法关系的，对此我们要提出的问题是，变换前的存现句与变换后的施事主语句中动词的语义是否发生了改变？显然“倒装说”并不或者说并没有强调“倒装”前后语义的一致性。从朱德熙（1986）的“变换分析中的平行性原则”来看，变换前后虽然低层语义关系（施事、受事等）没有改变，但是高层语义关系却改变了。具体地说，存现句中的动词表达以某种方式存在，凸显 [+ 附着] 特征，而施事主语句则只表达匀质的动作状态，没有或者没有凸显 [+ 附着] 义。严格从语义角度讲，此“坐”非彼“坐”。

基于以上讨论，我们认为在确定语法关系的过程当中不能依据句子的转换形式，因为转换很难保证语义不会发生变化，这也是词汇语法抛弃转换规则的原因之一，而国内学者如周国光（1995）也明确提出对变换应该控制使用。

单纯表示存在的动词“有”是存在句的原型动词，因为它是以基本意义而不是蕴涵意义进入存在句的，存在句是原型存在动词“有”的论元结构<处所，存在物>投射而成的。除“有”之外的其他存在动词是通过各种具体动作把事物存在的方式或状态形象地描写出来，也就是袁毓林（2004）所说的“不仅表示存在，还指示了具体的存在方式……把两种概念结构整合成一种新的复合性的概念结构，形成一种新的认知图式”。除“有”之外的其他能够进入存在句的动词有一个共同的语义特征，那就是它们都蕴涵着 [+ 附着] 义——尽管这种意义是以不同的方式体现出来的，我们称它们为存在句的非原型动词。

静态存在动词目前大家公认具有这样的语义特征——[– 动作 + 状态 + 附着]，其中的大部分动词朱德熙先生早已指出过是“附着动词”，这些动词含有 [+ 附着] 语义特征，构句时要求处所成分与之同现（参见陆俭明，1993）。按照我们提出的基于动词词汇意义的“谓词—论元”结构决定语法关系的方案，静态存在句中的动词在表达“存在”这个意义上，必须与两个配价成分相联系，而且是两个必有的成分——<处所，存在物>，二者分别对应主语和宾语。因此“台上坐着主席团”这个句子并不是主语倒装句，其主语是表处所的“台上”，而存在物“主席团”是该句的宾语，我们称这样的句子为处所主语句。

虽然名为存在动词，但“坐”类、“挂”类动词在施事主语句中是原型动词而在存在句中其实是非原型动词。同一动词的原型意义与非原型意义的差异导致施事主语句与处所主语句的语义也有所不同，我们在下面两小节分别论述处所主语句的客体排他性和处所主语句的抽象、隐喻的表达。

5.1.2 处所主语句的客体排他性

如果承认倒装说，那么就意味着“台上坐着主席团”不是基础句而是派生句。但问题是“台上坐着主席团”固然能够还原为“主席团在台上坐着”这样的施事主语句，但下面的例句却不能还原：

火车上坐满了人。→ * 许多人在火车上坐满了。→ * 许多人满满地坐在火车上。

柜台前挤满了人。→*许多人在柜台前挤满了。→*许多人满满地挤在柜台前。

柜子里放满了古玩。→*许多古玩在柜子里放满了。→*许多古玩满满地放在柜子里。

他的话里充满了火药味。→*火药味在他的话里充满着。→*火药味充满在他的话里。

街两边满满地坐着人。→*许多人在街两边满满地坐着。→*许多人满满地坐在街两边。

上述这些不能还原为施事主语句的处所主语句一方面进一步说明了存在句的非派生性，另一方面也提示我们：“动词 + 满”或状语表 [+ 充满] 义时只能采用存在句表达。我们由此可以推测，处所主语句与施事主语句存在着语义差异：前者可用于表达某处被充满，而后者没有这种语义蕴涵。所谓某处所“被充满”也可以从处所中存在客体的排他性（或者说是唯一性）体现出来，这是认知上的“充满”。

处所中客体的排他性指的是处所主语句（存在句）中由处所名词指称的处所唯一地存在着由非处所名词所指称的客体——人或者物，这也是存现句与施事主语句的一个重要语义差别。我们可以在处所主语句中自由添加范围副词“只”来凸显这种排他性，实际上处所主语句本身就蕴涵着范围副词“只”，也就是说“台上坐着主席团”蕴涵着“台上只坐着主席团而没有其他人”，而施事主语句则不表达这种排他性。请看下面的例句：

？台上坐着主席团，运动员也在那儿坐着。

？长椅上躺着一个男人，一个女人也在那儿坐着。

？柜子里挂着小张的衣服，小李的衣服也在那儿挂着。

？墙上挂着一幅画，一个月份牌儿也在那面墙上挂着。

？桌子上堆着学生的作业，老师的教案也在那儿放着。

如果把上面例句的前小句换成不表排他性的施事主语句语感上就会通畅得多。

5.1.3　处所主语句的抽象、隐喻式表达

下面这些例句同样否定了"主语倒装说"，而这些句子表明：处所主语句可用于抽象、隐喻的表达，而施事主语句则不能。例句如下：

脸上挂着笑容。→ * 笑容在脸上挂着。

身上背着一家人的性命。→ * 一家人的性命在身上背着。

心里刻着仇恨。→ * 仇恨在心里刻着。

空气中残留着战争的气息。→ * 战争的气息在空气中残留着。

肩上压着千斤重担。→ * 千斤重担在肩上压着。

心里亮着一盏灯。→ * 一盏灯在心里亮着。

门外蹲着两个石狮。→ * 两个石狮在门外蹲着。

庙里卧着一尊大佛。→ * 一尊大佛在庙里卧着。

这些例句再次说明：并不是所有的处所主语句都有相应的施事主语句，原因是处所主语句中的动词经历了词义变化而偏离了原型意义表达抽象的存在。

5.1.4　关系重新排序规则：动作动词→存在动词

从及物或者不及物动词到存在动词，我们可以假设是词汇规则把普通动作动词作为输入，改变了其意义和句法配价（syntactic valence）。严格意义上说，是词汇规则采用了形态操作，将"V"转化为"V 着"进行配价。施事主语句中的动词是这一规则的输入，相应地在处所主语句中的"动词+着"则是输出。词汇规则赋予这些动词新的意义，相应地也赋予它们新的句法范畴（syntactic subcategorization）。由于语义的更新、丰富和抽象，因此存在动词能够进行非常书面化的抽象的或者隐喻式的表达，这就是上两个小节中处所主语句与施事主语句存在语义差别、形成对立的原因。这些分析再次表明，词汇规则导致了动词语义的变化进而改变了原有的配价数目及配价结构，形成了新的原子实体

（原子句），在句法层面体现为主语和宾语，因此我们认为“台上坐着主席团”中“台上”是主语。

上面的分析实际上是借助了一个词汇改变规则，我们可以称之为“着”附着规则。该规则导致了论元结构的改变，进而导致了语法关系和语句结构的改变。Pan（1996）、潘海华（1997）曾提出“着”引发的施事者删除规则（简称“着”规则），他认为该规则的适用条件是相关的动词必须具有下面三个论旨角色——施事者、客体和处所格，同时客体和处所格有一种像主语和谓词一样的关系，即处所是客体所在的地方（Pan，1996）。这一规则很好地解释了由及物动词构成的“V着”存在句，如“石头上刻着字”等，但这一规则无法涵盖不及物动词构成的如“台上坐着主席团”这样的句子。另外，正如前文所说，非转换生成语法尽量避免删除、移位等破坏性机制，因此，我们认为“着”附着规则也许可以使解决问题的方法变得简单。这也就意味着，汉语体标记“着”至少在存在句中适用于词汇规则层面。这种分析方法和第一章中所说的范畴语法的“先自上而下，再自下而上”的生成路径相一致，但是也给我们提出了一个问题：构式语法和词汇主义句法之间是一种什么样的关系？这个问题我们将在第十一章集中讨论。

5.2 从关系重新排序规则看汉语领主属宾句——“王冕死了父亲”

5.2.1 领主属宾句的提出及研究现状

郭继懋（1990）首先注意到领主属宾句并进行了系统的研究，他的例句有：

王冕七岁上死了父亲。

他飞了一只鸽子。

他倒了三间房子。

他烂了两筐香蕉。

他来了两个亲戚。

他脸上起了一个疙瘩。

他又一次破灭了建立家庭的希望。

沈家煊（1999）再次总结了这些句子的句法、语义特征：这些句子的句首名词是“领有者”，句末名词是“领有物”，句子的整体意义是表示某人获取或丢失了什么，因此是表示一种“施事—动作—受事”的语义关系。同时他还指出，从局部看，“领有物”又可看作是动作的施事。沈家煊（1999）通过把“领有者”和“领有物”的对立纳入“施事”和“受事”的对立来解释这种现象，这当然也是一种方法，但是沈家煊（1999）同时也注意到这种句子的特殊之处在于谓语动词绝大多数表示“失去”义，而表示“获取”义的极少。既然这种句式中的动词基本上表示失去义，按照失去义动词的语义蕴涵，动词前 NP 与动词后 NP 当然是“领有者”与“领有物”之间的关系，因此再从“施事”和“受事”的关系入手来解决问题就显得不够直接。实际上我们注意到，“失去”并不是领主属宾句例句中的这些动词的典型意义或者基本意义，而是其蕴涵意义，也就是说它们都是该句式的非原型动词。按照我们的方案，基于词汇意义改变的词汇规则改变了词汇的论元结构，因而生成了不同一般的句子。

领主属宾句在转换生成语法理论下有两种解决方案：一种是徐杰（1999）的“领有名词提升移位”（possessor raising movement），另一种是认为有可能存在动词向前移位（陆俭明、沈阳，2003）。前者认为“张三死了父亲”是经过领有名词的移位转换得来的，其深层结构为：

[e 死了 [张三的父亲]]

陆俭明、沈阳（2003）列举了以下例句来说明可移位成分的复杂性，并认为有可能存在动词向前移位：

他老伴死了。→他死了老伴。

他眼睛瞎了。→他瞎了（只）眼睛。

工厂围墙塌了。→工厂塌了围墙。

转换生成语法框架下的这两种不同的初始（树形）结构（即经典时期的

深层结构）反映了两种不同的语法关系，这一方面说明了研究者对领主属宾句认识的不同，另一方面也提醒着我们：如果领主属宾句本来就是一种主谓宾句，那么，上述两种移位生成模式就不再必要了。我们注意到，近期国内外转换生成语法学界对领主属宾句进行了重新分析。程杰（2007）与黄正德（2008）先后撰文并提出相似的主张，基于非宾格动词这一特殊类以“历事”（experiencer）这样一个题元角色解决领主属宾句存在的争议。黄正德（2008）认为领主属宾句“都属于带有中间论元与内在论元的二元非宾格句：‘王冕……’在论元结构里都担任经验者（历事）的角色，在句法结构里都处于标准的主语位置，到达主语位置的手段不是移位，而是合并（Merge，即基底生成 base-generation）。‘王冕’由词汇选出后，直接与谓语结合作为全句主语，与‘父亲’之间没有移位关系”。至于“王冕”是因何以及如何“由词汇选出”的他未做讨论，文章也没有解释汉语动词非宾格用法的成因。

陆俭明、沈阳（2003）认为：“对上面的构造（即领主属宾句）目前有许多争议。其中有一种意见跟成分移位无关，比如说‘死’的意思不一样，前者意思是‘死亡’，后者意思是‘失去’，所以就是两个不同的结构。这种说法有问题，因为同类的结构相当多，比如‘瞎’和‘塌’就不是这样，因此很难把这类结构都解释为不同意思的动词构成不同的结构。”这种对词义分析格外慎重的态度具有一定的普遍性，也是不无道理的，原因是避免出现“词无定价，依句辨价”的尴尬局面。马庆株（1983、1998）在分析“扔”类动词时提到它本来是二价动词，只是在双宾语构造中才成为三价动词的。作为二价动词没有“给予”义，作为三价动词有“给予”义。从词汇主义的角度，我们认为马庆株的表述似乎反过来说更合适：“扔”不凸显其蕴涵义“给予”时是二价动词，凸显其蕴涵义“给予”时是三价动词。作为给予的手段，实际上，“扔”更常见的意义是“扔给”。对于马庆株的论断，沈家煊（2000）认为：“这样就得承认有两个‘扔’，一个是二价的‘扔’，一个是三价的‘扔’，至少得承认‘扔’有两个义项，一个表示给予，一个不表示给予。”他认为“这样做的代价比较大，因为这样的动词不是一个两个，为数还不少，一一标明有两个义项使系统的简单性受损。更重要的是这仍然违背我们的直觉，任何一部词典都不会在'扔'下另外列出一个表示给予的义项。""说'扔'这类词有两个义项还缺乏心理学上的证据，也就是没有心理现实性。"实际上沈家煊（2000）的观点代表了句式语法（或称构式语法）对词汇主义的质疑和批评，以上观点我们将基于对领主属宾句的进一步分析给予评价。

值得注意的是陶红印（2000）在评价我国配价语法研究时认为，这一研究存在的主要问题是"基本上都可以概括为静态的研究"，"这种研究的主要特征是结合动词的语义特征判断它的论元结构的主要方面"，在此基础上他明确提出："动词的论元结构其实是开放型的，具有动态变化特征，而且从根本上来说是受制于实际的语言运用的；静态的研究方法不能揭示这个基本的语言事实。"他以动词"吃"为例，运用篇章分析的基本方法和语料库语言学的手段论证了这一观点。

5.2.2　领主属宾句中动词的语义特征

领主属宾句中的这些动词都不是以本义，而是以蕴涵义进入该句式的非原型动词，而任何一种句式都应该根据表达本义的原型动词而不是表达蕴涵义的非原型动词来确立。有趣的是汉语领主属宾句的确立似乎是依据非原型动词，其动因是这类动词的特殊性往往更容易引起关注，那些原型动词因为理所当然，反而被大家忽略了。

我们发现能够出现在领主属宾句中的动词有这样一些：失去、丢、掉、死、醉、疯、病、牺牲、垮、晕、塌、沉、倒、着、飞、化、落、漏、停、停止、不见、坏、碎、断、断绝、烂、破灭、瞎、聋、失踪等。（依据李临定，1986）更多的相关例句如：

他们家族疯了好几个人。（好几个人疯了。）

我们又牺牲了一位好同志。（一位好同志牺牲了。）

最近这个省连着垮了好几家大公司。（好几家大公司垮了。）

这棵树落了很多叶子。（很多叶子落了。）

隔壁家里丢了一台电视。（一台电视丢了。）

这孩子掉了两颗牙。（两颗牙掉了。）

十个孩子失踪了两个。（两个孩子失踪了。）

这个桌子坏了（断了）一条腿。（一条腿断了。）

他已经停止了呼吸。（呼吸停止了。）

北三环路一带已经断绝了交通。（交通断绝了。）

从总体上看，这些动词的语义特征是非意志性和不可控性，并且体现出中动词（middle verb）的特征，也就是说句中的受事成分也可以是施事成分而成为主语，如上面例句中括号内的部分所显示的那样。

上述动词直接表达（以本义表达）或者间接表达（以蕴涵义表达）[+失去]这一语义特征。这个“失去”又分两种：第一种表达客体的完全消失，如丢、失去、掉、死、牺牲、垮、沉、着、飞、落、漏、停、停止、不见、破灭等，表达领有者完全失去了领有物；第二种表领有物失去了功能，如瞎、聋、醉、疯、病、晕、烂、化、坏、碎、断、塌、倒、断绝等。例如，尽管“眼睛”还在，但却失去了其功能，因此我们说“他瞎了（只）眼睛”，这样，我们可以说“瞎”和“死”一样都蕴涵了“失去”义。

5.2.3 领主属宾句的句法特征及原型动词的甄别

我们通过下面这个对领主属宾句的句法特征考察来甄别其原型动词，同时也进一步展示原型动词与非原型动词之间存在的句法差别，如表 2 所示：

表 2 领主属宾句的句法特征及原型动词考察表

句法项目	用“V 没 V”或“有没有 V 过”提问	话题化		关系化	
		句首 NP 话题化	句末 NP 话题化	句首 NP 关系化	句末 NP 关系化
合格动词	丢、失去、掉、落（例句见 A）	全部（例句见 B）	丢、失去、掉、落（例句见 C）	全部（例句见 D）	除“丢、失去、掉、落”以外的动词有些受限（例句见 E）

例句：

A. 你丢没丢钥匙？你有没有失去过亲人？这棵树掉（落）没掉（落）叶子？

* 王冕死没死父亲？ * 他飞没飞鸽子？ * 他瞎没瞎一只眼睛？

B. 张三啊，他丢了钥匙。这棵树啊，它总是掉叶子。

王冕啊，他刚死了父亲。张三啊，他去年瞎了一只眼睛。

C. 那把钥匙我丢了。叶子这棵树掉了好多。

* 父亲王冕死了。* 一只眼睛他瞎了。* 那只鸽子他飞了。

D. 死了父亲的那个人 / 烂了两筐香蕉的那个人

丢了钱包的那个人 / 总是掉叶子的那棵树

塌了围墙的那个工厂 / 瞎了一只眼睛的那个人

E. 他丢的东西 / 王冕失去的亲人 / 这件衣服掉的那颗扣子 / 这棵树落的叶子

* 他瞎的那只眼睛 /* 王冕死的亲人 /* 他飞的那只鸽子

* 他烂的那两筐香蕉 /* 他破灭的希望 /* 这个房间碎的那块玻璃

在对这个考察结果进行分析以前，我们有必要介绍一下“关系化”这个概念。关系化（relativization）是 Keenan 和 Comrie（1977）提出的概念。他们认为关系从句（relative clauses，RC）是语言的普遍性质。NP 成分的关系化（relativized，例如：the girl that John likes）可及性是有层级性（accessibility hierarchy）的。以下这个层级表达了简单主句结构中 NP 位置的关系化的可及性（the relative accessibility to relativization of NP position in simplex main clauses）：

SU>DO>IO>OBL>GEN>OCOMP

即：主语 > 直接宾语 > 间接宾语 > 斜格宾语 > 领有者 > 比较句的宾语

以上这个层级性说明了某一句法位置上的名词被关系化的优先顺序，同时也存在着以下三个层级限定（the hierarchy constraints）（HCS）：

1）每种语言的主语一定能够关系化。

2）任何一个关系从句的构造策略必须适用于关系化可及性层级的某个连续的片段。

3）适用于关系化可及性层级中某个点的关系从句构造策略原则上停止适用于任何一个较低的点上。

第一点是说任何语言中的主语的关系化都具有强制性；第二点是说可被关系化的成分必须是层级性的某一段连续统，而不可能存在间断；第三点是说一个句子当中关系化这种句法操作只能进行一次。

我们在本章上文中曾介绍过："词汇规则先于句法规则，其形态操作需要给出语言实体固定的线性次序；句法操作不能打断形态操作形成的成分，而可以打断或者重新排列另一个句法操作形成的成分次序。"词汇操作和句法操作的这种关系说明这样一个问题：一旦一个动词经历了词汇操作（词汇操作改变词汇意义）形成了一个特定语序的句子，那么这个句子就不能再经历改变语序的句法操作，也就是说它的句法操作能力消失或下降。从上面的考察我们可以看出，"丢、失去、掉、落"这四个动词所在的句子能够经历所有列出的句法操作，说明它们没有经历词汇规则操作改变意义，因而是原型动词；其余动词由于经历了词汇规则操作因而句法操作能力下降，具体表现在：不能用"V没V"或"有没有V过"提问、不能进行宾语话题化、后NP关系化受限。由此，我们也可以断定，"王冕死了父亲"这样的领主属宾句完全可以按照其蕴涵的"失去"义确定语法关系：

失去：<领有者，领有物>

其"谓词—论元"结构中的主词与宾词分别对应主语和宾语。另外，这个句子只有句首NP可以关系化，而根据关系化的层级限定——"每种语言的主语一定能够关系化"，我们也可以断定句中唯一可以进行关系化操作的句首NP"王冕"是主语。

5.3　关系扩展规则与汉语双宾句——“我吃了他三个苹果”

5.3.1　关于非给予义双宾动词

陆俭明（2002）提出了非“给予”义双宾结构，他考察出104个能够进入该结构的动词并根据这些词语在动态运用中的变化与影响进行了分类。这篇文章成功地运用词汇意义动态性分析扩展了双宾句的范围。陆俭明（2002）认为：“表示‘取得’义的动词也可以分为‘显性的’和‘隐性的’两小类。就‘买’‘偷’‘抢’‘娶’等动词来说，‘取得’义是明显的，固有的；就‘拿’‘吃’‘喝’等动词来说，‘取得’义是隐性的，非固有的。”他所提出的非“给予”义双宾句也正是根据词汇语义扩展而进行了关系扩展的一类句型。从更深的层次看，这些动词之所以能够有这样的句法表现，完全是词汇扩展规则导致的词义扩展或者说是凸显蕴涵义所致。

郭锐（2004）提出“语法动态性”概念：“词在句法层面上会产生词汇层面未规定的语法性质，这种语言现象称为‘语法的动态性’。”我们非常赞同“动态性”这种提法，但我们认为这种“动态性”的动因是词汇具有句法所要求的语义基础，也就是说语法的动态性根源于词汇层面而体现在句法层面。一个词不可能凭空就在句法层面上体现出其词汇意义上未规定的性质，这种变化极其偶然也非常突然，因此有必要增加词汇规则层面对这一句法性质的变化进行说明。

陆俭明（2002）提出的表示“取得”义的“显性的”和“隐性的”动词应该分别对应我们理论框架中的原型动词与非原型动词，那么我们就必须解决这样一个问题：这两类动词并不完全等同，一定存在着某些方面的句法差别，这些差别是什么？

5.3.2　双宾句中原型动词与非原型动词的句法差别

我们对陆俭明（2002）中104个非“给予”义双宾动词进行了多种句法特征的考察，考察项目包括：主语主题化、直接宾语主题化、间接宾语主题化、主语无标记关系化、直接宾语的无标记关系化、间接宾语的有标记及无标记关系化。只有两个考察项目将下面这样 15 个比较特殊的动词与其他动词区别开来：罚、借、没收、拿、挪、挪用、骗、欠、抢、敲诈、赊、收、偷、赢、要。而这 15 个动词共同的语义特征似乎都是“无偿得到钱款或有价物品”。从获取手段上看有正当的“罚、借、没收、收、欠、赊、赢”；不正当的“挪、挪用、骗、抢、敲诈、偷”和中性的“拿、要”，这些动词能够进行所有考察项目的句法操作。

两项具有区别特征的考察项目是：无标记的直接宾语关系化和无标记的间接宾语关系化。我们在上文并没有交代所谓的标记性和无标记性关系化。标记性关系化是指句法成分在关系化过程中在成分被提取的原位置有一个占位的代词，通过该代词来标明语法关系。例如，“张三没收了李四五百块钱”这句话的有标记间接宾语关系化是“张三没收了他五百块钱的那个人”；无标记间接宾语关系化是“张三没收了五百块钱的那个人”；直接宾语没有标记性关系化形式而只有无标记关系化形式，如“张三没收李四的那五百块钱”。

下面是这两个考察项目的例句：

A. 无标记直接宾语关系化考察例句

张三拿（要、偷、敲诈、抢、骗、赢、欠、收、没收、借、罚）李四的那一万块钱。（原句：张三拿了李四一万块钱。）

张三挪用（挪）公司的那十万块钱。（原句：张三挪用了公司十万块钱。）

张三赊那家公司的货物。（原句：张三赊了那家公司很多货物。）

*张三吃了那个人的那三个苹果。（原句：张三吃了他三个苹果。）

*张三修了王家的那三扇门。（原句：张三修了王家三扇门。）

*张三发现了王家的那五个秘密。（原句：张三发现了王家五个秘密。）

*校长处分一班的那五个人。（原句：校长处分了一班五个人。）

*大队拆王家的那五间屋。（原句：大队拆了王家五间屋。）

*小明糟蹋我的那几张宣纸。（原句：小明糟蹋了我好几张宣纸。）

* 我穿过舅舅的那件毛衣。（原句：我穿过舅舅一件毛衣。）

* 我戴过舅舅的那顶帽子。（原句：我戴过舅舅一顶帽子。）

* 老刘抽小孙的那支香烟。（原句：老刘抽了小孙一支香烟。）

……

B. 无标记间接宾语关系化考察例句

张三拿（要、偷、敲诈、抢、骗、赢、欠、收、没收、借、罚）了一万块钱的那个人。（原句：张三拿了李四一万块钱。）

张三挪用（挪）了十万块钱的那家公司。（原句：张三挪用了公司十万块钱。）

张三赊了很多货物的那家公司。（原句：张三赊了那家公司很多货物。）

* 张三吃了三个苹果的那个人。（原句：张三吃了他三个苹果。）

* 张三修了三扇门的那家。（原句：张三修了王家三扇门。）

* 张三发现了五个秘密的那家。（原句：张三发现了王家五个秘密。）

* 张三得了（赚了）五百块钱的那个人。（原句：张三得了（赚了）李四五百块钱。）

* 张三搬了五张床的那家。（原句：张三搬了王家五张床。）

* 大家分了五亩地的那家。（原句：大家分了他家五亩地。）

* 师范大学调了五个人的那所大学。（原句：师范大学调了北大五个人。）

* 小明糟蹋了好几张宣纸的那个人。（原句：小明糟蹋了我好几张宣纸。）

* 我穿过一件毛衣的那个人。（原句：我穿过舅舅那件毛衣。）

* 我戴过一顶帽子的那个人。（原句：我戴过舅舅一顶帽子。）

* 老刘抽了一支香烟的那个人。（原句：老刘抽了小孙一支香烟。）

……

A 组例句中打“*”号的句子虽然表面上看起来都是合语法的句子，但却是宾语为定中结构名词短语的主谓宾句，而不是关系化名词短语。作为关系化名词短语，这些例句是不可接受的。

通过考察，我们基本可以肯定上面的15个动词是非“给予”义双宾句的原型动词。非原型动词（或非典型动词）构成的双宾句中直接宾语的关系化或者不能说，或者形成了歧义——本来应该是一个动词短语做定语的偏正短语变成了一个宾语为偏正短语的主谓宾句。这些非原型双宾动词所导致的间接宾语的关系化必须出现占位代词“他”或占位名词短语“第三人称代词 + 名词”来标明语法关系，只有这样其间接宾语关系化才能够进行，而原型动词所导致的直接宾语关系化和间接宾语关系化则不存在这样的问题。这说明非原型动词在经历关系化等句法操作时可能会恢复为原型意义，使得句法操作受到阻碍，只有借助占位成分标明原有的语法关系才能维持相应的非原型意义。

袁毓林（2004）从论元结构与句式结构互动的角度对我们提出的这些非原型动词进行了解释，他认为是表达精细化（elaboration）这种语用动机促动了句式套用和动词代入，比如为了具体表示给予或取得的方式就用“灌、踢、吃、花”等动词代入“送、给”类动词擅场的“NP（A）+V+NP（D）+NP（P）”句式。袁毓林的这种看法很有见地，其分析方式也完全采用了词汇主义立场，但是我们认为采用“蕴涵意义”这种说法更具有概括性。“精细化”的成分必然是下位成分，下位成分当然蕴涵上位成分。但是需要注意的是，这种蕴涵必须是直接的或者足够直接的蕴涵，而不能是间接的或者模糊的蕴涵，比如“吃、穿、戴”直接蕴涵“消费”或者“取得”义，而“啃、嚼、尝、披、围”作为典型的动作动词则非常模糊地蕴涵“消费”和“取得”义，因而不能进入双宾句。所以，我们可以说，某句式当中的非原型动词与原型动词之间不是“套用”的关系，而是蕴涵的关系，没有这种语义基础，“套用”是无法发生的。

6. 语法关系的确立：“谓词—论元”结构与题元角色连续统

上一节我们从汉语三个典型句式入手着力说明基于动词词汇意义的“谓

词—论元”结构确定语法关系的可行性与必要性，但有些问题还是不能解决，比如“石头砸碎了玻璃”“太阳融化了冰”这样的句子。因为按照“谓词—论元”结构，其主词应该是人而非工具。因此我们仍然需要题元角色等级这样的概念。

Dowty（1991）提出原型施事（proto-agent）和原型受事（proto-patient）的概念，二者各自具有一系列动词性蕴涵：一个论元可能同时具有两种原型角色特征只是程度不同。在此基础上他提出了题元角色的层级性（role hierarchies）概念。之前，Dowty（1989）提出了“个体题元角色”(individual-thematic-role）这一概念以避免角色名称的模糊性，因为题元角色具有非离散（nondiscreteness）的特点，也就是说某种程度上是一个连续统。原型角色不再穷尽性地对论元进行分类，比如有些论元没有合适的角色名称或者有些论元具有同一角色的部分特征。“个体题元角色”这种命名方式避免了这些不足，如：动词 build 的两个题元角色分别是 builder 和 buildee。

Dowty（1991）明确了原型施事与原型受事的性质并在此基础上提出论元选择原则（argument-selection principle），在语义与句法接口的层面来讨论主语和宾语。

论元选择原则：一个带有语法主语和宾语的谓词，那个负载着最多的谓语所蕴涵的原型施事性质的论元被词汇化为该谓词的主语；而负载着原型受事性质最多的那个论元被词汇化为该谓词的宾语。

我们认为论元选择原则暗含的一个前提条件是：主语、宾语由动词的词汇意义所蕴涵，而主语和宾语被界定为施事性质与受事性质的词汇化成分，二者的区分在于其性质更趋向于原型施事还是更趋向于原型受事，这样，动词的论元就成为在原型施事与原型受事这个连续统上游移的成分。

由于我们基于动词语义确定语法关系，所以主语、宾语这样的概念是完全与题元角色相对应的——主语对应于具有施事特征的论元序列，而宾语对应于具有受事特征的论元序列。相关的受事主语句及主谓谓语句这样的涉及语言作格性质的语法关系我们将在下文讨论。

由于主词与宾词对应的不仅仅是施事和受事，而是具有施事特征的论元序列和具有受事特征的论元序列，因此“谓词—论元”结构的表达方式就有了相应的改变。原来单个的主词和谓词我们换作个体论元角色的表达方式，如“打”的“谓词—论元”结构为：

打：<打者（施事论元序列），被打者（受事论元序列）>

属于施事论元序列的“打者”与属于受事论元序列的“被打者”分别与主语和宾语相对应。

本章参考文献

Chomsky, N. (1965) *Aspects of the Theory of Syntax*. Cambridge, MA: The MIT Press.

Chomsky, N. (1970) Remarks on Nominalization. In Roderick Jacobs and Peter Rosenbaum (eds.), *Readings in English Transformational Grammar*, 184-221. Waltham, MA: Ginn.

Dowty, David R. (1975) Toward a Theory of Word Formation for Montague Grammar. In Susan Schmerling (ed.), *Texas Linguistic Forum* 2, 69-96. University of Texas Department of Linguistics.

Dowty, David R. (1978) Governed Transformations as Lexical Rules in a Montague Grammar. *Linguistic Inquiry* 9: 393-426.

Dowty, David R. (1979) *Word Meaning and Montague Grammar—The Semantics of Verbs and Times in Generative Semantics in Montague's PTQ*. Dordrecht: D. Reidel Publishing Company.

Dowty, David R. (1982) Grammatical Relations and Montague Grammar. In Pauline Jacobson and Geoffrey K. Pullum (eds.), *The Nature of Syntactic Representation*, 79-130. Dordrecht: D. Reidel Publishing Company.

Dowty, David R. (1989) On the Semantic Content of the Notion "Thematic Role". In G. Chierchia, B. H. Partee, and R. Turner (eds.), *Properties, Types and Meaning*, Vol. 2, 69-130. Dordrecht: Kluwer.

Dowty, David R. (1991) Thematic Proto-roles and Argument Selection. *Language* 67: 547-619.

Jacobson, Pauline (1987) Phrase Structure, Grammatical Relations, and Discontinuous Constituents. In Geoffrey J. Huck and Almerindo E. Ojeda (eds.), *Syntax and Semantics 20: Discontinuous Constituency*, 27-69. New York: Academic Press.

Keenan, Edward L. (1976) Towards a Universal Definition of "Subject". In Charles N. Li (ed.), *Subject and Topic*, 303-333. New York: Academic Press.

Keenan, Edward L., and Bernard Comrie (1977) Noun Phrase Accessibility and Universal Grammar. *Linguistic Inquiry* 8: 63-99.

Koopman, Hilda, and Dominique Sportiche (1990) *The Position of Subject*. Ms., UCLA.

Kuroda, S.-Y. (1988) Whether We Agree or Not: A Comparative Syntax of English and Japanese. In William J. Poser (ed.), *Japanese Syntax*, 103-143. Standford: CSLI.

Pan, Haihua (1996) Imperfective Aspect *Zhe*, Agent Deletion, and Locative Inversion in Mandarin Chinese. *Natural Language and Linguistic Theory* 14: 409-432.

程 杰（2007）论分离式领有名词与隶属名词之间的句法和语义关系 [J],《现代外语》第 1 期，19-29 页。

方 立（1993）美国理论语言学研究 [M]，北京：北京语言学院出版社。

高明乐（2009）词汇功能语法（LFG）解析 [J],《语文学刊（外语教育与教学）》第 1 期，1-6 页。

郭继懋（1990）领主属宾句 [J],《中国语文》第 1 期，24-29 页。

郭　锐（2000）表述功能的转化和“的”字的作用 [J],《当代语言学》第 1 期，37-52 页。

郭　锐（2004）语法的动态性和动态语法观 [A]，载《21 世纪的中国语言学》第一辑 [C]，商务印书馆编，北京：商务印书馆。

黄正德（2008）汉语动词的题元结构与其句法表现 [J],《语言科学》第 4 期，3-21 页。

黎锦熙（1924）新著国语文法 [M]，北京：商务印书馆，1992 年版。

李临定（1986）现代汉语句型 [M]，北京：商务印书馆。

陆俭明（1993）八十年代中国语法研究 [M]，北京：商务印书馆。

陆俭明（2002）再谈“吃了他三个苹果”一类结构的性质 [J],《中国语文》第 4 期，317-325 页。

陆俭明（2004）“句式语法”理论与汉语研究 [J],《中国语文》第 5 期，412-416 页。

陆俭明、沈　阳（2003）汉语和汉语研究十五讲 [M]，北京：北京大学出版社。

吕叔湘（1942）中国文法要略 [M]，北京：商务印书馆。

吕叔湘（1979）汉语语法分析问题 [M]，北京：商务印书馆。

马庆株（1983）现代汉语的双宾构造 [A]，载《语言学论丛》第十辑 [C]，北京：商务印书馆。

马庆株（1998）动词的直接配价和间接配价 [A]，载《现代汉语配价语法研究》第二辑 [C]，袁毓林、郭锐主编，北京：北京大学出版社。

潘海华（1997）词汇映射理论在汉语句法研究中的应用 [J],《现代外语》第 4 期，2-16 页。

沈家煊（1999）不对称和标记论 [M]，南昌：江西教育出版社。

沈家煊（2000）句式和配价 [J],《中国语文》第 4 期，291-297 页。

沈 阳、何元建、顾 阳（2001）生成语法理论与汉语语法研究 [M]，哈尔滨：黑龙江教育出版社。

陶红印（2000）从“吃”看动词论元结构的动态特征 [J],《语言研究》第 3 期，21-38 页。

徐 杰（1999）两种保留宾语句式及相关句法理论问题 [J],《当代语言学》第 1 期，16-29 页。

徐通锵（1997）语言论 [M]，长春：东北师范大学出版社。

袁毓林（2004）论元结构和句式结构互动的动因、机制和条件——表达精细化对动词配价和句式构造的影响 [J],《语言研究》第 4 期，1-10 页。

周国光（1995）确定配价的原则语法方法 [A]，载《现代汉语配价语法研究》[C]，沈阳、郑定欧主编，北京：北京大学出版社。

朱德熙（1986）变换分析中的平行性原则 [J],《中国语文》第 2 期，1-10 页。

第五章　句法上的非连续结构——话题及其提取类型

第三章中我们将话题句定义为句法上的非连续结构，代表语义上相连而在句法上分离的非连续结构形式。从非连续结构的角度研究话题句，可以帮助我们进一步了解话题化过程、不同过程导致的话题类型，并在此基础上讨论话题在语法关系中的地位。

第四章中我们从词汇主义的立场出发，运用词汇动态语义分析确定“谓词—论元”结构并结合题元选择原则来明确语法关系。从我们的结论来看，主语、宾语（直接宾语、间接宾语）是词汇语义蕴涵的基本（原生）语法关系。在这个关系框架中，话题是没有地位的，因此，我们认为袁毓林（1996）对基础主语与话题主语的区分是正确的。

本章我们要论证话题的提取过程及提取类型，也就是说话题的生成过程是一个句法操作过程，因此话题也是一个句法概念。不同的是，主语、宾语表达的是基本语法关系，而话题表达的是派生的语法关系。如果我们要确立“基本句”或者“核心句”这样一个概念的话，那么必然是包含基本语法关系的句子，因此我们不赞成李讷和 Thompson 将“话题—述题”结构定义为基本句的做法（Li & Thompson，1976）。实际上也正是在同一篇文章中，他们提出“动词决定的是主语而不是话题”这样的观点，但大量看似具有“原生性”的话题句使得他们不得不把话题纳入到基本语法关系中来。本章我们将论证话题不具有原生性，而话题句也是由表达基本语法关系的基本句派生而来的。

1. 话题研究的重要性

袁毓林（2003）在评论徐烈炯、刘丹青（1998）的《话题的结构与功能》一书时指出：

> 话题问题对于汉语尤其重要，因为汉语缺少形态变化，主语、谓语等句法成分没有显性的形式标志。于是，话题跟汉语句子的基本结构及有关成分的关系问题就显得非常复杂，特别值得研究。另外由于汉语缺少形态变化、句法成分没有显性标志，因而汉语的语序问题就显得模糊不清。例如：
>
> 1. 老张不喝葡萄酒。
>
> 2. 葡萄酒老张不喝。
>
> 3. 老张葡萄酒不喝。
>
> 由于主语和话题的关系不清楚，因而不易判断例 2、3 中的“葡萄酒”到底是主语（包括小主语，即主谓式谓语中的主语）、提前的宾语，还是话题（句法成分意义上的）；从而无法说明汉语到底是不是，或者说在多大程度上是 SVO（主语—动词—宾语）型语言，或者是 OSV 型语言，甚至是 SOV 型语言。（袁毓林，2003）

从袁毓林的这段表述我们可以看到，话题研究不但关系到汉语句子的基本结构，甚至关系到汉语语言类型的确立问题，足见话题问题研究的重要性。但同时他也认为：“话题问题牵涉到句子的构造方式和表达功能之间的关系问题，即语用上的‘话题—说明’怎样用‘主语—谓语’等句法结构来表达。”（袁毓林，2003）这就表明袁毓林仍然没有放弃将话题归入主语范畴。这并不是他个人的观点，而是自话题进入我们的研究视野以来的一贯性主张。

2. 话题与主语之间的纠结

自从话题研究引入汉语研究之始就与主语概念纠缠在一起，至今已有近半个世纪而仍在争论之中。二者的纠结主要包括互有关联的两个方面：一是话题与主语之间的关系，二是话题的性质或者说在语法中的地位。

2.1 话题与主语的关系

石毓智（2001）把有关的争议总结为三派，我们引述如下：

一、只有话题，汉语的主语等同于话题。代表人物及著述有：赵元任（1968）、李英哲等（1990）、徐通锵（1997）等。

二、主张既有话题又有主语，两者有不同的语法性质。代表人物及著述有：Li & Thompson（1976）、Tsao（1990）、沈家煊（1999）等。

三、主张只有主语，没有话题。代表人物及著述有：吕叔湘（1984）、朱德熙（1985）等。

分歧的原因我们认为有三个方面。首先是没有厘清汉语的基本语法关系，在不确定基本语法关系的情况下把不同层次的语法关系混在一起，自然会造成认识上的混乱；其次是对话题认识的不足。直到目前“话题的原生性”仍然被当作“主语等同于话题”的论据；第三，一直没有放弃建立“话题”概念和“主语”概念之间的联系，或者将它们同一起来，或者将它们对立起来。这三个方面也可以具体化为对主语的定义不同。一般采用的方法是用语义角色来判断，认为施事是主语，这样一来非施事成分就全部成为话题；另一种方式是以命题结构来判断主语，认为主语是句子的话题成分，这样导致的结果就是唯位置论，即句首 NP 就是话题，这样也就只有主语而没有话题。大多数学者都认为这是由于汉语中缺乏主语的形式标记而主语概念又是由研究者自己定义所造成的。

值得注意的是，有学者认为像主语这样的句法成分与谓词的释义有关，如杨成凯（2001）发现，在讨论汉语句子的主语时，人们往往忽略它跟谓词释义的关系。他建议可以考虑跟词典释义相结合，确定以句子格式为坐标系的主语概念。比如说可以用“张三坐着”为基本格式，说明在某种情况下，可以把“张三”放到“坐”后面，形成“台上坐着主席团”之类的句子。句子形式改变以后，意思也有相应的变化，无妨讲话题和焦点如何如何。尽管我们不赞同他用话题和焦点来解决句子的形式变化，但他“谓词释义”的看法在某种程度上体现出主语由动词蕴涵的思想。顾阳（2000）也提出论元结构改变导致主语改变的想法。两者的共同之处在于都意识到以词汇或者词汇意义为中心建立语法关系体系。上一章中我们提到的陆俭明（2002）也是根据动词的“非固定”意义发现并提出了非“给予”义双宾句，实际上这正是词汇语法或者说范畴语法的核心思想之一。

2.2 话题的地位——语用成分、话语成分、句法成分

说话题研究一直存在着重大分歧，从给话题的定位上就可见一斑。直到目前为止，有关话题的性质就有语用成分、话语成分和句法成分三种说法，特别是前两种提法直至最近仍有专著或者专文进行说明，以下我们分别回顾这三种观点。

2.2.1 话题——语用成分说

一直以来，话题语用成分说在汉语学界是被广为接受的。一方面是因为朱德熙（1985）持这种主张，另一方面，“三个平面”语法理论使得话题成为汉语语用平面的一个重要内容，导致这种观点非常盛行。当话题与主语的区分无法解决的时候，语用平面似乎给话题找到了最好的归宿。而屈承熹（2001）更进一步明确提出：“既然话题公认是一个语用概念，那么无论在界定或解释上都应该从语用开始，而话题的形式也应该由语用关系来决定。”我们认为，这种处理方式仅仅注意到了话题具有语用功能，但是细究起来，话题的特殊语义值

仍然来自于其特殊的句法结构，而对于这种结构是由何而来又是怎样来的，语用说没有提供解释，也就是说“话题语用观”只注重话题的功能解释而不关心它的生成过程，因而这种近似于贴标签的方式显得有些粗疏。

2.2.2 话题——话语成分说

持话语成分说的有 Charles N. Li（1976）、徐通锵（1997）及石毓智（2001）等。Charles N. Li（1976）把“话语策略”当作话题与主语的三类区别特征之一；石毓智（2001）明确提出主语可以被看作无标记话题，而有标记话题是话语（discourse）层面上的概念。话题话语成分说虽然与语用说有雷同之处，即强调话题的功能，但其分析要深入、系统得多。尽管如此，也不是完全没有问题的，比如石毓智（2001）的分析。他以能否进入从句来辨别话题句与主语句是非常有效的，同时他也认为话题句不能进入从句的原因在于它是一个话语概念而只能用于句子层面不能用于从句层面，这种说法一方面过于宽泛，另一方面又有循环论证之嫌。另外，他对话题的语序改变是如何进行的也没有具体的说明。定语从句中的成分不能移出是转换生成语法的孤岛条件限制之一——“复合名词结构限制”（Complex NP Constraint），即一个句子结构做一个名词的定语或同位语时这个句子结构中的任何成分都不能移出。陆俭明、沈阳（2003）发现汉语也有类似的情况，即定语从句中的成分不能“话题化移位”，也就是说，“话题不能进入从句层面”这句话应该反过来说才合适，即从句结构限制了话题的形成，因而说“话题是话语成分因而不能进入从句”仍然是一个功能性解释。另外一个问题是，按照石毓智（2001）的标准，位于句首的遍指和完全否定格式中的受事成分不是话题，这也是值得商榷的。

2.2.3 话题——句法成分说

2.2.3.1 转换生成语法的话题观

转换生成语法将话题当作句法成分来对待，认为话题是移位形成的，而移位的痕迹也就是语迹。通过语迹或者语迹链的概念，转换生成语法在表层结构的层面保持了深层结构当中的成分连续性。对汉语话题问题的全面深入的研究也是在转换生成语法当中进行的，如 Huang（1982）等。

Li 和 Thompson（1976）和 Tsao（1990）对于话题的分析都是从功能主义的角度出发，因为不考虑话题的生成性质而将其视为句子的原始成分。转换生成语法的观点是小句由 VP 与 NP 组成，话题在这里是没有地位的，它不是句子的原始成分而是经过转换或者说是句法成分移位产生的，其性质是非基本成分。脱胎于转换生成语法的非转换生成语法也持这种观点，不同之处在于，非转换生成语法认为话题由句法成分经历句法操作而不是移位生成的，但无论如何，生成语法，无论是转换生成语法还是非转换生成语法，都将话题作为一种重要的句法成分进行研究。

转换手段生成话题在英语语料的分析当中很顺畅，但是在汉语中却遇到了困难，使得转换生成学派的学者们不得不提出了“基础生成无分裂原生性话题”（base-generated non-gap topic）的概念，也就是说有些话题句是由基础生成的而非移位性质的。原生性话题也被称为“汉语式话题”，既包括主谓谓语句同时也包括那些似乎找不到原位置的话题。实际上这种性质的话题往往被很多功能学派的学者引用来说明话题不是句法成分而是语用或者话语成分，如 Li（1976）等。“原生性话题”概念的提出很难说是对转换生成语法的一种有益的补充，这是一种无奈而为之的做法，对“话题派生说”的理论构建无疑造成了一定的损害。

2.2.3.2 徐烈炯、刘丹青的 TSVO 论

国内明确提出“话题是句法成分”的是徐烈炯、刘丹青（1998），他们的论据也是话题的原生性。他们明确地提出“把话题看作一个句法结构概念”，“话题可以指：一、句法结构中的某个特定位置；二、出现在该位置上的词语”。同时他们也对 Li 和 Thompson（1976）所列出的确定话题优先型语言补充了一些特征，这些补充的特征也进一步反映了他们的话题观：话题成分语法化程度比较高，作为一种常规（unmarked）成分而不是特殊（marked）成分出

现；话题是结构中的基本成分而不是附加成分。因而他们这样表述："作为一种话题优先的语言，汉语的话题在句法上有与主语、宾语同等重要的地位。从层次分析的角度看，话题在句子层次结构中占有一个特定的位置，正如主语、宾语各占一个位置。这就是说，话题不与主语合一个位置，也不与宾语合一个位置。""话题优先的语言中有四个基本成分——V、S、O、T，汉语普通话的基本类型是 TSVO。"

以上观点给我们的印象是：TSVO 说完全抛弃了转换生成语法的"话题派生说"，不再区分基本语法关系和派生语法关系。这种观点基本回到了功能主义的立场，并进一步将话题成分泛化为主话题、次话题和次次话题，从而得出"一个句子可以有几个话题"这样的结论。本章我们将在具体问题的分析中对他们的看法提出质疑。

2.2.3.3 袁毓林对基础主语与话题主语的二分

在关于汉语话题研究的众多文献当中，袁毓林（1996）最为深入。由于观点相近但又有所不同，因此本章我们将在多处针对袁的观点进行论述。

尽管袁毓林认为自己从"话题是语用平面的概念、主语是句法平面的概念"这种立场（如袁毓林 1996 一再强调话题的表达功能而坚持将其归入语用概念）发展到"承认汉语中的话题正处于语法化的过程之中、尚未彻底完成，因而某些成分具有话题和主语或宾语这种两重性"（袁毓林，2002）这种接近"话题是句法成分"的观点，但从生成的角度及他本人论述的语法操作过程来看，实际上袁毓林是将话题作为一个派生的句法成分，因而是一个句法概念。

袁毓林（1996）的最大贡献在于区分了基础主语和话题主语，前者是作为基础的主谓句的主语，而后者是通过话题化移位而成的。他认为话题化的本质是让某个本来处于句中位置的成分移到句首 S/S′ 位置，成为话语平面上的话题或次话题（sub-topic），这种提法与我们所说的"话题是派生语法关系"基本相同。

同时，我们也注意到袁文中有三个问题值得商榷：首先，他将主谓谓语句与话题句等同起来，认为“从主谓句派生出主谓谓语句的过程实质就是话题化”，这样我们自然就会想到，主谓谓语句是否全部都是派生的？尽管他没有正面回答这个问题，但从分析过程看似乎是这样的。这样我们就面临一个问题：原生性主谓谓语句在汉语中是否存在？如果存在，那么如何将它们与话题句区别开来？对第一个问题，我们的回答是肯定的，也就是说并不是所有的主谓谓语句都是话题句；第二，在承认话题化的同时，袁毓林也同意次话题化，并认为同样是由移位生成的。我们不同意次话题化的提法，认为这种句式是小主语为作格主语的主谓谓语句；第三，袁毓林承认多重话题结构的存在，并认为是由句中的某些成分通过循环式话题移动（cyclic topic move），从非话题位置移到话题位置，从较低的话题位置到较高的话题位置逐步生成的。从范畴语法的角度看，话题化作为一种句法操作只能使用一次，不能多次或循环使用。袁毓林（1996）之所以提出多重话题概念，我们认为其原因与徐烈炯、刘丹青（1998）一样，是将话题、主谓谓语句中的小作格主语与可浮动（floating）的状语或插入语成分（附加语）相混同的结果。以上三个问题我们将在话题化的论证过程中具体讨论。

3. 范畴语法中话题的提取方式——话题化

转换生成语法中话题是一个句法概念——因为它是通过移位这样的句法手段生成的。在范畴语法当中也同样如此，只是话题的生成方式与转换语法大不相同。在范畴语法中，话题是通过特定的提取（extraction）——话题化生成，是一种典型的句法操作。不是每个句子都必须经历这样的操作，也就是说话题不是每个句子必有的，并且话题与主语是完全不同的两个概念。一个句子中可以没有话题，但是必须有主语，二者可以同时存在。所谓只有话题而没有主语的句子是不存在的。话题的来源是句子中表达基本语法关系的主语、宾语（直接宾语、间接宾语）和非基本语法关系的斜格（间接）关系成分（oblique relation），即除主宾语外与动词相关的其他如受益者、工具、处所等名词短语，我们也将证明，这些可有可无的斜格成分只有在被“再分析”为句子的必有成分的基础上才能经历话题化。范畴语法采用话题化的方式在表层结构的单一层次上维持了语义组合性。

袁毓林（1998）把话题化作为调整配位的语法机制，他这样阐述话题化的作用：“从句法成分和语义格的配位关系上看，施事、感事、当事等主体格一般占据主语的位置，受事、与事、结果等客体格一般占据宾语的位置，工具、材料、方式、处所等外围格一般在介词的引导下占据状语的位置。如果客体格和外围格要占据主语的位置，那么一般需要经过话题化。”我们认为，如果话题化的作用是使非主语成分成为主语，不如直接叫作“主语化”，因此，在汉语中将话题与主语完全区别开来有利于我们对语法关系的清晰认识和表达。

话题化是 Steedman 在 Ades 和 Steedman（1982）及 Steedman（1985）的函数复合方案基础上提出的一种句法操作，我们在第二章已经介绍了函数复合规则及该规则在范畴语法中的重大意义。Steedman 的话题化表达式是：

Topicalization

$\#X \rightarrow \#S_t/(S/X)$

where $X \in \{NP, PP, VP, AP, S'\}$

比如汉语中下面这个句子：

饭	我	吃了。	
$S_T/(S/NP)$	$S/(NP\backslash S)$	$(NP\backslash S)/NP$	（逆向函数复合）
	S/NP		
S_T			

这个句子当中主语“我”进行了提升，然后与动词进行逆向函数复合再与话题进行逆向函数应用，进而生成话题句范畴 S_T。

从这个句子的生成过程我们可以看到：

1）函数复合使得主语和动词成为一个语言片段（fragment），正如在第二章我们说过的，这是与直接成分完全不同的，而在范畴语法当中这却成为解决话题问题的关键——没有主语和动词的组合性就不可能以组合的方式生成话题句。

2）话题是一个函数范畴，它使得缺失某个句法成分的句子成为述题。从话题范畴的表达方式 S_T/（S/NP）来看，我们不难看出它与原句保持了语义联系，即：它是动词所蕴涵的宾语，因而与动词保持了语义的组合性。虽然话题是一个派生的语法关系，但是我们将要论证，它来自句子的基本语法关系并带有基本语法关系的印记。

话题化是一种重要的句法操作，一般经历了词汇操作而形成的句子话题化时要受到一定的限制。因此在讨论话题化时我们首先确立这样一个原则：

> 不是所有的主谓句都能话题化，特别是那些包含非原型动词（即经历了词汇操作、不是由词汇本义而是以蕴涵义进入某句式的动词）的句子在话题化过程当中要受到一定程度的限制。

除了第四章谈到的那些句式不能进行话题化操作以外，还有哪些句式中的哪些句子不能话题化我们不在这里进行讨论。我们关注的是能够话题化的那些句子在范畴语法框架内的具体生成过程及相关问题。

下文中我们将分别讨论主语、宾语的话题化以及斜格成分的话题化。由于这两种话题化过程中都必须使用到把附加语再分析为补足语的“再分析”原则（reanalysis principle），因此我们首先对这一原则进行介绍。

4. 再分析原则

Dowty（2003）运用再分析的方法将英语中的一些附加语再分析为补足语，

以解决不同性质附加语的语义差别，例如：

John walks to Mary.

John speaks to Mary.

上面两个句子中的附加语“to Mary”第一个表达 John 发生了位移并接近 Mary，而第二个则没有这种语义解读。

关于附加语与补足语的区别一般观点是：在句法上，附加语是可有可无的，即可选的成分，而补足语是必有的成分；在语义上，附加语只是修饰中心语的语义，而补足语则是“补足”中心语的语义。正是根据以上区别，范畴语法给附加语和补足语分配了不同的范畴：附加语的范畴是 [A/A] 或 [A\A]，补足语的范畴是 [A/B] 或 [B\A]，A/B 是中心语而 B 是补足语。从“函数—论元”结构来看，补足语是论元，是语义构建的必要构成成分，具有完句作用，是不可省略的成分；而附加语则是函数，是语义构建的附加成分，只起修饰作用，是可以省略的。但是英语中存在很多这样的句子，如，John sang to please Mary、John try to please Mary，前者的“to”结构分析成附加语没有问题，但后者则不能这样，因为“to please Mary”显然是起到补足语完句作用，是不能省略的，因而应采用“再分析”的方法使它和其他补足语一样成为论元，这样就得把原来附加语修饰的中心语再分析为附加语的函数而不是论元，如图 1 所示：

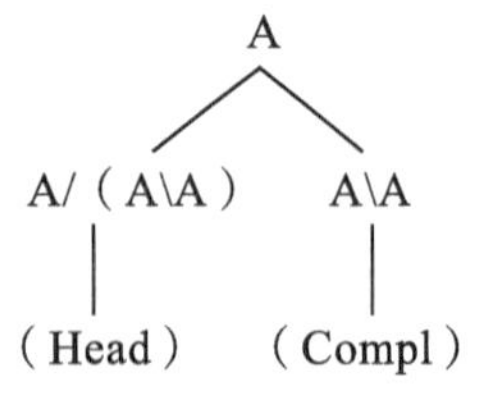

图 1　附加语再分析为补足语

这里采用的是替代的方法。西方哲学强调思辨性，替代是一种惯常的手段。中心语 A 可以用范畴 A/B 来替代，而 B 也可以用 C\C 来替代，而 C 可以是任意范畴，也完全可以是 A，因此原来的范畴 A 就再分析为 A/（A\A）。这种再分析显然也能够解释“speak to Mary”特殊的语义结构，如图 2 所示：

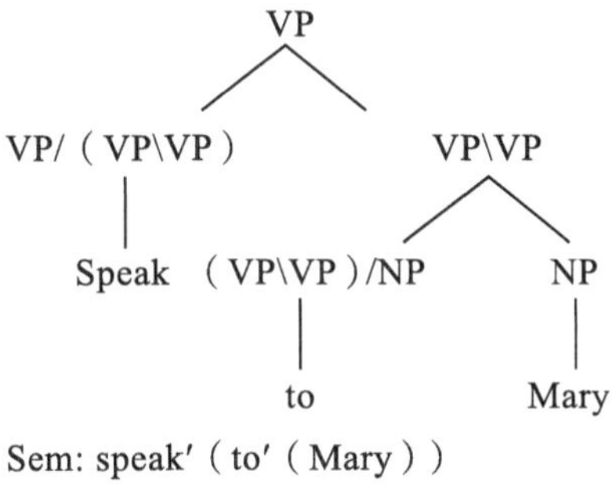

图 2　“to Mary”再分析为补足语

图 2 的语义式正确表明了句子的内涵意义：说话人说话，但说话人并未发生位置的改变而靠近 Mary。

从本质上看，再分析是心理认知上论元与函数的换位。因此，我们认为“再分析”被泛化为一种具有一定普遍性的分析方法后使得形式语言学的研究深入到了认知领域，比如说它可以为隐喻性表达提供句法基础。一般的观点认为认知语言学独特的研究角度和哲学、方法论背景使得它的研究独一无二，但 Dowty 的分析似推翻了这种观点，范畴语法不但可以对认知语言学感兴趣的问题进行研究，而且能更准确也更形式化地回答问题，这显然是一种突破。

在复杂主语、宾语的修饰成分的话题化和斜格成分话题化中我们都将使用再分析规则将其语法地位从可有可无的成分变为必有成分纳入到主语、宾语这样的基本语法关系序列中来，这就意味着：话题化只能而且必须基于必有的基本语法关系进行。“再分析”规则使得非基本语法关系的名词修饰语与斜格成分话题化成为可能。简单地说，如果一个成分是可有可无的，就没有话题化的必要了。

5. 主语、宾语的话题化

主语、宾语的话题化分为简单主语、宾语的话题化和复杂主语、宾语的话题化，而后者又包括复杂主语、宾语修饰语的话题化和复杂主语、宾语中心语的话题化两种情形。宾语的话题化还包括双宾句中直接宾语和间接宾语的话题化，TVP 结构宾语的话题化我们将在第三部分相关章节中讨论。

5.1 简单主语、宾语的话题化

5.1.1 主谓句中的主语、宾语话题化

简单主谓句中宾语的话题化我们在本章第四节已给出说明，这里不再重复。我们同意袁毓林（1996、1998）的观点，即受事格的话题化比较自由。但是需要特别说明的是，如果主语和宾语都是指人的名词短语，那么提取后在原位置应该出现占位代词，其作用是标明语法关系以避免引起歧义，例如：

图示 1：

张三　　　　赵英不喜欢他。

S_T/S　　　　S

S_T

我们再来看主语的话题化情况：

小张他很好。

这个电视机它不太清楚！

由于我们认为话题是提取成分，因此我们不同意主语也兼话题的观点，这样，主语提取为话题时在主语位置必须有一个占位代词标明语法关系，不管是指人的还是指物的。通常情况下指物的成分很少有代词照应，但在这里却是必须的，原因是话题与主语都在句首位置，主语位置必须有占位成分使得话题位置与主语位置区别开来。生成过程如下：

图示 2：

小张　　　　他很好。

S_T/S　　　　S

S_T

5.1.2　双宾句宾语的话题化

关于双宾句的话题化，袁毓林（1996、1998）注意到其中的与事话题化后一定要在原来的位置上用代词来照应，例如：

小李我送了他一本词典。

这个论断大致是对的，因为绝大多数给予义双宾句中间接宾语的话题化的确需要有占位代词，而这种占位代词的作用并不是用来做语义上的照应，而是为了标明话题 NP 在动词蕴涵中的语法关系。我们说的“绝大多数”是指那些动词是非原型动词的双宾句。按照我们的语感，上面这个话题句即使没有占位代词也是说得通的，例如：

小李我送了一本词典。

那个要饭的老头我给了五块钱。

其原因在于“送”和“给”是给予义双宾句的原型动词。非原型双宾动词的间接宾语话题化才如袁毓林（1996、1998）所说的那样“一定要在原来的位置上用代词来照应”，例如：

老王，我泼了他一身污水。* 老王，我泼了一身污水。

那个人我递了他一块砖。* 那个人我递了一块砖。

张三我扔了他一个球。* 张三我扔了一个球。

张三我托了他一件事。* 张三我托了一件事。

我们还发现，原型动词给予义双宾句的直接宾语可以话题化，而非原型动词给予义双宾句的直接宾语的话题化则要受到一定限制，例如：

那本词典我送小李了。
那五块钱我给那个要饭的老头了。
} 原型双宾动词

* 一身污水我泼了老王。
? * 那块砖我递了张三。（那块砖我递给了张三。）
? * 那个球我扔了张三。（那个球我扔给了张三。）
? * 那件事我托了张三。（那件事我托给了张三。）
} 非原型双宾动词

上面这些不成立的话题句中，如果把“V”变为“V 给”就可以说了。我们在第四章 § 5.3.2 中论述了双宾句中原型动词与非原型动词的句法差别，非典型双宾动词话题化时须出现占位代词这一点是对这种句法差别的一个补充。

双宾句出现占位代词的话题句生成过程与上一小节中出现占位代词的主语、宾语的话题化过程是一样的：

图示 3：

那个人　　　我递了他一块砖。

S_T/S　　　S

S_T

包含原型双宾动词的给予义双宾句直接宾语和间接宾语没有占位代词的话题化情况如下：

图示 4：

那本词典　　我　　送　　小李了。

$S_T/(S/NP)$　　$S/(NP\backslash S)$　　$(NP\backslash S/NP)/NP$　　NP

$(NP\backslash S)/NP$（逆向函数复合）

S/NP（逆向函数复合）

S_T

图示 5：

小李　　　我　　　送了　　　一本词典。

S_T/（S/NP）　S/（NP\S）　（NP\S/NP）/NP　　NP

（NP\S）/NP（逆向函数复合）

S/NP（逆向函数复合）

S_T

我们可以清楚地看到，双宾句直接宾语和间接宾语的话题化操作过程是完全一样的。值得一提的是，范畴语法分析中，动词首先与间接宾语组合成为一个语言片段，然后再与直接宾语组合，其层次构造是：[[送小李] 一本书]。这非常符合马庆株（1983）的论断："严格地从层次分析出发，似不宜再叫双宾语构造。"

5.1.3　主语、宾语的话题化还是斜格成分的话题化

尽管上面的生成过程看似顺利，但是出现占位代词的主语、宾语、间接宾语的话题句生成过程（图示 1、图示 2、图示 3）却存在严重问题。严格地说，这些句子的生成不符合 Steedman 的话题化的基本精神，因为从生成过程来看，话题后的述题本身就是一个完整的句子，话题的范畴没有表明这个提取成分在基础句中的语法关系，似乎是一个凭空添加的成分而不是被提取的成分，因而话题与述题之间似乎没有语义上的必然联系，我们也看不出这个成分与述题中的哪个成分具有语义组合关系。这就说明我们首先假定他们是主语、宾语和间接宾语的话题化有可能是错误的。考虑到述题部分已经是一个完整的句子 S，因此，唯一的处理方法是将提取的成分当作全句修饰语对待，其范畴是 S/S。这样一来，这些句子就不再是主语、宾语和间接宾语的话题化，而是斜格成分（全句修饰语）的话题化了，因此，对这类句子话题化过程的适当描写我们放到"斜格成分的话题化"部分一并进行。

说这些句子的句首成分是全句修饰语，这并不违背我们的语感，因为我

们完全可以在句首 NP 前加上引介词“至于”“说到”“对于”“关于”将其恢复为全句状语，使 NP 成为关涉的对象。因此，目前我们得出的结论是：凡是在主语、宾语、间接宾语位置出现占位代词的话题句都不是相应句法成分的话题化，而是斜格成分（全句修饰语）的话题化。

陈平（1994）讨论了话题、主语、宾语这三种句子成分与语义成分的配位关系，分别提出了充任主语和宾语的语义角色优先序列和充任主题的语义角色优先序列。根据我们第四章的分析，实际上我们把第一个序列放在“谓词—论元”结构的构成中来讨论，由“谓词—论元”结构和语法关系对应，而不是将语义角色和语法关系直接对应起来。它的第一个序列是：

施事 > 感事 > 工具 > 系事 > 地点 > 对象 > 受事

第二个序列是：

系事 > 地点 > 工具 > 对象 > 感事 > 受事 > 施事

按照序列二，优先选择哪一个名词性成分充任主题（话题），主要取决于它们在语义关系上的疏密。与动词关系越是疏离，充任主题（话题）的倾向性越强。我们在这一小节的分析表明，主语的话题化及出现占位代词的宾语话题化在句法处理上应当作斜格成分（即系事、工具和对象）的话题化来对待，这种处理方式与陈平（1994）的“充任主题的语义角色优先序列”不但相吻合，而且也深入了一步。

5.2 复杂主语、宾语的话题化

复杂主语和宾语是指由带修饰成分的偏正短语充当的主语和宾语，其修饰成分和中心词都有话题化的可能。主语的修饰语的话题化是一个十分复杂的问题，牵涉到主谓谓语句到底是由基础生成的基本句式还是话题化的结果，同时还要涉及次话题问题。

5.2.1 主语、宾语修饰语的话题化与原生主谓谓语句

5.2.1.1 主语、宾语修饰语的话题化

关于主语修饰语的话题化，袁毓林（1996）认为一价名词的降级宾语常常通过“的”跟一价名词组成偏正结构，当这个偏正结构做主谓句的主语时，只要删去“的”就能派生出主谓谓语句。例如：

张金龙的脸色变了。→张金龙脸色变了。

小张的母亲改嫁了。→小张，[他]母亲改嫁了。

这本书的内容不错。→这本书内容不错。

这枚邮票的图案是武士。→这枚邮票，图案是武士。

那本书的作者是王蒙。→那本书，作者是王蒙。（袁毓林，1996 例）

上述例句中的谓语部分只有“不错”是形容词，其余均为动词。同时我们还注意到，“不错”与其他形容词不同——“不错”不能用于“比”字句，这一句法特点我们将在下一小节论及。就这些例句的生成而言我们同意袁毓林的观点，其生成过程如下：

图示 6：

这本书	内容	不错。
S_T/((NP/NP)\S)	NP	NP\S
	(NP/NP)\NP	NP\S（再分析原则）
	(NP/NP)\NP	NP\S（顺向函数复合）
		(NP/NP)\S（逆向函数应用）
	S_T	

这个句子的话题范畴 S_T/((NP/NP)\S) 表明是由一个定语成分提取而来。这个生成过程中最关键的一步是对主语中心语“内容”的范畴由 NP 再分析为 (NP/NP)\NP，否则生成过程是无法进行的。关于再分析原则我们已在本章 § 4 中进行了专门介绍。图示 6 中的再分析的运用是必要的，也是合理的，因为只

有这样被提取成分的语法关系才能在原句（述题部分）中得以体现和刻画，被提取成分与主语中心语才能保持语义上的组合性质。这种分析导致的直接结果是：主语修饰语从一个可有可无的修饰语成分变成了原句的必有成分。我们也可以说，将主语修饰语再分析为句子的必有成分之后才能够话题化。

宾语的定语话题化基本上是不存在的，因为这样的句子必须出现占位代词，这种情况与我们在 §5.1.3 中分析的一样，这些句子的句首 NP 宜作为斜格成分（全句状语中的 NP）的话题化对待，例如：

（至于、说到）第一食堂，我喜欢吃那儿的牛肉。

（至于、说到）小张，我喜欢他的性格。

（至于、说到）小张，我见过他的妹妹。

（至于、说到、关于）这幅画，我喜欢它的构图。

如同括号中标明的，它们的确可以恢复为句首状语。

5.2.1.2 主谓谓语句的原生性

虽然上面的主语修饰语的话题提取过程成功了，但这并不意味着所有这种 NP_1 与 NP_2 之间有领属关系的双项 NP 句都是这样经历话题化操作派生而来的，也就是说这种句型也有可能是主谓谓语句（我们这里使用的“主谓谓语句”与袁毓林（1996）提到的含义不同，是指不同于话题句的基础句）。我们注意到，袁毓林（1996）的用例回避了这样一些例句：

大象的鼻子长。→大象鼻子长。

我的肚子饿。→我肚子饿。

张三的个子高。→张三个子高。

这些句子被称为汉语式话题句，也就是由基础生成而不是派生的话题句，与之相对的一种观点认为这是与话题无关的主谓谓语句（或称双主语句，如 Teng，1974）。虽然没有给出类似的例句，但按照袁毓林（1996）的论述，这些句子应该也是通过删除“的”形成的话题句。这里我们无法过多地论述主谓谓语句的原生性问题，但是我们认为把所有的主谓谓语句一概处理为主谓句派生的话题句这种做法太过绝对。

Li 和 Thompson（1976）引用了 Teng（1974）的例子，来说明很多这样的句子的 NP_1 和 NP_2 之间没有领属关系，例如“他们谁都不来”，因此没有道理说这些句子是由主谓句派生而来。汉语中类似的例子还有其他一些，比如：“小王人好、小王心好、十个学生八个是女的”等句子似乎也不大能“还原”成“* 小王的人好、* 小王的心好、* 十个学生的八个是女的”。我们同意他们将这类句子处理为非派生句，但不同意将 NP_1 分析为话题、NP_2 分析为主语，其句法结构并不是话题句。

要论证主谓谓语句的原生性必须从充当谓语的主谓短语的模块性入手，证明它们已经结合得相当紧密并具有了一定的复合词特征。Teng（1974）列举的极端的例子是“胆子小、耳朵软、脸皮厚、心毒、眼红”等，认为它们已经固化成熟语并且前边可以加“又”“也”等副词，甚至有些可以受程度副词修饰；而另外一些如“肚子饿、脾气坏、头疼、记性好、腰酸”也具有熟语的语义特征。我们注意到，许多主谓结构虽然还没有固化为熟语，但是却可以出现在比较句中，例如：

他比我<u>个子高</u>（记性好、眼睛大、脾气大、脑子聪明、眼光长远……）

这种模块性或者说主谓结构的复合词倾向支持主谓谓语句的原生性。杨成凯（1997）通过在 NP_1 与 NP_2 之间添加“是不是、也许、大概、可能”等手段证明 NP_1 是主语而不是话题，同时他还引进了范畴语法中的“复合谓词”这一概念来说明这类句子确实是主谓谓语句（他称之为“主主谓句”）。

由于主语必须是可以被关系化的成分，我们不妨考察 NP_1、NP_2 的关系化情形，尝试从这个角度来论证这类句子的语法关系：

大象鼻子长→ * 长的东西（是鼻子）→鼻子长的动物（是大象）

我肚子饿→ * 饿的东西（是肚子）→肚子饿的人（是我）

张三个子高→ * 高的东西（是个子）→个子高的人（是张三）

他头发多→ * 多的东西（是头发）→头发多的人（是他）

这个房间窗户大→？大的东西（是窗户）→窗户大的房间（是这个房间）

从上面的考察我们看到：NP_2 不能被关系化，而只有 NP_1 能被关系化，因此可以确定，NP_1 是主语而不是话题。

这里我们无意论证原生的主谓谓语句到底有哪些，只是要说明它的存在。因此，我们在处理主语修饰语的话题化时需要格外慎重，不能一概而论。

5.2.2 主语、宾语中心语的话题化

在论及语法的动态性问题时，陆俭明（2004）认为："某一个词类里的词语，在语法功能上发生变化。例如区别词，从词汇层面说，它固有的语法功能是只能做定语或跟助词'的'构成'的'字结构（朱德熙，1982）；但是到了句法层面，在一定条件下（含对比义）可以做主语（这种区别词一般是成对的，如"急性""慢性"等）。"我们认为还是坚持类别义比较好，因为有了类别才有类别之间的对比。陆先生的例句有：

肝炎，急性的好治，慢性的难治。

那个柜子，我觉得框式好看。（意味着板式不好看）

上面这两个例句在我们的理论框架中被处理为复杂主语中心语的话题化及复杂宾语中心语的话题化，例如：

校园　　他们（的）　　大。

S_T/（NP\S）　　NP/NP　　NP\S（不和谐函数复合）

NP\S

S_T

烤肉　　我　　喜欢吃　　这家饭馆的。

S_T/（S/NP）　　S/VP　　VP/NP　　NP/NP

VP/NP（逆向函数复合）

S\NP（逆向函数应用）

S_T

从上面的生成过程我们看到，复杂主语中心语的话题化应用了不和谐函数复合，而复杂宾语中心语的话题化与简单宾语话题化一样应用了逆向（和谐）函数复合。

复杂主语、宾语中心语话题化后的范畴描写分别为 S_T/（NP\S）和 S_T/（S/NP），从这种描写方式上我们可以知道该话题在动词蕴涵的语法关系中的地位及其语义组合关系。由于 NP\S 和 S/NP 分别是主语和宾语的范畴，因此 S_T/（NP\S）和 S_T/（S/NP）表明，这两个话题是由动词所蕴涵的主语和宾语提取而来的。

复杂主语、宾语的中心语之所以能够提取为话题，我们认为其原因在于其定语是“的”字结构，具有名词性质的“的”字结构起到了占位标明语法关系的作用。朱德熙（1961）论证了形容词加“的”与不加“的”的区别：“形容词 A 修饰 B 时‘AB’和‘A 的 B’是不同的格式，必须加以区别，‘白纸’里的定语是形容词‘白’而‘白的纸’里的定语是体词性成分‘的’，跟‘纸’是同位关系。”正是这种“同位性”使复杂主语、宾语的中心语话题化成为可能，也就是说只有带有“的”的定中式主语、宾语的中心语才能话题化。我们不妨再来对比下面这样两组句子：

A. 我喜欢聪明小孩。→ * 小孩我喜欢聪明。

我喜欢聪明的小孩。→小孩我喜欢聪明的。

B. 我喜欢德国汽车。→ * 汽车我喜欢德国。

我喜欢德国的汽车。→汽车我喜欢德国的。

除了“的”字短语以外，能够起到占位作用的名词性短语还有数量短语，因此数量短语充当修饰语的复杂主语和宾语的中心语也能够话题化，例如：

好几家大公司倒闭了。→大公司好几家倒闭了。

他刚吃了一口饭。→饭他刚吃了一口。

由于复杂主语中心语提取为话题导致了“的”字修饰语成为占位主语，但我们必须明确占位主语的范畴仍然是饰语性质的 NP/NP 而不是名词性质的

NP。下面这个句子是一类典型的“汉语式话题句”：

物价纽约最贵。

陈平（1996）将“纽约”看作主语，“物价”当作话题。由于“最贵”只能有一个论元，而“纽约”占据了论元位置，“物价”又不像修饰语，因此他得出了“物价”同述语中任何位置无关的结论。他认为这个例句表现出话题结构中特殊的焦点结构的特征，这种焦点结构用来识别一个集合中的成员。具体地说，他认为这个例句说明了：谈到任何地方的物价，纽约是最贵的——这也就是他所说的结构话题的语用解释。但我们还是不禁要问，这个例句所表达的“最贵”的东西到底是“物价”还是“纽约”？说“纽约这个地方”是“最贵”的实在差强人意。按照我们的分析，这是复杂主语“纽约（的）物价”中心语（物价）被提取为话题，遗留的成分“纽约（的）”占位成为主语。尽管例句中没有“的”字，但“纽约”仍是一个“的”字结构。因此，这个句子并不是原生的“汉语式话题句”，它与其他话题句一样，是由基础句经过话题化操作派生而来的。

5.3 关于宾语的强制性话题化

话题派生说面临的另一个难题是句首名词是遍指和完全否定格式中的受事成分的时候，这些句子都是陆俭明（1986）提出的周遍性主语句，例如：

一切办法我都试过了。

什么活儿他都不想干。（袁毓林，1996 例）

人人我都通知到了。

什么他都爱买。

一分钱他都不愿多花。（石毓智，2001 例）

石毓智（2001）认为这里的句首位置根本就是上述例句中受事成分的语法原位置，也就是无标记位置，此时也很难说是移位的句法成分。虽然没有明确说它们是主语，但是石毓智（2001）肯定它们不是话题。袁毓林（1996）的解释是："不是所有合格的主谓句都能派生出主谓谓语句（袁的所指是话题句），而且也不是所有的主谓谓语句都能通过逆移位来复原成主谓句的……当作为基础的主谓句的周遍性宾语话题化为主谓谓语句的周遍性主语后，在动词谓语前插入了总括副词'都'来强调呼应，后来，在语义指向上属于前指的副词阻止句首周遍性成分的后移（逆移位）。""这就是说，派生出来的结构还可以做细化调整（elaboration），以至无法复原为基础形式……派生句式一旦用开了，就可能会朝着不可逆转的方向发展。"

我们完全同意袁的论述，同时我们也认为这种表示强调完全肯定或完全否定的周遍性受事主语句的形成理据是话题位置的离散性质。周遍性受事主语句的共同特点是对通过对最小量的肯定或者否定来加强肯定或者否定。而这种最小量的获得是离散化的结果，即将一个整体分割为最小组成部分的集合，因此具有离散的性质。话题位置的重要语义特征就是离散，最适合具有离散性质的成分，而宾语位置不适合离散量，因此这些最小量被强制提取到话题位置。

关于话题的离散性质我们用这样两个例句来进行说明：

十块钱我有。→至少有十块钱。

我有十块钱。→只有十块钱。

从以上两个例句中我们发现话题位置与宾语位置有不同的蕴涵。实际上话题位置的"十块钱"是将"所有的钱"离散化的结果，成为可以自由称数的成分。如果一个人有十一块钱，那么他可以说"一块钱我有"直至"十一块钱我有"，如果需要的话他甚至可以以"角"甚至"分"为单位进行称数；而宾语位置的"十块钱"是一个总量，不能离散化因而也不能自由称数，也就是说如果一个人有八块钱或者十一块钱而他说"我有十块钱"是不合适的，这违反了"量"的会话原则（参见王得杏，1998）。正如徐通锵（1997）认为的那样，凡是具有离散性特征的单位都有可能进入话题位置，离散性越强，进入话题位置充当话题的概率就越大。从"量"的方面看，离散性结构单位的量也是离散的，可以自由地用不同数字来称数。因此，对于上面石毓智（2001）所说的那几种绝对不是话题的成分，我们从离散的角度认为，它们确实是话题，是一种强制提取的话题，在一定程度上是语法化的结果。

6. 斜格成分的话题化

6.1 斜格成分的语法地位

Dowty（1982）除了主语、宾语和间接宾语以外还讨论了许多其他的名词短语的语法关系，斜格关系（oblique relations），如受益者（benefactive）、工具（instrumental）和处所（locative）。就目前的分析，这三种情形与主语、宾语和间接宾语的地位是完全不同的，它们不是动词语义固有需要的论元，最好被当作是 IV 的修饰语。

我们有两个理由说明为什么受益格等三种格要这样分析而不分析为动词的论元：首先，事实上我们可以把受益格加到任意的 IV 上去，不管它是一个不及物动词或者是带有宾语或者其他补足语，而我们却不能把直接宾语和间接宾语等成分加到任何一个动词上，除非这个动词要求出现一个宾语；第二，没有受益格等成分，一个 IV 的语义也可以是完整的。动词的词义蕴涵了其论元成分，而没有蕴涵其修饰成分。这个标准把论元与修饰成分区分开来，这也是补足语与附加语的区别。

6.2 所谓“话题的原生性”

所谓的原生话题（base-generated topic）就是不存在分裂（non-gap topic）的话题句，也就是由基础生成的而非移位性质的（Huang，1982）。上文我们论证了一些原生性话题句（汉语式话题句）并不具有原生性，同其他话题一样是派生成分。这一小节我们从斜格成分话题化的角度来集中论证这个问题。

Huang（1982）的相关例句还有：

花儿玫瑰最漂亮。

车子张三喜欢日本车。

水果我爱吃苹果。

这件事我没意见。

这把刀我切肉。

他们家，我喜欢老二。

如果承认话题的原生性，也就意味着话题同主语和宾语一样是动词蕴涵的主要语法关系而非派生性句法成分。这种观念至今仍然被作为重要论据来说明话题是涵盖主语的概念（如徐烈炯、刘丹青，1998）或者用来说明“话题—说明”是汉语基本句式（Huang，1982；Li & Thompson，1976；徐通锵，1997 等）。话题原生性显然与我们将话题视为派生句法成分的观点相左，因此我们有必要在范畴语法的话题化理论中来考察这些所谓的“具有原生性”的话题。

上述例句的特点是话题不可还原，即没有相应的非话题形式。但显然从配价语法的角度看这些特殊的话题与动词存在语义联系——表范围或者工具等，也就是它们是动词的斜格成分。对于这类成分的话题化过程袁毓林（1996、1998）从不及物二价动词和形容词及二价名词的角度做了非常细致深入的研究并得出可信的结论，但从句法层次上看，我们可以将其统一为全句状语中的 NP 的话题化。

在英语中把论元成分与斜格成分区分开来是十分有必要的，因为从形式上看斜格成分都是由介词成分标引并构成一个介词短语 PP 来充当 IV 的修饰语。但是汉语的情形则完全不同——斜格成分常常没有介词标引并处于句首位置而成为话题。李临定（1986）把这种情况归结为介词的省略造成的，并把这种句式归纳为：

“$名_{介}$ + $名_{施}$ + 动”或者“$名_{施}$ + $名_{介}$ + 动”

也就是说省略了介词的名词性成分和施事性名词成分一同位于句首。所谓省略了介词的名词性成分就是我们所说的斜格成分。李临定（1986）按照名$_{介}$与动词或全句之间的语义关系的不同把这种句子分为12类，并分别进行了详细的结构和转换描写。实际上这种名$_{介}$位于句首的句子语法学界一致认为是话题，而李讷也正是根据这种句子在句内没有原位置因而推断它不是由转换或者移位而来，从而证明话题句是原生的，并以此进一步论证汉语是话题凸显语言。（Li，1976）

李临定（1986）所概括的12种情况包括：名$_{介}$表示对象，隐含“对于”；名$_{介}$表示关涉，隐含“关于”；名$_{介}$表示工具，隐含“用”；名$_{介}$表示范围，隐含“在……里面”；名$_{介}$表示原因，隐含“因为”；名$_{介}$表示目的，隐含“为了”；名$_{介}$表示依据，隐含“按照”；名$_{介}$表示凭借，隐含“凭着（靠着）”；名$_{介}$表示方面，隐含“在……上（方面）”；名$_{介}$表示起点，隐含“从”；名$_{介}$表示终点，隐含“到”；名$_{介}$表示处所，隐含“在……（里、上）”。这12种类型虽然语义关系各不相同，但是都是动词短语的斜格成分并且一般都位于名$_{施}$前，我们赞同许多前贤主张，认为它们位于句首时都是话题。

袁毓林（1998）认为话题化是调整配位的语法机制——“工具、材料、方式、处所等外围格一般在介词的引导下占据状语的位置。如果客体格和外围格要占据主语的位置，那么一般要经过话题化这种语法过程”。从这段论述中我们可以看出，袁毓林认为话题化是非主体格占据主语位置的手段。我们先不讨论话题化的目的是否是“主语”的问题，实际上，按照我们的理论框架，话题化与占据主语位置是两码事，我们认为话题与主语是两个不同的概念，而话题化的目标就是将表达基本语法关系的必有句法成分提取为话题，而话题所表达的是一种非基本的、非原生的或者说是派生的语法关系。

6.3 斜格成分的话题化方式

介词有标引格的作用是一种共识，但这些斜格成分按照Dowty的论述毕竟与论元不同，最好分析为动词的修饰语，其范畴是 VP/VP。但在汉语中，由于斜格成分提升为话题，在范畴描写上还是存在这样一个问题：这些修饰性成分是动词短语的修饰性成分还是全句修饰性成分？也就是说它们的范畴是 VP/VP 还是 S/S？我们不妨先假定它是动词修饰性成分，那么先看下面这个句子的生成过程：

这件事　　　　　　　　我　　　　　没有意见。

S_T/（（VP/VP）\S）　　S/VP　　　　VP

（VP/VP）\VP（再分析原则）

（VP\VP）/VP（结合规则）

VP\（VP/VP）（结合规则）

———————————————

S\（VP/VP）（不和谐函数复合规则）

———————————————

?

这个句子的运算过程首先是将话题“这件事”的范畴描写为 S_T/（（VP/VP）\S），就是说话题是从句子中提取出来的一个动词短语修饰语，而 VP“没有意见”则再分析为（VP/VP）\VP，这样我们就把修饰语分析为这个句子的必有成分，它的语义信息附加在了对动词的语义刻画上。但是我们发现，如果把修饰语分析为动词短语修饰语，这个句子是无法生成的，这就说明我们对修饰语的范畴刻画出了问题。如果把它分析为句子修饰语 S/S，句子的运算过程将会是这样：

这件事　　　　　　　　我没有意见。

S_T/（（S/S）\S）　　　　S

（S/S）\S

———————————————

S_T

我们看到此时句子成功生成了，关键在于我们把修饰语的范畴描写为句子修饰语，同时句子“我没有意见”的范畴 S 被再分析为（S/S）\S，这意味着虽然它在句法上是一个完整的句子，但是语义上依然对全句修饰语具有依赖性，而全句修饰语的句法语义信息必须被刻画到这个句子中来。也可以说，再分析使得全句状语和动词蕴涵的主语、宾语一样成为句子的必有论元。那么我们就会得出这样的结论：只有全句状语中的NP成分能够提升为话题，而VP状语不能被提升为话题。实际上李临定（1986）中的12类名$_{介}$中除了表示工具的隐含介词“用”的名$_{介}$以外，其他名$_{介}$分别隐含介词“对于、关于、在……里面、因为、为了、按照、在……上（方面）”等，而这些介词所构成的介词短语的确是大家所公认的全句状语。黎锦熙、刘世儒（1957）将这类名词性成分归为副位名词，也就是状语成分。它们可能带介词，也可能不带介词。李临定（1986)、袁毓林（1996)、杨成凯（1997）等人也认为这是由介词省略造成的，这些看法与我们的分析是相契合的。

由于全句状语本来就可以位于句首，而话题化后仍然位于句首，也就是说斜格成分的话题化并没有形成我们所讨论的“非连续现象”，这也是这类话题没有句内原位置的原因。但是考虑到话题化后其生成方式及句法地位的改变，同时也为了维持话题化类型的完整性，更为重要的是这类话题正是所谓的“原生性话题”(或称汉语式话题)，因此我们必须对这种话题化进行探讨。这种分析模式意味着下面这些“汉语式话题”同样不具备原生性，而是由全句状语经过再分析后话题化而来的：

这件事情你不能光麻烦一个人。

生物伦理学我是门外汉。

黄色的土地大粪最合适。(石定栩，1999例)

正如石定栩（1999）认为的那样，修饰语当然有可能同时充当主题，但这样的主题就不再是跟动词毫无关系的所谓“汉语式主题”了。

6.4 斜格成分的话题化还是宾语修饰语的话题化

有些表范围的斜格成分话题似乎与宾语中心词有定中关系，有的还可以还原，例如：

他们家我喜欢老二。→我喜欢他们家老二。

我们可以把它们转换为“我喜欢他们家的老二”。虽然我们不大能说“我爱吃水果中的苹果”，但是“水果”与“苹果”因为存在种属关系因而也似乎存在着定中关系。我们先假定它们是由宾语的定语提取而来的话题来看其生成过程。

他们家　　我　喜欢　老二。

S_T/（S/（NP/NP））　NP　NP\（S/NP）　（NP/NP）\NP

S/NP　　NP\（NP/NP）（不和谐函数复合）

S\（NP/NP）

?

按照宾语的定语提取，这个句子的计算过程出现了问题，因此我们的假设是错误的。实际上前两个例句的句首话题应该是全句状语的提取，表示话题。实际上我们完全可以说：

在他们家所有的孩子里，我最喜欢老二。

在水果中，我喜欢苹果。

这都是表示范围的斜格成分。这一小节的论证与 § 5.2.1.1 的论证是相互呼应的：宾语的修饰语一般不能话题化。

7. 从语言的作格性看“次话题”

7.1 “次话题”与 VP_E 范畴

次话题也被称为对比话题，一般指由动词后宾语位置移位到主语与动词之间的成分。目前对于次话题的认识大概有这样几方面：由宾语移位而来、与普通的话题化有平行的特征（袁毓林，1996；徐烈炯、刘丹青，1998；石毓智，2001）；其功能是用于比较（Ernst & Wang，1995；袁毓林，1996 等）；提取成分一般表示通指（generic）而不是定指（石毓智，2001），等等。总之，学术界对这种通过移位出现在非常规位置上的成分及句法地位普遍持肯定态度。

由于依附于话题研究，次话题往往被一带而过，因而其研究算不上充分，实际上最本质的问题还没有被触及。如果真的能用移位来解决问题，那么汉语的语法关系就可以被大大简化了，但实际上次话题现象的产生除了移位的可能外还有可能涉及另一种因素——语言的作格性质，这就向次话题范畴的存在与否提出了质疑。

次话题前成分大家基本公认为主语，“主语和谓语之间的对比话题”这种提法本身已表明大家的共识。如果我们采用类似话题化的方式来描写次话题化，那么就会出现下面的情况：

张三	作业	写完了。
NP	S_T/（S/NP）	NP\（S/NP）
	?	

这个句子生成的失败说明次话题提取的不可能是句子层面的宾语，因此我们再尝试将次话题刻画为对动词短语宾语的提取：

张三	作业	写完了。
NP	NP\S_T/（VP/NP）	VP/NP
	NP\S_T	
	S_T	

尽管采用上面的方式成功地生成了次话题句，但这种方法存在三个问题：第一，我们看到次话题的范畴描写方式与连接词是一样的，这显然是不合适的；第二，次话题的范畴描写表明，该 NP 与主语 NP 有直接的语义组合关系，这不是最理想的；第三，这种方式生成的话题句在某种程度上看具有原生性，因为根本没有涉及基础句 S 范畴就直接生成了。我们不妨暂且抛开“次话题”句这一前提条件，看看作为一个普通句 S 它应该如何生成：

张三　　　作业　　　写完了。

NP　　VP_E/（VP/NP）　　VP/NP

VP_E

S

可以看到，这个句子是通过一个特殊的动词短语范畴 VP_E 生成的。那么这个 VP_E 究竟是一个什么样的动词短语？我们从汉语的作格性质入手进一步探讨。

7.2　汉语中的作格动词短语 VP_E 范畴

在范畴描写上确立 VP_E 是远远不够的，我们还要考察该范畴相对于 VP 范畴和 S_T 范畴的独特性质以进一步说明汉语中确实存在这样一个特殊的范畴，探讨这种范畴的性质及其解释力。

我们首先注意到了这类句子与一般主谓宾句的共同特点是可以做定语、可以焦点化、可以对提取成分进行提问，这表明“次话题”句与一般主谓宾句有更多的共性并与话题句形成一定程度的对立，这种对立是话题句与非话题句之间的对立。既然不是话题句，那么就得承认“次话题”句中的特殊动词短语 VP_E 是一类具有作格性质的特殊的动词短语，并且该动词短语应被看作主谓动词短语，整个句子是一类特殊的主谓谓语句。我们必须注意到，先前的许多研究者也正是出于对“受事主语成分”的考虑而将这类句子处理为主谓谓语句，我们的论证将进一步说明这种处理方式是不无道理的。

7.2.1　语言中的作格现象

Dixon（1979）深入研究了语言的作格性质问题。他认为：“一种语言如果不及物动词的主语被当作及物动词的宾语那样对待，而不同于及物动词的主语，那么我们说这种语言具有作格（ergative）性质，这种特殊的‘对待’的最清楚的实现方式是格屈折（case inflections）。”这个定义其实也可以反过来理解：一种语言，如果及物动词的宾语被当作不及物动词的主语那样对待而不同于及物动词中的宾语，那么我们说这种语言具有作格性质。如果考虑到语言的作格性质，那么语言中的基本语法关系就不再是主语和宾语那么简单了，因为“主语”不再是一个原子范畴而是一个可以进一步细分的语法关系。这样，基本语法关系就有以下三种：

不及物动词的主语：S

及物动词的主语：A

及物动词的宾语：O

Dixon（1979）还特别强调：“对于那些有对比性词序（contrastive word-order）的语言来说，可能 S 与 O 同样对待或者 S 与 A 同样对待。”这也就是说汉语“次话题”的对比功能体现了语言的作格性质。汉语的作格性质显然体现在将某些及物动词宾语当作了不及物动词的主语来对待。但需要特别注意的是，由于语序同时被用来传递主题或述题信息，因此很难分清这些不同的角色。我们认为这就是汉语话题、次话题、主语、宾语之间纠缠不清的原因之一。

Dowty（1982）对 Dixon（1979）提出的作格性进行了深入的论述，并再次重申了概念主语（notional subject）和概念宾语（notional object）的概念。作格语言中的及物动词的概念宾语（实际上在主语位置）在句法中被当作不及物动词的主语一样对待，而及物动词的概念主语则被不同地对待，并区分了三种不同类型的作格语言：深层作格语言（deep ergative languages，这种语言不仅仅是格标记而且所有的其他区分主语和宾语的句法性质也是作格模式的）；表层作格语言（surface ergative languages，只有相关的很少的一些作格特征）；分裂型作格语言（split ergative languages，作格形式只固定地出现在某些时态句中，而从不在其他句中出现）。

邓思颖（2004）将作格化现象理解为“是一种让动词由及物动词变为不及物动词的句法过程。经过作格化后，动词的主语不能是施事，而动词可以指派的一个受格（accusative case）被‘吃掉’”，虽然略显简单，但这种说法是可行的。

7.2.2　汉语作格性质的动因

VP_E 作为一种特殊的范畴使得其概念宾语位于动词前面，这显然不是一种句法操作而是词汇操作，我们暂且称这种动词短语为作格动词短语，所谓的“次话题句”也就是谓语为作格动词短语的主谓谓语句。理论上，作格动词短语的动词应该局限在 VR 范围内，即使是光杆动词，该动词必然强烈蕴涵某种结果，或者说能够补出R的部分。比如：东西卖（完）了、衣服洗（干净）了。

沈阳、Rint Sybesma（2012）尝试通过作格动词的性质这一角度对汉语的特殊句法现象提出统一解释，他们的论证从动结式入手，认为“汉语中其实并不存在单个的作格动词，所有的单个作格动词都具有动结式的句法和语义表现”，“作格动词结构都必须在语义上包含两个事件（动作行为 + 终点结果），也都必须在句法上包含两个动词（主句动词 + 小句动词）。如果这类结构只出现一个动词，那就必定是隐含补语动词的隐性动结式”。从该认识出发，他们将“死”认定为隐性动结式作格动词，以此解释“王冕死了父亲”构造，并建议通过同样的方法处理“台上坐着主席团”类存在句、“家里来了客人”类隐现句、“停院子里一辆车”类双宾句、“杯子被弟弟打碎了”类被字句。应该说，我们赞同关注动词作格性质这一主张，但同时也认为应进行严格限制，将“死”“坐”“来”处理为作格动词不免过于泛化，同时也缺乏必要的心理现实性。

我们认为，汉语的作格性质确实与动补结构VR的形成密切相关。石毓智、李讷（2001）基于对大量历时语料的考察认为，由于动词和补语的融合，受事主语句的使用频率大量增加。动补结构的建立与受事主语句的增加之间的因果关系可以从两个方面看出来：一是受事主语句的谓语不能是单纯的动词，必须是一个动补结构之类的复杂短语；二是很多受事主语句并不能变换成一般的陈述句 SVO 语序，例如：

我昨儿晚上的话竟说错了。（《红楼梦》三十六回）

你的性子越发娇惯了。（《红楼梦》三十六回）（石毓智、李讷，2001 例）

我正经事还忙不过来呢。(*我忙不过来正经事。)

我总结还写不过来呢。(*我写不过来总结。)　　(李临定，1986 例)

我们认为，述补结构 VR 的形成不只是语义的融合，同时也是语法关系的融合。在一个典型的“NP_1+VR+NP_2”结构中，NP_1 是及物动词 V 的主语 A，NP_2 是不及物动词 R 的主语 S，同时也是及物动词 V 的宾语 O。NP_2 的 S 性质使得它做整个 VR 的主语成为可能，但同时它又是 V 的宾语 O，这就使得它带有了作格主语的性质。从总体上说，VR 作为一个及物动词，其宾语 NP_2（即 O）就可以被当作不及物动词VR的主语S，这是一个典型的作格主语。石毓智、李讷（2001）所说的“受事主语句的谓语不能是单纯的动词，必须是一个动补结构之类的复杂短语”这一观点大致不错，但过于绝对。实际语料中单纯动词（单纯动词带“着”“了”等时体成分）的例子很多，但这些单纯动词或者蕴涵着结果 R（如“衣服洗了、房间打扫了、作业写了、东西卖了”等），或者表示某种状态（如“鸡不吃了、炉子生了火、电影正演着呢”等）。随着语法化的进行，作格动词短语中的动词除了 VR 以外还有其他一些。

詹人凤（1992）提出四种识别受事主语句（作格主语句）的形式标志，他认为谓语动词后加“了、着、过”的受事主语句主要是状态句，“了、过”表明动作完成之后形成的状态（祥子的车卖了、鱼翅吃过），“着”表示动作（或其结果）状态的延续（门关着），我们认为他的观察是准确的，体现了受事主语句与一般主谓宾句的语义差别——也许能够互相转换，但二者并不是完全等值的。因此，我们认为，作格主语句（受事主语句）具有原生性，最好不要看作是由动宾句移位而来的。如果承认了作格主语句的存在，那么我们就可以在动词短语的类型中添加一个相应的类型——作格动词短语，而以这种作格动词短语充当谓语的句子是主谓谓语句，这种句子与宾语提取为话题无关，表达的是基本语法关系而非派生语法关系。

由于作格化是对动词进行的词汇规则操作，因此作格性质应加诸动词 VP 而不是名词短语 NP 之上。这样我们对这类句子的生成过程做出如下修正：

张三　　　　作业　　　　写完了。

NP　　　　　NP　　　　　$NP\backslash VP_E$

　　　　　　VP_E

　　　　S

7.2.3　对“多重话题结构”的质疑

陈平（2004）在探讨双项名词句（即动词短语前有两个NP成分的句子）时多处涉及我们所说的作格短语充当谓语的主谓谓语句。他的例子有：

他们这套房子买下来了。

老王什么话都敢说，老张什么事都敢做。

你这几本书读得很仔细。

我们这些话还说它干吗！

他这几件衣服并不是十分喜欢。

我那几个人见到了。　　　　　　　　　　（陈平，2004例）

以上例子中只有部分而不是全部例句有对应的SVO句。陈平（2004）总结了如Sun和Givón（1985）、Ernst和Wang（1995）、沈家煊（1999）、Zhang（2000）等当代不同语法学派的观点，他们一致将这类句子分析为宾语倒装句，“宾语倒装”说与“次话题”说本质上是类同的。我们可以看到，由于不区分基本语法关系与派生语法关系，再加上对语言作格性质的认识不足，给汉语的话题（包含所谓的“次话题”）及主谓谓语句研究造成了一系列的混乱，同时也直接导致了袁毓林（1996）、徐烈炯、刘丹青（1998）“多重话题结构”（multi-topic structure）这一概念的提出。

袁毓林（1996）用下面这组例句说明多重话题结构：

我现在不喝酒了。→现在我不喝酒了。→我现在酒不喝了。→现在我酒不喝了。→我酒现在不喝了。→现在酒我不喝了。→酒我现在不喝了。→酒现在我不喝了。

在此基础上他提出多重话题结构的形式规则：

$Top_1 + Top_2 + Top_3 + \cdots\cdots + Top_n + VP$

徐烈炯、刘丹青（1998）也持同样的观点，相关的例子是：

小张，这件事，我认为[ ]办不了[ ]。

他们也给出了与袁毓林（1996）相类似的多重话题结构形式规则：

$Top_1 + Top_2 + Top_3 + \cdots\cdots + Top_n + X$

我们认为有两方面原因导致了以上学者提出“多重话题结构”：首先是没有充分注意汉语的作格性质，因而将“次话题”作为一种移位成分对待。按照我们的分析，主语与动词之间的 NP 成分并不是次话题，而是作格动词短语中的主语；另外，他们没有将浮动成分（floating operator）与移位成分区分开来，前者是可有可无的附加语，而后者是谓词的必有论元。袁毓林例句中的“现在”作为一个状语成分是一个浮动算子，它的范畴既可以是 VP/VP 也可以是 S/S，其位置可以不固定，与话题化无关。徐烈炯、刘丹青例句中的“认为”是从间接的表述言语行为而来的“引用动词”(quotative verb)，“我认为”作为一种插入语成分同样具有“浮动”的性质，作为附加语与移位无关。这样，上面这些“多重话题结构”实际上只有两种句法结构：

话题句：酒我不喝。这件事小张办不了。

主谓谓语句：我酒不喝了。小张这件事办不了。

这样我们不但理清了语法关系，同时基于汉语语料的分析维护了范畴语法的话题化原则：作为一种典型的句法操作，话题化只能进行一次，“多重话题结构”是不存在的。从心理现实性角度来看，每一次句法操作都是对基本语法关系的一种偏离，如果话题化循环使用，势必为语言的理解带来障碍。

本章参考文献

Ades, A. E., and M. J. Steedman (1982) On the Order of Words. *Linguistics and Philosophy* 4: 517-558.

Dixon, R. M. W. (1979) Ergativity. *Language* 55: 59-138.

Dowty, David R. (1982) Grammatical Relations and Montague Grammar. In Pauline Jacobson and Geoffrey K. Pullum (eds.), *The Nature of Syntactic Representation*, 79-130. Dordrecht: D. Reidel Publishing Company.

Dowty, David R. (2003) The Dual Analysis of Adjuncts/Complements in Categorial Grammar, presented in Beijing Language and Culture University.

Ernst, T., and C. C. Wang (1995) Object Preposing in Mandarin Chinese. *Journal of East Asian Linguistics* 4: 235-260.

Huang, C.-T. J. (1982) *Logic Relations in Chinese and the Theory of Grammar*. Ph.D. dissertation, MIT.

Li, Charles N., and Sandra A. Thompson (1976) Subject and Topic: A New Typology of Language. In Charles N. Li (ed.), *Subject and Topic*, 457-489. New York: Academic Press.

Steedman, Mark (1985) Dependency and Coordination in the Grammar of Dutch and English. *Language* 61: 523-568.

Sun, Chaofen, and Talmy Givón (1985) On the So-called SOV Word Order in Mandarin Chinese: A Quantified Text Study and Its Implications. *Language* 61: 329-351.

Teng, Shou-hsin (1974) Double Nominatives in Chinese. *Language* 50: 455-473.

Tsao, Feng-fu (1990) *Sentence and Clause Structure in Chinese: A Functional Perspective*. Taipei: Student Book Co.

Zhang, Ning (2000) Object Shift in Mandarin Chinese. *Journal of Chinese Linguistics* 28: 201-246.

陈 平（1994）试论汉语中三种句子成分与语义成分的配位原则 [J],《中国语文》第 3 期，161-168 页。

陈 平（1996）汉语中结构话题的语用解释和关系化 [J]，徐纠纠译,《当代语言学》第 4 期，27-36 页。

陈 平（2004）汉语双项名词句与话题——陈述结构 [J],《中国语文》第 6 期，493-507 页。

邓思颖（2004）作格化和汉语被动句 [J],《中国语文》第 4 期，291-301 页。

顾 阳（2000）论元结构及论元结构变化 [A]，载《配价理论与汉语语法研究》[C]，沈阳主编，北京：语文出版社。

黎锦熙、刘世儒（1957）汉语语法教材（第一编）[M]，北京：商务印书馆。

李临定（1986）现代汉语句型 [M]，北京：商务印书馆。

李英哲、郑良伟、贺上贤、侯炎尧、Larry Foster、Moira Yip（1990）实用汉语参考语法 [M]，熊文华译，北京：北京语言学院出版社。

陆俭明（1986）周遍性主语句及其他 [J],《中国语文》第 3 期，161-167 页。

陆俭明（2002）再谈“吃了他三个苹果”一类结构的性质 [J],《中国语文》第 4 期，317-325 页。

陆俭明（2004）词语句法、语义的多功能性：对“构式语法”理论的解释 [J],《外国语》第 2 期，15-20 页。

陆俭明、沈 阳（2003）汉语和汉语研究十五讲 [M]，北京：北京大学出版社。

吕叔湘（1984）汉语语法分析问题 [A]，载《汉语语法论文集》[C]，北京：商务印书馆。

马庆株（1983）现代汉语的双宾构造 [A]，载《语言学论丛》第十辑 [C]，北京：商务印书馆。

屈承熹（2001）话题的表达形式与语用关系 [A]，载《从语义信息到类型比较》[C]，史有为主编，北京：北京语言文化大学出版社。

沈家煊（1999）不对称和标记论 [M]，南昌：江西教育出版社。

沈 阳、Rint Sybesma（2012）作格动词的性质和作格结构的构造 [J]，《世界汉语教学》第 3 期，306-321 页。

石定栩（1999）主题句研究 [A]，载《共性与个性——汉语语言学中的争议》[C]，徐烈炯主编，北京：北京语言文化大学出版社。

石毓智（2001）语法的形式和理据 [M]，南昌：江西教育出版社。

石毓智、李 讷（2001）汉语语法化的历程——形态句法发展的动因和机制 [M]，北京：北京大学出版社。

王得杏（1998）英语话语分析与跨文化交际 [M]，北京：北京语言文化大学出版社。

徐烈炯、刘丹青（1998）话题的结构与功能 [M]，上海：上海教育出版社。

徐通锵（1997）语言论 [M]，长春：东北师范大学出版社。

杨成凯（1997）“主主谓”句法范畴和话题概念的逻辑分析 [J]，《中国语文》第 4 期，251-259 页。

杨成凯（2001）汉语句子的主语和话题[A]，载《从语义信息到类型比较》[C]，史有为主编，北京：北京语言文化大学出版社。

袁毓林（1996）话题化及相关的语法过程 [J],《中国语文》第 4 期,241-254 页。

袁毓林（1998）汉语动词的配价层级和配位方式研究 [A]，载《现代汉语配价语法研究》第二辑 [C]，袁毓林、郭锐主编，北京：北京大学出版社。

袁毓林（2002）汉语话题的语法地位和语法化程度——基于真实自然口语的共时和历时考量 [A]，载《语言学论丛》第 25 辑 [C]，北京：商务印书馆。

袁毓林（2003）《话题的结构与功能》评述[J],《当代语言学》第1期,54-63页。
詹人凤（1992）受事主语句（名—动式）的识别[A]，载《语法研究和探索（六）》[C]，中国语文杂志社编，北京：语文出版社。
赵元任（1968）中国话的文法[M]，美国加州大学出版社1968年出版，丁邦新译，香港：香港中文大学出版社，1980年。
朱德熙（1961）说“的”[J],《中国语文》第12期，1-18页。
朱德熙（1982）语法讲义[M]，北京：商务印书馆。
朱德熙（1985）语法答问[M]，北京：商务印书馆。

第六章 范畴语法的 TVP 分析方案

TVP 是及物动词短语（transitive verb phrase）的缩写，在范畴语法中它代表着复杂及物动词短语，而不是一个包含有及物动词的动词短语。相对地，不及物动词短语被称为 IVP（intransitive verb phrase）。以下 A 组例子是 TVP 而 B 组例子是 IVP（Partee，1976；Bach，1979；Dowty，1979、1982；Jacobson，1987）：

A. persuade to leave

paint white

put into a box

consider a friend

B. promise Mary

strike me

A 组 TVP 及物动词短语如果带宾语的话，宾语内嵌在复杂及物动词短语中间，使得 VP 的两个组成部分处于非连续状态，而 IVP 及物动词短语的宾语跟在动词的后面组成连续性结构。范畴语法提出非连续 TVP 分析方案是为了区别主语控制动词和宾语控制动词并以此揭示二者性质的不同。

1. 宾语控制及主语控制的动词性补足语

Bach（1980）指出："动词的不定式补足语如果在句法上被不定式之外的一个名词控制，并且这个 NP 被包含在了不定式的蕴涵之中，那么这个 NP 一定是不定式之上的一个更高的动词的论元。”这里所说的“被不定式之外的一个名词控制”也就是说这个 NP 能够在不定式内激发反身代词化并且与该反身代词之间存在所指一致或者数的一致。几乎所有的学者都用 persuade 和 promise 的比较来说明这个问题，我们来看下面这个例句：

Mary persuades John to wash himself.

这个句子的不定式“to wash himself”由 NP John 控制，并在不定式之内激发了反身代词化。John 是 wash himself 的理解上的主语并且与反身代词 himself 照应。在下面这个树形图中，John 就是不定式之上的动词的论元，与 TVP 动词短语是姐妹节点的关系：

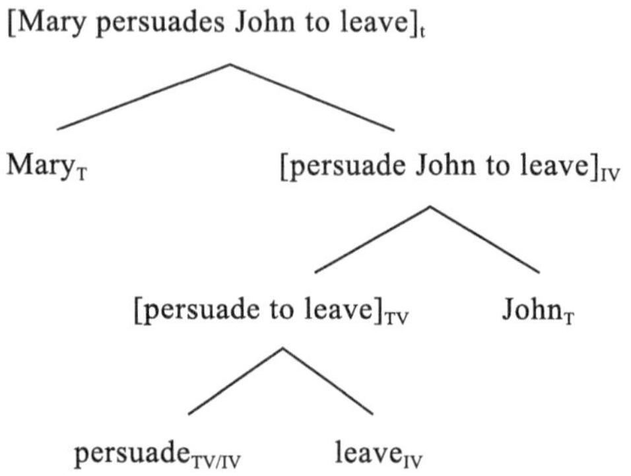

这个句子相应的范畴分析是：

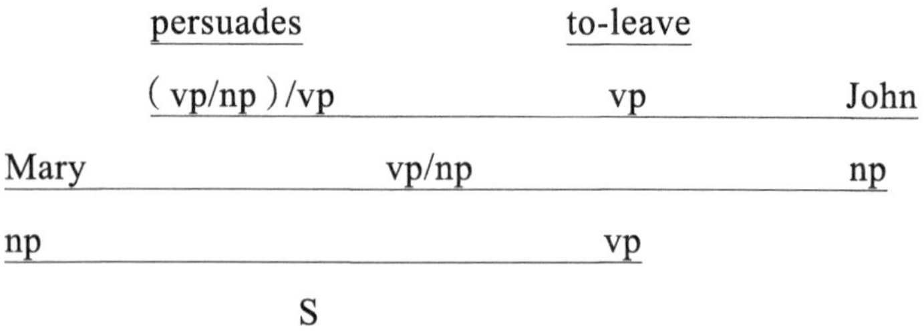

由此我们就可以把 persuade 的范畴描写为 TV/IV，也就是说输入一个 IV“leave”得到一个及物性的动词短语，该动词短语的宾语是 NP John，这种宾语控制动词与汉语的兼语动词相对应。我们再来看动词 promise 的情况：

Mary promises John to leave.

在上面这个例句中，控制反身代词化，并且在语义上是不定式理解上的主语的是主句的主语 NP Mary，这个动词的范畴是（IV/IV）/T，先和一个 T 结合形成一个短语，而后这个 IV 短语与一个不定式结合成为一个 IV 短语，例如：

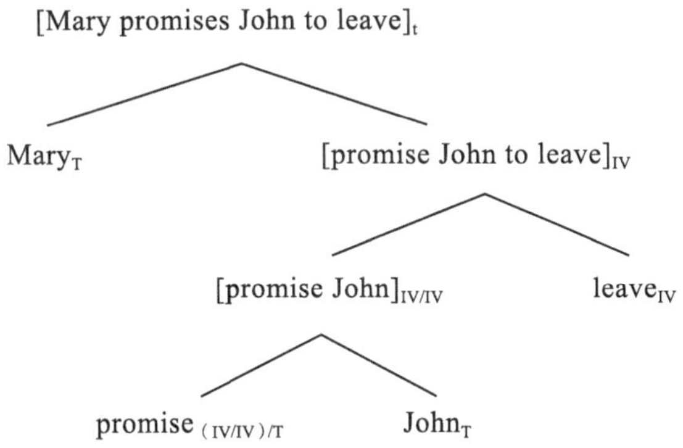

从上面的两个图式当中我们可以发现，Bach 的原则其实预言了 promise 这样的动词因为没有产生及物动词短语 TV 因而永远不可能经历被动化，因而 TV 短语是被动化规则的唯一输入成分。

Klein 和 Sag（1982）提出一种方案，在语义层面通过组合语义规则抓住了不同动词的语义及控制性质的不同：

John wishes to leave. → Wish′（leave′（j））(j)

John tends to win. → Tend′（win′（j））

John persuaded Mary to leave. → Persuade′（leave′（m））(m)(j)

John promised Mary to leave. → Promise′（leave′（j））(m)(j)

以上是通过对词义的分析得出语义公设。但 Dowty（1982）则论证了这样的分析可能是没有道理的。因为英语中的许多 RC（结果补足语）结构需要一种在组合语义学层面上的解决方案。也就是说词汇意义分析是不够的，我们需要一种完全能产的形式。比如汉语不同的 RC（结果补足语）中控制性质的不同不依靠单个动词的词汇意义，这些结构必须由某些标记来标引，下面的章节我们将分别论证和描写汉语TVP构造兼语句、“把”字句和致使义“得”字句。而在这三种形式当中，兼语句更多地依靠词汇意义分析，另两者则是能产性的句法手段。也就是说控制性质是“把”字结构和“得”字结构决定的，而不是个别动词的词汇意义决定的。那么我们就应该从“把”字结构、“得”字结构的组合规则中去寻找相关的语义蕴涵。这样我们把TVP的范畴描写为TVP/VP，而IVP的范畴是VP//VP（用双斜线以和VP修饰语VP/VP相区别）。

2. TVP分析的解释力

TVP的组合能力和及物动词TV是一样的：在句法上它可以和一个NP组合成为一个VP。TVP分析激发于范畴理论的语法关系（Bach，1979；Dowty，1979、1982），通过内包操作（wrapping）得到的宾语是直接宾语，这种说明可以很好地解释这种动词结构的被动化现象，例如：

Mary was persuaded to leave.

John was considered a friend.

*Mary was promised to leave.

*I was struck (by John) as unhappy.

TVP分析同样还可以解释persuade这样的词的不同的语法表现，在TVP方案中其范畴是TP/VP，而promise的范畴是（VP/VP）/NP，特别是便于说明二者不同的控制关系，如上文所说的：不定式补足语的控制语NP可以在补足语范围内激发反身代词化。换言之，补足语是由TVP的宾语控制的。这样就可以解释Visser（1973）的发现（Visser’s generation）：宾语控制动词有相应的被动形式而主语控制动词则没有。

3. 范畴语法对于 TVP 的解决方案——内包操作（wrapping）

3.1　内包操作的起因

内包操作首先由Bach（1979）提出并得到Dowty等人的认同而进一步发展，现已成为激发范畴语法上下文敏感性的主要机制，也是古典范畴语法生成能力得以扩张的重要手段之一。内包操作的起因主要是为了处理英语当中的短语性动词结构（verb-particle）。Jacobson（1987）通过考察进一步发现，许多英语动词短语包含非连续成分。他得出的结论是：英语中存在 TVP 这样的非连续结构，因此自然语言必须采取内包这样的非上下文自由（non-context free）的操作手段。他的结论主要有以下几个方面：

第一，短语动词必须被分析为单独的词位（lexemes）：

A. lock up, live down, throw up, mull over...

B. look (look up), crack (crack up, crack down)

这些短语动词在分布方面和语义上都是不可预见的，具有一定的黏着性或者说固定性，如：可以说 finish off、finish up，但是不能说 finish on、finish down。而有些形式只有和特定的小品词搭配才是动词，单独出现的时候不是动词，如，egg on、ante up、bog down 等，egg 和 bog 本身都不是动词。这一点与汉语的纯粹使令动词“使”等有相似之处，这些词从来不能单独使用。

第二，英语中的其他类别的短语动词：

A. 动词 + 结果形式，如，hammer (the metal) flat、let (dog) loose、knock (him) unconscious 等。

B. 动词 + 次范畴化的介词短语 PP，这些都是一些非组合性的成分。如，take NP to task、put NP to shame、put NP to the test 等。

第三，Bach（1980、1984）中的一些例子：

A. tough-adjective 短语，如，He is an easy man to please.

B. 比较句，如，She is more intelligent than he is.

C. 程度修饰性的补足语，如，He is as happy as she is.

除此以外，内包操作还可以解决照应约束、弱跨越效应等问题。

虽然我们认为正式提出内包操作的是 Bach（1979），但 McCawley（1982）指出，Wells（1947）早就注意到了非连续结构的存在并进行了论证，例如：

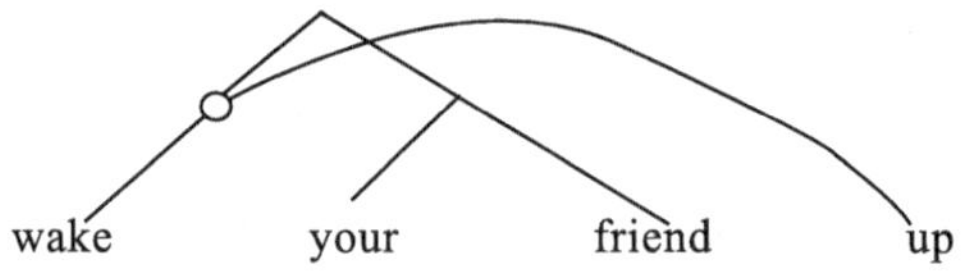

除了动词短语以外还有比较句、形容词 -tough 移动等情况。上图中画圈的部分是一个非连续成分：这个画圈的节点统制下面的两个子节点，但是不统制二者中间的 NP。McCawley（1987）提出了更多的证据证明非连续结构的存在。

3.2 内包操作的具体方法

RWRAP（Right-wrap）："右向内包"

1. 如果 a 是一个简单形式，那么 RWRAP（a，b）=RCON（a，b）。

2. 如果 a 的形式是 $[_{XP}$ X W]，那么 RWRAP（a，b）是 X—b—W。

从上面这个公式我们可以看到，实际上当 a 为简单形式时，右向内包与右向并联 RCON（right concatenation）是相同的，这样就把右向内包与联结统一起来。

4. 转换生成语法的分析方法

非连续结构在转换生成语法当中是被拒绝的，因为转换生成语法的解释是设置了深层结构中的转换规则并产生所需要的表层结构，其分析只适用于底层是连续性的成分结构，通过语迹或者语迹链的方式保持成分之间的连续性，因而对于两个非连续成分的结合可以不通过"非连续结构"这样的手段来表达，其处理方法是图 A：

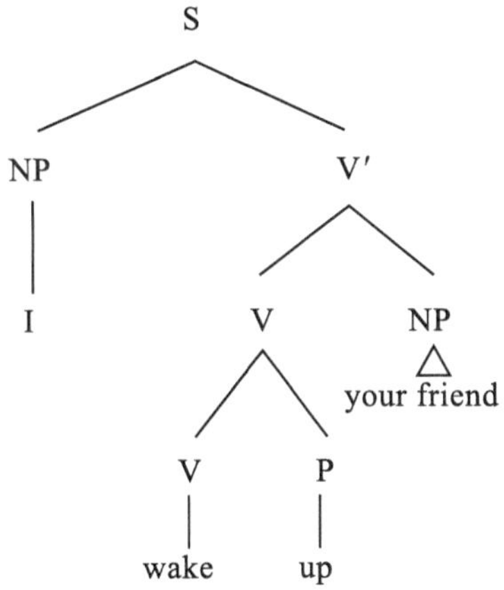

（McCawley，1982 例）

转换为图 B：

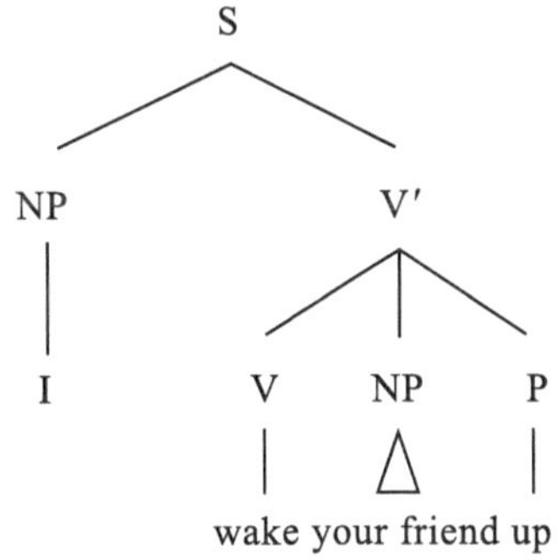

（McCawley，1982 例）

这种处理方式被称为小品词分裂（particle clefting），这样形成的是一个三分支结构而非双分支结构。我们都知道，连续性结构图 A 可以很方便地写成方括号式形式的表达：

$[_S[_{NP}\mathrm{I}][_{V'}[_V[_V\mathrm{wake}][_P\mathrm{up}]][_{NP}\mathrm{your\ friend}]]]$

而非连续结构的图 B 就无法改写成这种形式了。这说明在线性序列下，非连续结构是不可避免的。

5. 对范畴语法 TVP 方案的评价

McCawley（1968）用 CAUSE 和 BECOME 对“kill”进行了分解：x kill y

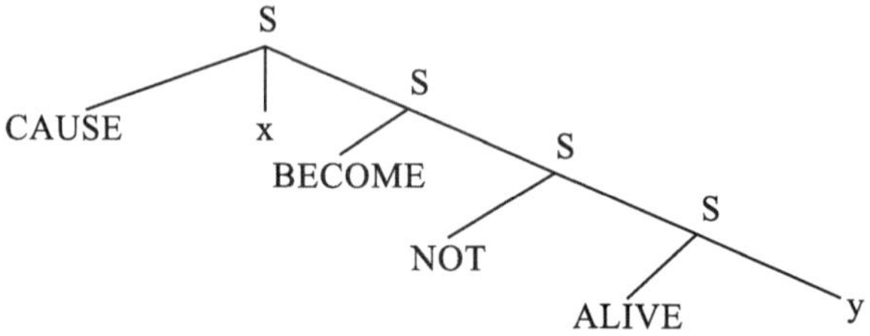

这时 kill 的语义被分解了，在进入句法构造时必须整合成为一个节点，这个过程被称为多范畴词项整合（polycategorial lexical attachment theory），后来 McCawley 将其发展为谓词提升理论（predicate lifting，再后来是 predicate raising），比如将 CAUSE、BECOME、NOT 等谓词结合成为更高层句子的谓词，把论元抽离出去。具体做法是先进行 ALIVE 和 NOT 的合并：

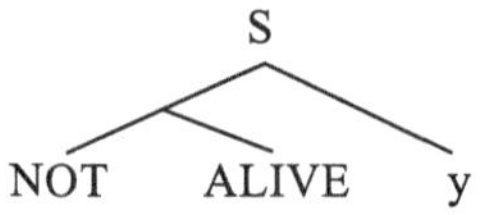

然后该合成谓词再与 BECOME 合并：

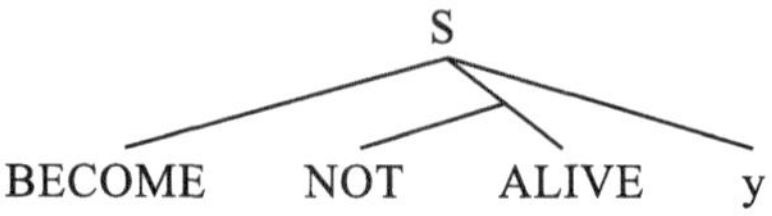

最后与 CAUSE 合并：

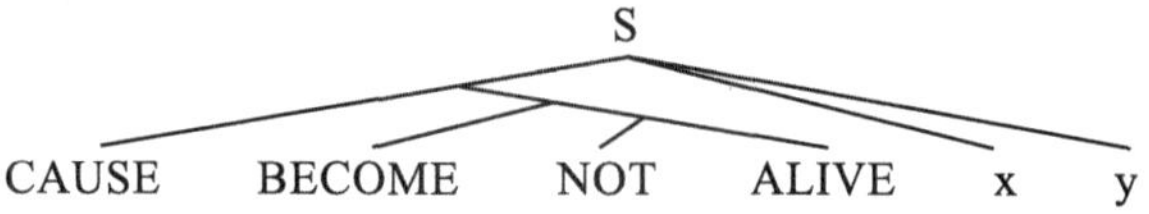

上面的过程是分解语义学的套路，认为最表层的英语词汇在最深的层次上是由复杂的表达方式而非单独的成分来表示的。我们可以看到，范畴语法的 TVP 非连续结构分析方案是对生成语义学谓词提升方案的延续。

TVP 方案的提出是为了解决宾语控制动词和主语控制动词的区别。就英语语料而言，TVP 方案的确很好地解决了这个问题，但这并不是 TVP 分析最为重要的价值，实际上范畴语法并没有更进一步揭示出 TVP 方案的本质与作用。从英语语料来看，无论是短语性动词（verb-particle）还是宾语控制动词，从语义上看它们都具有致使性质，而从句法上看，被内包的 NP 都具有兼语的特点。从致使的角度出发，TVP 分析实际上在句法上体现了致使关系中起因事件与结果事件的整合，在汉语中是一种重要的致使化句法手段，可以说，致使语义的表达需要才是 TVP 方案的真正价值所在。

6. TVP 结构的本质——致使概念的整合

与范畴语法的非连续 TVP 结构方案处理方式相类似，Pustejovsky（1991）等人认为，在致使位移句（caused-motion）和致使性结果句（resultative construction）表达中，动词和后边的PP、AP是应该先结合的。Gawron（1986）也认为，这样的结构包含两个谓语——动词和介词，并提出一个术语——“合成谓词”(co-predication)，动词和介词构成一个合成谓词，共享一个论元。范畴语法的 TVP 结构也是致使关系（致使事件）的句法表达形式。

我们一般所讨论的致使句的构成包括两个事件——致使事件（cause event）和被使事件（caused event）（Talmy，1976），熊仲儒（2003）将致使句式限定为包含“致事、役事与结果（结果或显现或蕴涵）”的句式，这个概念显然是从事格语法的角度进行的定义。从事件的角度来看，我们既可以将致使句式看作是两个具有因果关系的相关事件（致使事件与被使事件），也可以进一步在此基础上将这两个事件整合为一个事件（图式），对致使结构的传统分析停留在前一种观点上，而概念整合理论（the blending theory or the blended theory）则发展为后一种观点。两种观点的不同之处是将役事成分看作是分散在两个事件中的不同参与者还是一个综合事件的唯一参与者，导致的结果是句法处理的不同——役事格是致使动词的宾语还是非连续 TVP 结构的宾语。

概念整合理论是认知心理学家和语言学家们在心理空间理论的基础上发展出的一种新的意义构建理论，用来解释隐喻、借代、虚拟句、指示代词、语法结构、语用预设等语言现象。概念整合就是将来自不同的认知域的框架结合起来的一系列认知活动。简单地说就是两个输入心理空间（input mental space）通过跨空间的部分映现匹配起来，将两个输入空间有选择地投射到第三个空间，即一个可以得到动态解释的复合空间（blended mental space）。跨空间映现利用输入空间里共有的图式结构或者发展其他的共有图式结构。概念整合理论的核心思想是将概念整合看作是人类的一种基本的认知方式，将致使事件与被使事件整合为一个综合致使事件可以从这种理论得到解释。

致使概念的概念整合是一个非常复杂的问题，根据致使动词与主语和宾语的结合程度可以表现为以下三类：1）反映主体动作性强的致使动词，如 sneeze（Gogal sneezed the napkin off the table）；2）反映客体动作性强的致使动词，如 speed（Junior sped the toy car around the tree）；3）纯致使概念动词，如 let（Sarge let the tank into the compound）。以上多样性正是由于人们在运用心理空间对致使动作所涉及的动作主体（agent）、客体（object）以及致使环节（causal link）进行了不同映射（mapping）的结果。在此基础上我们进一步主张：非连续 TVP 的语法关系是与整合事件相对应的——事件的主体、客体和致使环节分别对应主语、宾语（即被内包的宾语）和 TVP 动词短语。

按照梁晓波、孙亚（2002）的说法，英语的致使动词基本上可以分为三类：1）形态类（morphological causative），主要是那些由形容词加上“en”等词缀形成的，如，black——blacken；2）助动词类（auxiliary causative），对应于某些本身就表达“致使”概念的动词，从而形成致使语义的迂回式兼语（periphrastic）形式，如，make、have、let、get 等；3）词汇类（lexical causative），它们外形上没有任何可藉判断的根据，也不借助于其他词语，本身就表达一个完整的致使动作概念，较为典型的词有 kill、send、feed 等。三种致使动词当中，非连续 TVP 结构分析适用于助动词类致使动词，其本质是采用谓词提升的方法将处于非连续状态的致使助动词 VP_1 与结果动词短语 VP_2 整合为一个非连续的动词短语。如果我们能够通过事件分析来说明汉语“把”字句、致使义“得”字补语句和兼语句的致使性质，那么我们就能够选择在非连续 TVP 结构分析方案下处理这些句法结构。

7. TVP 的判定标准

综合上文的论述，除了语形上的不相连续以外，对于一个“NP_1+VP_1（或 PP）+NP_2+VP_2”形式，我们还可以参考下面的标准来判断它是否为 TVP 结构：

第一，语义上是否表达致使关系。

第二，句法上是否有兼语句特征，也即存在一个 NP 成分同时与前 VP 和后 VP 有语法关系。

第三，是否有对应的连续形态。

第四，如果将一个结构分析为 TVP，那么该结构必须体现宾语控制特征，具体表现为：VP_2 后面所带的反身代词与 NP_2 有照应关系或者 VP_2 后另有 NP_3 与 NP_2 有领属关系。

第五，这个 TVP 内包的宾语必须具备直接宾语所有的句法特征及句法表现，具体表现在这样几个方面：NP_2 是否能够主题化；是否有相应的被动形式，并且是否具有无施事被动形式；NP_2 是否能用“把”提取。

我们不仅能够通过这些标准判定汉语中有哪些 TVP 结构，更重要的是通过细致的句法、语义及致使事件结构分析揭示该结构作为非连续结构的合理性以及语义组合与句法组合的一致性和对应性，避免在句法和语义两个不同的平面上采用分离的方式来探讨问题。

8. TVP 分析方案对汉语研究的启示

许多学者论证过汉语“把”字句、致使义“得”字补语句和兼语句的致使性质，这三种致使结构在转换生成语法当中都通过表达致使义的轻动词（light verb）节点来解决。如果我们将“把”也用 V 来表示，那么这三种句式就可以统一码化为：$NP_1+V_1+NP_2+VP_2$。在范畴语法的非连续结构理论当中我们有可能将这三种致使结构中的“V_1……VP_2”分析为复杂及物动词短语 TVP，而 NP_2 是采用内包（wrapping）的方法插入其中的直接宾语。这样，三种致使结构就共享同一种生成模式：

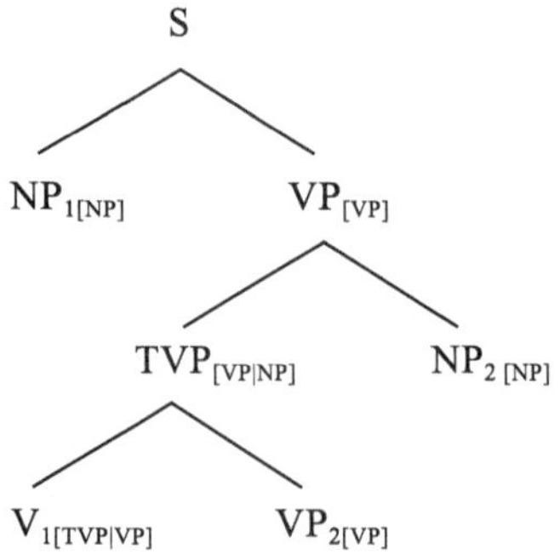

第七章、第八章和第九章中我们将分别论证，无论从句法、语义和事件结构哪个方面来看，汉语的“把”字句、一部分“得”字句和兼语句都适合分析为这种模式，同时，这种对轻动词 V_1 的处理有别于动词和介词，体现了其自身的独特性。

本章参考文献

Bach, Emmon (1979) Control in Montague Grammar. *Linguistic Inquiry* 10: 515-531.

Bach, Emmon (1980) In Defense of Passive. *Linguistics and Philosophy* 3: 297-341.

Bach, Emmon (1984) Some Generalizations of Categorial Grammars. In Fred Landman and Frank Veltman (eds.), *Varieties of Formal Semantics*, 1-24. Dordrecht: Foris.

Dowty, David R. (1979) *Word Meaning and Montague Grammar—The Semantics of Verbs and Times in Generative Semantics in Montague's PTQ*. Dordrecht: D. Reidel Publishing Company.

Dowty, David R. (1982) Grammatical Relations and Montague Grammar. In Pauline Jacobson and Geoffrey K. Pullum (eds.), *The Nature of Syntactic Representation*, 79-130. Dordrecht: D. Reidel Publishing Company.

Gawron, Jean Mark (1986) Situations and Prepositions. *Linguistics and Philosophy* 9: 427-476.

Jacobson, Pauline (1987) Phrase Structure, Grammatical Relations, and Discontinuous Constituents. In Geoffrey J. Huck and Almerindo E. Ojeda (eds.), *Syntax and Semantics 20: Discontinuous Constituency*, 27-69. New York: Academic Press.

Klein, Ewan, and Ivan Sag (1982) Semantic Type and Control. In M. Barlow, D. Flickinger, and I. Sag (eds.), *Developments in Generalized Phrase Structure Grammar*, 1-25. Bloomington: IULC.

McCawley, James D. (1968) Lexical Insertion in a Transformational Grammar without Deep Structure. *CLS* 4: 71-80.

McCawley, James D. (1982) Parentheticals and Discontinuous Constituent Structure. *Linguistic Inquiry* 13: 91-106.

McCawley, James D. (1987) Some Additional Evidence for Discontinuity. In Geoffrey J. Huck and Almerindo E. Ojeda (eds.), *Syntax and Semantics 20: Discontinuous Constituency*, 185-200. New York: Academic Press.

Partee, Barbara H. (1976) Some Transformational Extensions of Montague Grammar. In Barbara H. Partee (ed.), *Montague Grammar*, 51-76. New York: Academic Press.

Pustejovsky, James (1991) The Syntax of Event Structure. *Cognition* 41: 47-81.

Talmy, Leonard (1976) Semantic Causative Types. In Masayoshi Shibatani (ed.), *Syntax and Semantics 6: The Grammar of Causative Constructions*, 43-116. New York: Academic Press.

Visser, F. T. (1973) *A Historical Syntax of the English Language*. Leiden: Brill.

Wells, Rulon S. (1947) Immediate Constituents. *Language* 23: 81-117.

梁晓波、孙　亚（2002）致使概念的认知观 [J],《外国语》第 4 期，38-45 页。

熊仲儒（2003）现代汉语中的致使句式 [D]，北京语言大学博士学位论文。

第七章　汉语非连续TVP结构——“把”字句

1. “把”字句研究的现状及存在的问题

“把”字句研究是现代汉语研究当中一个历久弥新的课题，一直以来都是热点问题之一，可谓“说不尽的‘把’字句”。作为汉语所特有的句法结构，“把”字句之所以“说不尽”是因为其类型及内部句法、语义的丰富性很难准确、深入而全面地进行概括。综合20世纪90年代以来的“把”字句研究，我们不难发现，“把”字句研究在诸多方面仍然存在很大的争议。

1.1 “把”字句的切分及存在的问题

1.1.1 “把”字句的二分、三分与四分

综合看来，“把”字句的组成部分有二分、三分和四分这三种说法。

二分说是以介词“把”为标志和界限将“把”字句切分为三个语法成分（如：薛凤生，1987；吕文华，1994；崔希亮，1995；范晓，1998等）。表达式分别有“A+把B+VP”“A+把B+C”“S（A）+把N（B）+C”“（A）把/将B+VP”等，三分说对“把”字句主要结构的认识是基本一致的。

四分的说法是近些年随着人们对“把”字句中VP部分复杂性的深入认识而产生的，同时也是从句式语法（或称构式语法）这样一个新的角度研究“把”字句的结果。真正把VP构成方式体现到“把”字句句法结构层面的是张伯江（2000），他从句式语法的高度认识到VP构成方式也是句式整体意义

的一部分，因此他把“把”字句码化为“A 把 BVC”，但实际上他并没有说明这个公式是否适用于那些 VP 部分不是 VC 结构的“把”字句。叶向阳（2004）虽然没有明确提出这个公式，但从她的分析来看，是全面而彻底地用这个公式涵盖了各种类型的“把”字句。

三分与四分是我们为了便于说明该句式的句法结构或者语义结构特点而做的单层公式化表达。不管是三分也好还是四分也好，在确定“把”字句的句法成分和划分层次的问题上，大家的意见是高度一致的。张志公先生的“把”字介词说一直在汉语教学语法当中占据统治地位并产生了极为深广的影响。在这种观念下，“把”字句可以采用完全二分的方法，即“把”字介词短语做状语与 VP 构成谓语部分再与句首名词组成主谓结构。这种划分看起来是十分安全而彻底的，但也不能说完全没有问题。层次分析法曾经批评中心词分析法闹出“老婆是娘”这样的笑话，但它本身也是完全从结构出发，把语义组合关系抛在了一边。具体地说，“把”字句的语义分析当中大家一致公认动词 V 与“把”后NP存在着动宾式组合关系，但将“把”分析为介词，而NP分析为介词宾语，这个介宾短语作为动词短语的修饰语，那么动词与“把”NP 之间的直接组合语义关系就无法体现。

1.1.2 “把”字句句法二分存在的问题

从非转换生成语法的角度看，语义由句法衍生而来，一定的句法结构决定了其相应的语义结构。以“他把玻璃打碎了”为例，如果我们把“把玻璃”分析为动词 V 的修饰语，那么我们的语义生成方式将是这样的：

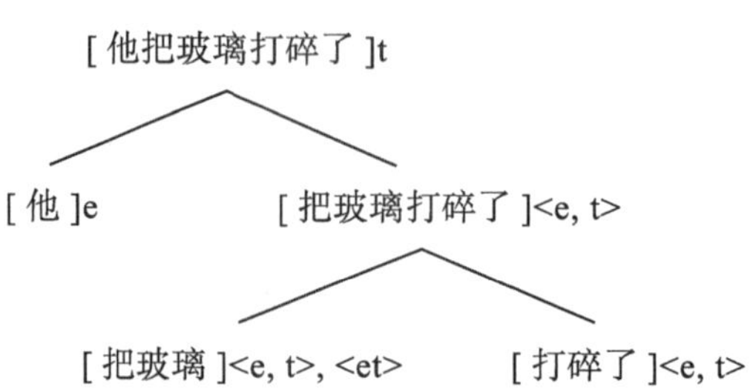

从这个图式中我们可以看出，V 和“把”后 NP 根本不需要发生直接的句

法关系这个句子就生成了，也就是说二者之间的语义关系被忽略了，“把玻璃”就如同“他飞快地跑了”当中的“飞快地”一样成为V的函数，这不能不说是句法结构描写过于粗糙造成的。为了更详细地说明这个问题，我们再从范畴语法的角度重新分析这个问题。

在范畴语法当中，如果要探寻V与“把”后NP之间的关系，我们就得把“NP”在句法中表达出来并使得该NP与V之间形成运算关系，而在下面例句的范畴描写上我们也尽量把NP体现出来，看看“把”后NP能否与V通过“函数—论元”关系结合在一起进而生成一个合法的句子：

他	把	玻璃	打碎了。
NP	PP/NP	NP	NP\S/NP
		S/NP	
	?		

可见将“把+NP”作为修饰语后，即使勉强将“把”后NP首先与V运算，其结果还是无法计算下去，从而无法生成合格的句子。除非我们干脆不考虑二者之间的语义关系，直接将“把+NP”的范畴描写为VP/VP，而动词描写为不及物动词VP，只有这样才能生成这个句子。这就说明“把+NP”状语说一方面在句法上把V与“把”后NP分割开来，另一方面又肯定二者之间的语义关系（动宾或者话题—述题关系），这实际上是把句法和语义割裂开来的做法，与范畴语法的句法、语义同步对应的原则是相违背的。将句法与语义分别放在两个不同的层面进行说明，而不考虑二者之间的直接对应，这种做法带有一定的普遍性，实际上是应该检讨的。袁毓林（2003）已注意到这个问题，他认为：“不仅应该分清语法的三个不同的平面（指句法、语义和语用），而且应该观察这三个不同平面之间的互动关系。”而在我们看来，只做到对互动关系的观察还不够，更应该在句法分析上体现出语义结构。

讨论现有“把”字句句法切分问题实际上是在谈“把”作为介词的合理性。“把”字介词说相应的结果是“把NP”成为动词短语的附加成分（状语）

而不是必有成分，也就是说它应该是可以省略的，但事实显然不是这样。冯胜利（2000）认为介词的宾语不能跟它们后边的动词的宾语同指，这应该说是附加语中NP的共性，然而“把”后NP显然违反了这一共性——它跟后面动词的宾语是一致的，这也对“把”字介词说提出质疑。

1.2 “把”后NP的句法地位

“把”字句语义特点的复杂性导致了“把”后NP与VP句法关系——主语和宾语确定上的纠葛。历来对“把”字后面的NP句法性质的讨论就很多。除介词宾语说之外，另一种经典性的观点是“宾语提前说”(黎锦熙，1924；王力，1944；吕叔湘，1948)，这种提法更多地考虑到了VP与“把”后NP之间的语义关系。

薛凤生（1987）认为B部分（即“把”后NP）不是什么宾语提前，而是VP的主题，“把字句的VP是描述性的，是以B为主语的”。李人鉴（1991）则认为“把”的宾语是后面小句的主语，近年来的研究基本上都持这种观点，如沈阳（1997）和郭锐（1999）认为“把”的宾语是“把”字句后结构主语，也就是补语的主语，张旺熹（1999）、叶向阳（2004）等也采取了这种观点。实际上这种观点直接来源于朱德熙（1982），但同时他还是将“把”处理为介词。值得注意的是，这种分析同时把“把”后NP分析为介词“把”的宾语和VP部分（补足语部分）的主题或者主语，这就使得“把”后NP似乎具备了兼语的性质，这也是我们要将“把”字句处理为与兼语式一样的非连续结构的原因之一。

“把”后NP为“主题”或“主语”说是基于对“把”字句的语义特点的深入认识的基础上提出来的，虽然在语义关系的观察方面前进了一步，但是并没有自觉地在句法结构分析上体现出这种认识，仍旧认为“把”字短语做状语。

“把”字句中“把”后NP语法地位的重要意义还在于它涉及汉语语言类型的问题。海外学者常常把处置式当作汉语中的SOV句式（如Li &

Thompson，1974；桥本万太郎，1985；Sun & Givón，1985）。我们在非连续TVP结构理论的背景下从句法、语义和事件结构三个方面重新考察“把”字句，希望能够在保证句法、语义对应的前提下对一系列存在争议的问题提出我们的看法。

2. “把”字句的句法和语义

2.1 “把”后NP的兼语性质

“把”后NP成分主语说应该说最早是由朱德熙提出的。朱德熙（1982）认为，“把”字句不涉及“把”后名词组的提前（宾语提前），进而他提出，跟“把”字句关系最紧密的不是“主—动—宾”句式，而是受事主语句。理由是：绝大部分“把”字句去掉“把”字以后剩下的部分仍然站得住，而这剩下的部分正是受事主语句，例如：

把衣服都洗干净了。→衣服都洗干净了。

把嗓子都喊哑了。→嗓子都喊哑了。

我们认为朱德熙的观察和判断是正确的，同时我们也认为，“把”后NP之所以能够成为VP的主语是由汉语的作格性质决定的。

我们在第五章中已经说明了汉语的作格性质。许多语言都存在一个能产性机制使得不及物动词转化为及物的致使性动词，而这种机制就是作格语法手段。我们在第五章已经介绍了作格语言的主语可以再分为及物动词主语A和不及物动词主语S。Keenan（1976）认为致使结构中的致使者（causer NP）表达的是A主语（及物动词的主语）功能，并且可以祈使化。致使结构中，S=O，causer=A，汉语词汇形式致使结构VR句正是这样的情况。例如“我洗干净了衣服”中，致使者“我”是及物动词短语主语A，而在“衣服洗干净了”中原来充当宾语 O 的“衣服”则实现为不及物动词短语的主语 S。Keenan 的论述也从另一个侧面告诉我们，如果某个 NP 不能充当不及物动词短语的主语 S，那么他也不能成为表层中的 O。比如，我们不能说“* 故事听乐了”，因而也不能说“* 孩子听乐了故事”，反之亦然。因此，在汉语中，作格性质与 VR 结构密切相关，在“把”字句中，情况尤其如此。崔希亮（1995）对大量“把”字句语料考察后从动词的扩展能力入手得出结论：“能够进入‘把’字句 VP 的大部分动词一定能带补语。”通过以上分析，我们认为“把”后 NP 是其后面的 VR 等动词短语的作格主语，同时考虑到该 NP 与“把”之间的句法关系，我们认为它具有兼语的性质。

2.2 “把”的性质——非终结动词、致使义助动词

张旺熹（2004）从汉语介词的衍生机制的角度提出了“非终结动词”的概念。所谓非终结动词就是词汇意义不完整而又具有一定句法作用的动词，更直接地说，就是那些不能简单地置入“主—谓—宾”框架的动词。它们往往要求后续或追加一个动词短语以使句子的句法和语义结构得以完整。同时他也指出：“汉语非终结动词衍生为介词的过程正好是一个没有改变语言表层形式而使语言结构功能发生变化的重新分析的过程。”汉语介词衍生的基础是：这些介词在作为动词时的词汇特征———在语义上是不完整的，不能表示一个事件的活动有一个完整的语义结构；二是由这种特征所要求的另一个动词短语与之配合———形成连动结构或兼语结构的句法环境（刘坚等，1995），从而造成句法上多个动词短语共存的复杂局面。这两点互为因果，相互依赖，是促使汉语部分动词向介词演化的重要动因。可以说，非终结动词是典型动词向典型介词过渡的重要桥梁。而我们也可以看到重新分析是在“$N_1+V_1+N_2+V_2$”这样一个句法框架内进行的，这与“把”字句的句法框架完全一致。张旺熹在这篇文章中比较详细地论证了“被”和“叫、让、给、为”这 5 个非终结动词的语法化过程，并指出这几个动词都具有“使令”的意义，它们都衍生为表示被动的介

词。虽然这篇文章没有提到介词“把”，但是我们从非终结动词的概念、衍生机制及“把”的语法化过程不难看出“把”也是一个非终结动词。关于非终结动词语义的不完整性，张旺熹主要是从非终结动词的“遭受义”和“使令义”这两方面来谈的。之所以没有将“把”纳入到非终结动词当中，也许是因为“把”没有“遭受义”，同时其“使令义”也尚待论证。我们认为“把”恰恰是一个表“使令义”的由非终结动词衍生而来的成分。

专门表达“使令义”的一些功能性成分如“把、使、令”及使令动词在转换生成语法当中一律被处理为轻动词（light verb）。从“动词性”着手，司富珍（2002）提出“介词、轻动词和动词的语类等级有序假说”，认为它们的动词性是递增的。她的假说与张旺熹的“非终结动词”说是一致的，也就是说在介词与动词之间应存在一个中间层次。作为非终结动词，“把”处于介词和动词之间而具有独特的性质，因此将“把”处理为介词或者动词都是不合适的，我们希望 TVP 非连续结构方案是对这些表达致使义的成分的合适的句法处理方法。

熊仲儒（2003）总结了关于“把”的句法地位的几种说法，主要有实义动词、介词、空的格位指派者、cause 的填充者、基础生成的虚范畴核心这五种。如果从其致使义出发，在范畴语法的 TVP 方案中，我们将“把”处理为致使义助动词，它与后 VP 组成非连续的及物性复杂动词短语。

2.3　“把”的语法化与致使义

梅祖麟（1990）、Sun（1996）、石毓智、李讷（2001）等人先后对“把”的语法化历程进行了考证，得出的结果基本是一致的，即“把”字句由连谓结构发展而来，其基本结构是：V_1+O（+X）+V_2（+Y）（其中 X、Y 是可有可无的成分）。这些研究的基本共识是“把”的语法化与唐宋时期动结、动趋、动补等结构大量产生密切相关。而在这种情况下，宾语如果仍然留在动词后则和动词有了间隔，这就违反了语言一个普遍原则——接近原则。“把”字既然已经有了把宾语提前的功用，这时很自然地被用来提前宾语以维护“接近原则”。吕叔湘（1982）和屈承熹（1984）对此都曾有过论述。

在“把”的致使性方面，Тань Аошуан（1989）认为“‘把’字句的最初用法含使成的意义，在现代用法中，‘把’字句表现的完整变化过程或有终点的事件也常常具有‘使成’意义”。李人鉴（1991）则通过“把”大体上能够替换为“使、叫、让”等词论证了“把”的致使性质并由此将“把”分析为动词而非介词。目前关于“把”字结构蕴涵的致使意义基本得到了认同，这体现在许多研究者对“把”字句句式义的概括当中（Huang，1992；崔希亮，1995；张伯江，2000；张旺熹，2001；陆俭明、沈阳，2003；叶向阳，2004 等）。特别是叶向阳（2004），非常明确地提出“把”字句的基本语义是致使，并认为几乎能概括所有“把”字句的语义特点。需要说明的是，“致使性”被所有研究者归结为“把”字句的句式义，而我们则认为“致使性”的语义特征具体而直接地附着在“把”上。

下文中我们将通过“准 VR”的形成再次论及“把”的致使性质。在明确“把”的基本语法化过程及承认其“致使性”的前提下，我们有理由将“把”也归入张旺熹（2004）提出的非终结动词系列。在“把”的非终结性特征的基础之上，我们可以提出将“把”字句作为一种非连续结构处理的方案。

2.4 “把”字句内部成分的语义——VP

关于“把”字句构成要素之间的语义关系的微观分析很多，一直都是语法学者研究的重点。比较典型的如“把”字句中宾语的定指性及施事、受事问题，“把”字句中的动词问题，“把”字句中补语的语义指向问题，等等。其中对“把”字句动词短语 VP 部分的讨论是最多的，研究的焦点在于哪些动词或动词短语能够进入“把”字句。通过对能够进入“把”字句的动词或动词短语的语义特点分析，人们试图从总体上掌握“把”字句的语义特征。

正如崔希亮（1995）指出的：“把”字句的结构变化其实就是 VP 的变化，

因为“把”字句的其他部分是不变的，因此可以说VP是“把”字句的核心，因而我们可以说VP的复杂表现在很大程度上决定了“把”字句的语义特点。他对大量语料进行了详尽的分析，最后从动词的扩展能力入手得出结论：能够进入“把”字句VP的大部分动词一定能带补语，V一定是有动力的动词，“它能够改变B部分，使B发生变化”，这在某种程度上是对“把”字结构的一种总体上的把握。石毓智、李讷（2001）从语法化的角度证明，包括“把”字结构的连动结构第一动词虚化为介词现象正是由于动补结构的产生而诱发的，这也就从历时发生的角度印证了崔希亮（1995）的观点。动补结构（动结式）是典型的词汇化了的致使结构，我们认为“把”字句的VP部分必然是一个致使结构，表达致使事件。即使是单个动词的V，作为使因仍然强烈蕴涵着某种结果R。

同时值得注意的还有金立鑫（1997），他从动词的自主性出发认为进入“把”字句中的动词大多为自主动词，不能进入“把”字句的是非自主动词。他还从句式转换的角度得出这样的结论：凡能够进入“V得”框架的动词都能进入“把”字句。我们认为，这实际上正是“把”字句[+致使]特征的一个表现，我们在下文第八章中将讨论的“得”字补语句实际上也是一种致使结构，符合“把”字句的语义要求。

对“把”字句中的VP的考察还可从其他侧面展开。杨素英（1998）依据[动力，时限，终结，结果]的标准把动词按基本意义分为五类：状态动词、动作动词、有时限动作动词、有结果指向动词、含结果实现动词。这种分类实际上与Vendler的动词分类有相似之处。然而正如Dowty对此提出的批评一样，把动词放到动词短语中甚至整个句子中去考察，这样来确定其归属比较合理些，单独一个动词无所谓状态与达成之分，也无所谓活动与完结之分，因而也很难基于对动词的分类来得出严整的规律。所以她只能认为这几类中，有的进入“把”字句较自由，如含结果实现动词，有的则需要有一定的条件才能进入。杨素英同时认为最重要的是要给这类动词提供终点，使动词有结果，它们都能进入“把”字句，总之它“必须表现一个有确定终结点或是限量化的情状”，这也再次说明“把”字句 VP 部分是一个包括“使因”和“结果”的致使性表达。

2.5 “把”字句句式义研究

王力（1943）认为“把”字句表示处置，“把”字句的“处置说”一直广为接受。“处置”常常被认为是人的有意识、有目的的行为，因此一些语法学家认为有些“把”字句不能理解为处置。总的来说，由于“处置”这个概念一方面不能涵盖所有的“把”字句（如我们下文将要讨论的强致使义“把”字句），另一方面又过于宽泛，对“把”字句的语义刻画不够准确，因而近十几年来反对意见越来越多，如金立鑫（1993）认为处置的说法不够科学，“因为任意一个带宾语的动词都可以说是对宾语的处置”。

尽管如此，汉语学界并没有放弃“处置”这种提法，而是不断地对其进行扩充和泛化。宋玉柱（1979、1991）认为应宽泛地理解处置。范晓（1998）对狭义的处置说和广义的处置说分析后认为处置是一种语用意义。王红旗（1999）则提出“表示说话人认为在概念世界里主体对客体施行了处置”。沈家煊（2002）则区分了“客观处置”与“主观处置”维护“处置”说。而张济卿（2000）则明确提出处置义是直接由“把”字表达的。

薛凤生（1987）对“把”字句的语义描写是“由于A的关系，B变成了VP所描述的状态”。他认为“C（即VP）必须……描写在某一时刻B所处的状态或情形，而不是描写对B采取的行动或处置过程”，这一论断基本否定了处置说。崔希亮（1995）基本同意这种观点并做了进一步修正：“VP是描述性语段，它的作用在于说明B在某一动作的作用下所发生的变化或将要发生的变化，这是结果类‘把’字句。而非典型的‘把’字句是VP描述动作的情态或动作的矢量，是情态矢量类‘把’字句，这类‘把’字句的语义不是如薛凤生所说的那样。”对于这种“把”字句的句式义描述，金立鑫（1997）提出了反对意见。他认为薛凤生和崔希亮对“把”字句的语义解释并不仅仅只对应“把”字句这一种句法结构，还可以对应其他句法结构，因此这种语义解释并不是“把”字句的充分条件而只是其必要条件。应该说金立鑫的观察是十分准确的，但可惜的是他本人并没有对“把”字句提出更为确切的语义归纳。我们认为，目前对于“把”字句的句式语义描写确实不只适用于“把”字句，同时也适用于VR格式及“得”字补语句，这些格式义描述是三者的共性。那么“把”字句的个性语义特征到底是什么？三种句式的区别又在哪里？这还是有待我们进一步探讨的问题。

沈阳（1997、2003）尝试从多重位移的角度对“把”字句的语义做出解释，他认为“名词的多重位移是致使‘把’字句能够用简单一致的形式构造复杂结构类型的一种重要手段”，但也正是由于这种多重移位的使用受到了张伯江（2000）的批评：“在我们看来，也许最需要检讨的恰恰是这种‘把’字句的‘变换观’。因为‘变换观’的一个基本假设就是变换前后句子组成成分之间的语义关系始终维持不变。而从‘句式语法’的观点看，句式的语义不是完全能从组成成分及已有句式的语义自然推导出来的，变换的观点常常引导我们忽略掉一些句式自身的重要特点。”陆俭明（2004）也提出并赞同运用构式语法理论从整体上把握汉语特殊句式的语义特征，“把”字句就是这样一个典型的例子。但是我们从张伯江从句式角度概括出的“把”字句整体意义仍然看不出“把”字句相对于“S—VR—O”句式和“得”字补语句的个性所在：“由A作为起因的，针对选定对象B的，以V的方式进行的，使B实现了完全变化C的一种行为。”（张伯江，2000）尽管他认为“这样句式整体意义，不是靠动词的支配能力（配价）分析所能得出来的，也不是能够靠施事、受事这样的概念说明的，这是语法分析‘综合观’的结果”。张旺熹（2001）得出相似的结论，他认为“具有空间位移过程的意象图式是最适合‘把’字句来表现的……‘把’字句是用来凸显一个物体在外力作用下发生空间位移的典型句法形式”。作为移位表达的唯一方式，这的确体现了“把”字句独有的特性，但上面的问题我们仍然需要回答。

3. “把”字句的分类

我们都承认“把”字句的句法和语义的复杂性导致了研究的不透彻，但实际上首先应该考虑的问题是我们的研究对象是同质的还是异质的。任何语言现象只有基于正确的分类才说得清楚，尤其像“把”字句这样一种特殊而又复杂的句式。“把”字句显然是一种包容性很强的句式，对“把”字句做出准确的分类无疑能够帮助我们进一步分析“把”字句的句法语义特征并在此基础上提出较为合理的句法分析。

3.1 “把”字句的致使性

说到“把”字句的致使语义特征几乎所有的研究者都认为集中在 VP 部分（即动补结构），即通过动作 V 使得某种结果发生。但是吕叔湘（1986）提到了一个“特殊”的句子：

一个春节把孩子们的心都玩野了。

他觉得“这句话‘循规蹈矩’的说法应该是‘一个春节使得孩子们玩得心都野了’吧？”。这段引文说明了两个问题：第一，吕叔湘意识到这种特殊的“把”字句与一般的处置义“把”字句不同；第二，这类“把”字句与“使”字句在语义上紧密相关。

李大忠（1996）发现存在这样一种情况：同一动词，既可用在“使”字句中做小谓语，又可用在“把”字句中做谓语。这就说明两种句式之间除了存在明显的差别之外也还存在着某种共同之处。徐燕青（1999）通过“把”字句与“使”字句的进一步比较得出这样的结论：“在‘把’字句中，实际上存在着两个不同语义的‘把’字：一个用在处置方式和结果的前头，不含使动意义；另一个用在处置方式与结果之间，含有使动意义。”因此，她以“使动义”为界限将“把”字句分为真“把”字句和准“把”字句两种。应该说这种分类的定位是准确的，但她认为处置义“把”字句“不含使动义”这一论断却是值得商榷的。与徐燕青（1999）持同样观点的还有金立鑫（1999）和范晓（2001）。邹洪民（2001）也提出“致使义‘把’字句”，并指出这类“把”字句的“把”可看作虚化的动词，其理性意义相当于“使”。

对“把”字句的致使性谈得最集中的当数叶向阳（2004），她通过把VP分解为致使事件的方法来概括“把”字句的致使性。我们能够明显地看到她仍然将“致使”限定在VP范围内，并且没有把致使义“把”字句和处置义“把”字句分开来谈，而是把这两种不同质的语料混在一起。

3.2 致使义“把”字句与处置式“把”字句的区分

从以往的研究成果当中我们大致梳理出学术界对“把”字句致使性质的认识，我们在这些材料的基础上形成的总体印象是：先前的研究者普遍认为处置式“把”字句的致使性只体现在VP部分中V与R的关系上，而“致使性‘把’字句”的致使集中在“把”上。我们不妨从“致使性”入手来给“把”字句分类，并从“致使性”的角度，本着句法、语义相对应的原则来探寻“把”字句内部各组成部分及相互之间的句法—语义特征，并综合形成该句式的总体特征。

4. 致使义“把”字句

4.1 致使义“把”字句的句法特征

邹洪民（2001）强调致使义“把”字句需要有主语部分，并认为这部分所包含的语义成分一般为受事、工具、处所、时间、凭据等，他所给出的例句也都是十分完整的。但是我们发现，实际上多数表致使义的“把”字句是不完整的，具体地说，“把”前NP常常是省略或者隐含的，有时无法准确恰当地补出来。我们不妨看下面的例句：

把他美得都不知道姓什么了。

把他高兴得跳了起来。

把他累得气都喘不过来了。

把他吃得肥头大耳的。

把他忙得什么似的。

把我愁得白了头发。

看看！把他哭成什么样了！

瞧！把个好好的孩子病成这样！

硬是把个芦柴棒吃成了个小肥猪！

把饭馊了。

正如上述例句所表明的，这是一类特殊的“把”字句，其结构形式是：

（致事成分）+ 把 + 施事（或感事等）+ 动补结构（一般为组合式动补结构）

4.2 致使义“把”字句的语义结构

4.2.1 “把”直接表达致使义

在致使义的“把”字句中我们可以十分清晰地看到这种“致使义”直接来源于“把”字。特别是绝大部分表致使义的“把”字句都可以将“把”直接替换为使令动词，这也就是“把”字句与兼语句有某些相同之处的原因所在。另外，致使义“把”字句中的“把”不能换作“将”。

4.2.2 致使义“把”字句的“把”前 NP

致使义“把”字句的“把”前 NP 或者隐含或者以小句、名词短语的形式出现。如果补出隐含的“把”前 NP 成分，我们一般只能说“这件事”“那件事”或“那条消息”“这种情况”等。不管怎样补，我们都不难看出补出的成分实际上指代一个事件，因此是事件名词。“把”前成分如果是小句那么事件性就更加明显了。至于“把”前出现的 NP 我们不妨看一下邹洪民（2000）的例句：

这大碗把小莉吃得有些不好意思。

那条阴沟把这好好的孩子摔成了个残废。

你们的汽车，你们的跳舞，你们闲在的日子，这两年已经把她的眼睛看迷了。

可是八月九日南口战争把大同变质了。

十几年的离散，真把我和你们的心也离开了。

邹洪民认为上面例句的深层逻辑语义结构分别是：

{[小莉用这大碗吃][小莉吃得有些不好意思]}

{[这孩子摔到了那条阴沟里][这好好的孩子摔成了残废]}

{[这两年她看到了你们的汽车，你们的跳舞，你们闲在的日子][她的眼睛已经看迷了]}

{[可是八月九日大同（爆发了）南口战争][大同（从此）变质了]}

{[我和你们离散了十几年][我和你们的心真的也离开了]}

虽然作者并没有意识到这一点，但通过这种分析我们可以十分清楚地看到这些“把”前NP都是事件名词。

还有一些例句表明，致使义“把”字句的“把”前NP并不全都表达起因，例如：

化工厂把仓库失火了。

娃娃把门牙掉了。

他把钱包丢了。

他把勺子掉了。

以上例句中的动词都是非自主动词，具有不可控的特点。这些例句中的“把”前NP可以用张伯江（2000）提出的“责任者”来解释。

4.2.3 致使义“把”字句的“把”后成分

实际上致使义“把”字句的“把”后成分是一个语义完整的主谓结构。VP一般为复杂结构，主要有“VR”和“V得R”两种情况。但不管哪种情况，

V 和 R 的语义都指向"把"后 NP，即使"得"字补语句中的 Pro 也是如此，因此，这些 VP 都是"把"字宾语控制的 VP。Huang（1992）在考虑现代汉语复杂谓语的同指关系时注意到，一些复杂谓语最好被看作是及物动词。例如下面的例句 a，没有"把"，施事主语控制结果从句当中的 Pro；但是有了"把"，那么"把"后 NP 控制而不是主语控制主要动词了，例如：

a. 张三 $_{I}$ 哭得 [Pro $_{I}$ 跳了起来]

b. 张三 $_{I}$ 把李四 $_{J}$ 哭得 [Pro $_{*I/J}$ 跳了起来]

在例句 b 中，被"把"所标记的"李四"受到影响而跳了起来，这再次说明了"把"字结构的高及物性（high-transitivity）。但是另一方面，例句 b 中"把"的使用不可能是格分配，因为"哭"是一个不及物动词，所以在词库中不会有一个宾语。这就说明他已经意识到"把"字句作为 TVP 处理更为合适，这和我们的处理方案是非常契合的。

4.2.4　致使义"把"字句的 VP

在上文我们也谈到过与"'把'+施事"句存在转换关系的句式是'动词（形容词）+得+施事+补语化成分'"。朱德熙（1982）早已论证过二者之间的转换关系，例如：

把他美得都不知道姓什么了。→美得他都不知道姓什么了。

把他吃得肥头大耳的。→吃得他肥头大耳的。

把他气得说不出话来。→气得他说不出话来。

两种句式都表达了一种强处置义，具体表现是受影响的施事失去了自控性。虽然上句也可以转换成"他高兴得都不知道姓什么了"，但与原句有很大的语义差别——不能判定施事成分是否可控。因此致使义"把"字句的"把"后 NP 虽然是施事者或者感事者，但在"把"前 NP 的影响之下失去了自控能力，无法自主地控制 VP 所表达的动作或状态。因此，对致使义"把"字句而言，其 VP 都是不可控的，也就是非自主的，这是句式义所决定的。虽然有些动词可以进入否定祈使句而被判断为自主动词（如"哭、笑、跳"等），但是在下面的句子中确实表达了不由自主的行为，应该是非自主的，例如：

把他哭得非常伤心。

把他笑得肚子疼。

两个小时把他跳得腿都麻了。

八百米把他跑得腿都要断了。

每天十个小时把他干得头昏眼花。

虽然“跳”“跑”“干”的自主性很强，但是在这里却似乎成为迫于某种压力不得不进行的动作。动词的自主性是致使义“把”字句和处置式“把”字句的最大区别——处置式中的主要动词（VR 中的 V）都是自主的。从这一点我们也可以看出，对动词的静态的语义分类是不完全可靠和彻底的，只有放在具体的句子当中进行判断才最准确，因此我们不可能一劳永逸地把某个动词放到某个语义类别当中去。在不同的分布环境和使用条件下，动词的语义呈现动态的特征。

4.2.5 致使义“把”字句的语义表达式

从语义结构上看，致使义“把”字句表达的是一种直接致使结构，这种致使直接导致了某种结果的达成，因此可以用抽象动词CAUSE BECOME来描写。英语中只有补足语为形容词或者名词时才能形成直接致使结构，VP 为补足语的只能形成间接致使结构（即未必能够达成某种结果的致使），而汉语“把”字句却能够以 VP 为补足语形成直接致使。关于直接致使与间接致使的区别我们在本书第九章将有更为详细的论述。

由于“致使义”直接来源于“把”，并且“把”前 NP 是一个事件，那么，致使义“把”字句的语义表达式应该是：

Q[Q CAUSE BECOME P P（x）]

这个公式的意思是：存在一个命题 Q（这个命题在语形上可能是事件命题短语也可能是一个事件名词），该命题使得个体 x 发生变化而处于 P 状态。在这个语义公式中，谓词 Q 没有论元，只代表一个事件。

4.2.6 致使义“把”字句的事件结构

通过上面的句法和语义分析我们不难发现，致使义“把”字句其实是一个双致使结构。我们不妨从致使关系的角度来分析一些例句：

把他高兴得跳了起来。

把他吃得肥头大耳的。

把我愁得白了头发。

这三个致使义“把”字句的语义可以抽象为一个共同的表达式：

Q[Q CAUSE BECOME P[P{x} CAUSE BECOME R（x）]]

其中 Q 表示“把”前的事件命题，P 表示主要动词，R 表示结果动词或者结果补足语部分，这个公式表示：某个事件 Q 使得某个变量产生某个动作 P 或处于某种状态 P，而这个动作或者状态 P 又使其产生了某种结果 R。那么上面这三个例句的语义表达式应该分别是：

Q [Q CAUSE BECOME 高兴 ′[高兴 { 他 }
CAUSE BECOME 跳了起来 ′(他)]]

Q [Q CAUSE BECOME 吃 ′[吃 { 他 }
CAUSE BECOME 肥头大耳 ′(他)]]

Q [Q CAUSE BECOME 愁 ′[愁 { 我 }
CAUSE BECOME 头发白了 ′(我)]]

所以，我们可以把这种句式的意义抽象地概括为：一个致使关系导致另一个致使关系发生。实际上这是一个由三个事件构成的表达双重致使关系的结构。Talmy（1976）认为致使不是单事件内部过程和参与者的关系，而是两个或两个以上的事件构成的一个情景。汉语致使义“把”字句表面上看只是 VP 部分的双事件（分别有主要动词和结果部分标识），但其“把”前成分无论是显性的还是隐性的，都指示着一个起因事件，而该事件是第一致使事件（causing event），它导致了另一个致使事件（V → R）的发生，因而我们在下文中也完全可以通过概念整合（或者事件整合）把这两个致使关系抽象合并为一个综合的致使事件“把……VR”——这也是一个 TVP 分析方案的事件语义学基础。

从致使事件的角度来看，致使义“把”字句是三事件结构，第一事件常常可以隐含或者说这个起因事件可以在句外，第二事件和第三事件的主体一致，如下所示：

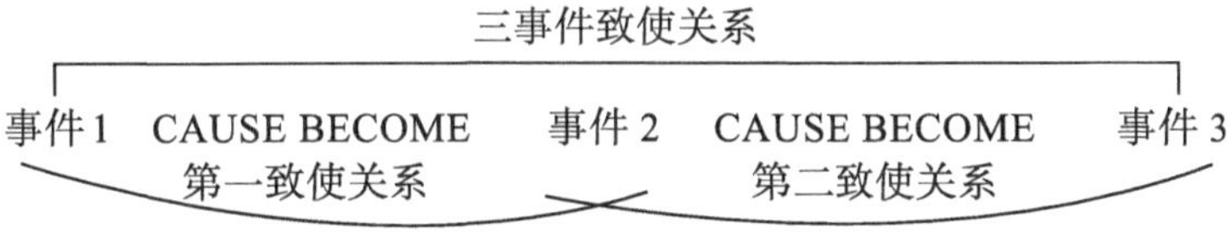

这种双重致使关系我们也可以简单地用下面的公式表示：

“把”前 NP → [V 得 R] $_{(\text{“把”后 NP})}$

“把”前 NP 指称的事件使得致使关系“V 得 R”发生，而“V 得 R”的主体是施事性成分“把”后 NP。

5. 处置义“把”字句

将致使义“把”字句单独立类以后，剩余的“把”字句就是我们经常讨论的处置义“把”字句。

在具体讨论处置义“把”字句之前，有两种关系必须考虑：首先是致使义“把”字句和处置义“把”字句有哪些不同；其次是处置义“把”字句和粘合式动补结构、组合式动补结构究竟有什么不同。对于后者的探讨是我们准确描述处置义“把”字句句式义的关键，同时也使我们能对“把”字结构的“高及物性”做出更好的解释。

5.1　准 VR 与“把”的共生性

正如我们在上文所总结的，先前对处置义“把”字句的句式义研究并没有将这种句子与粘合式动补结构（VR）和组合式动补结构（“得”字动补结构）区别开来，同时将处置义“把”字句中的致使关系局限于动词与补足语之间。处置义“把”字句的“把”前NP并不是事件名词，这样看来似乎只有VP部分是双事件致使结构——“把”前NP是致使事件主体而“把”后NP是结果事件主体。这两个事件之间的关联有两种：一种是紧密关联，此时“把”后NP是致使事件的参与者或受动者；另一种是宽松关联，“把”后NP不是致使事件的参与者，如“他把我哭醒了”。如果处置式“把”字句果然是双重事件结构，那么它就应该与VR结构没有什么区别，但所有研究者都不会同意这种看法。

郭继懋、王红旗（2001）从认知的角度探讨了粘合性补语和组合性补语的表达差异。他们认为，粘合式述补结构表达的是规约性结果，而组合式述补结构表达的是偶发性结果。也就是说前一种因果关系是规约性的、稳定的、紧密的，后一种因果关系是偶发性的、临时的、松散的。我们完全同意这种观点。施春宏（2003）对动结式（VR）进行了深入、全面的研究。通过语料分析，他区分了自由类动结式与依存类动结式。前者是指能够自由出现在“S—VR—（O）”句中的动结式，而后者是只能出现在“NP+V+NP+VR”句中的动结式。按照他的描述我们认为依存类VR是指那些只能出现在重动句中的VR。但我们也必须注意到，即使是自由类VR，也有很多用例不是那么完全自由的，下面的例子说明许多自由类和依存类VR只能存在于“把”字句中，却没有相应的施事主语句（S—VR—O）形式，或者说这些施事主语句（S—VR—O）即使能说，其使用频率也很低，而更多地使用在处置义“把”字句中。以下是马真、陆俭明（1997）中的例句，这些例句中的VR出现在“把”字句中，虽然作者没有说明这些VR是否只能以“把”字句的形式出现，但我们觉得是这样的，例如：

把色儿调绿了。→？调绿了色儿。→（色儿调得绿了。）

把她画美了。→？画美了她。→（画得她美了。）

成天关在家里，把我都关闷了。→？成天关在家里，都关闷我了。→（关得我都闷了。）

把道理说透了。→？说透了道理。→（道理说得很透。）

你把事情搞复杂了。→？你搞复杂了事情。→（搞得事情复杂了。）

把事情都安排妥善了心里才踏实。→？安排妥善了事情心里才踏实。→（事情都安排得妥善了。）

那年月老搞批判，把人都批消极了。→？那年月老搞批判，都批判消极人了。→（批判得人都消极了。）

尽量把问题考虑周到（周密）。→？尽量考虑周到（周密）问题。→（问题考虑得周密一些。）

把筷子都吃坏了。→？吃坏了筷子。→（吃得筷子都坏了。）

那块冬瓜我（已经按照你的要求）把块儿切厚了。→？那块冬瓜我切厚了块儿。→（冬瓜切得块儿厚了。）

上面这些例句中的“得”字句转换是我们自己添加的。此外，我们还观察到下面这些例句：

他把嘴都说干了。→？他说干了嘴。→他说得嘴都干了。

孩子把鞋跑湿了。→？孩子跑湿了鞋。→孩子跑得鞋（都）湿了。

这个故事把孩子听笑了。→？这个故事听笑了孩子。→这个故事听得孩子（都）笑了。

这日子把他们过腻了。→？这日子过腻了他们。→这日子过得他们（都）腻了。

这地方把我们穷怕了。→？这地方穷怕了我们。→这地方穷得我们（都）怕了。

他把马都骑累了。→？他骑累了马。→他骑得马（都）累了。

那门课把老师教烦了。→？老师教烦了那门课。→那门课教得老师（都）烦了。

他把腿都走酸了。→？他走酸了腿。→他走得腿（都）酸了。

他把我咳嗽（笑、跳、嚷）醒了。→？他咳嗽（笑、跳、嚷）醒了我。→他咳嗽（笑、跳、嚷）得我（都）醒了。

上面这些施事主语 S—VR—O 句即使勉强能说，其使用频率也是相当低的，一般都只能在“把”字句中使用，对“把”有依赖性或者说与“把”有共生性。

观察上面这些例句，我们不难看出，例句中的 VR 与“V 得”处于互补分布的状态。上述例句说明了以下三个问题：第一，这些 VR 并没有完全词汇化，但是 V 与 R 之间有一定的致使关系。从语感上判断，这些致使关系都不是规约性的、稳定的、紧密的。这些 VR 中，很多动词 V 都是不及物动词，即使是及物动词也并不直接作用于宾语上，而只是通过对宾语的影响而产生某种结果，这是这类 VR 与典型 VR 的区别；第二，这类 VR 全部能够以“V 得……R”的形式出现，这说明这类 VR 符合组合性述补结构的语义特征——因果关系的偶发性、临时性和松散性，而下面我们将要说明，典型 VR 一般不能转换成“V 得……R”这种组合补语形式；第三，这类 VR 与“把”具有共生性，或者说是“把”成就了 V 与 R 形成 VR 这样的直接致使形式。同时我们也应该注意到，正是这类 VR 句使得许多国外学者认定“把”字句的高及物性。鉴于这类 VR 的以上特征，我们暂且将它们定名为准 VR。

典型粘合式述补结构（VR）与组合式述补结构（“得”字补语结构）之间的致使强度差异使得我们可以做出这样的猜测：二者在句法上应该是对立的，即典型 VR 不能用组合式述补结构“V 得……R”来表达，我们再来看下面的例句：

他砸碎了玻璃。→ * 他砸得玻璃（都）碎了。→他把玻璃砸碎了。

他洗干净了衣服。→ * 他洗得衣服（都）干净了。→他把衣服洗干净了。

他摇醒了赵英。→ * 他摇得赵英（都）醒了。→他把赵英摇醒了。

我吃了两碗饭吃饱了。→ * 我吃了两碗饭吃得（都）饱了。→两碗饭把我吃饱了。

我们推倒了那面墙。→? 我们推得那面墙（都）倒了。→我们把那面墙推倒了。

他踢跑了那条狗。→*他踢得那条狗（都）跑了。→他把那条狗踢跑了。

他打通了电话。→ * 他打得电话（都）通了。→他把电话打通了。

以上例句证实了我们的预测。我们用下面这个表格来总结准 VR 与典型 VR 的句法分布环境：

典型 VR 与准 VR 的句法分布表

	S—VR—O	“得”字补语句	“把”字句
典型 VR	+	–	+
准 VR	–	+	+

这样，两种 VR 的句法分布异同就很清楚了。显然，“把”字句对两种 VR 都是包容的。再深一步考虑，为什么准 VR 只能在“把”字句环境下形成？原因只能有一个：“把”使得准“VR”这种致使关系发生，使其由偶发的、临时的、松散的因果关系变为稳定的、紧密的 VR 词汇性致使形式。这样，“把”字句就是一种与 VR 这种词汇手段不同的句法致使手段。我们先来看词汇致使形式与句法致使形式之间的关系。

5.2 处置义“把”字句——能产的句法致使手段

Talmy（1976）发现，句法致使手段表达一个一般性的致使情境（general causative situation），而词汇形式的致使则表达一个特定的情境（他称之为处置式的致使，即直接的、规约性的致使），从语义范围上看二者是包含关系：

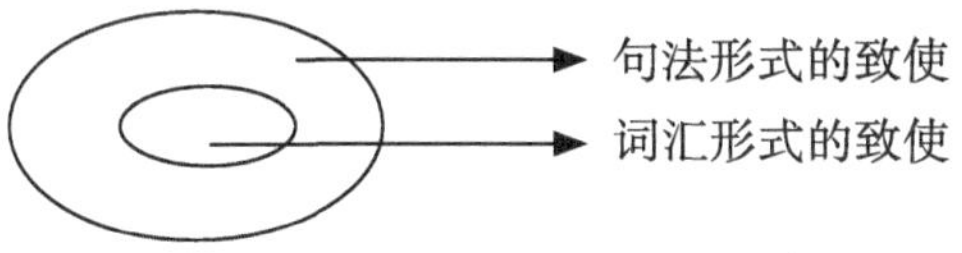

句法形式致使与词汇形式致使语义范围图

并不是每个非致使性动词都有相应的词汇致使形式，或者说词汇致使形式只能包含有限的被使成分（causee），此时语言会允许一个能产性的形式（即句法致使手段）操控产生类似规约性致使的形式（manipulative causative）。同时他也指出，如果一种语言既有句法能产形式又有词汇形式，那么句法能产形式只表达一般致使情境（如英语中的 cause、make、have 等，再如汉语中的兼语式），而词汇形式表达规约性致使。如果只有能产形式，那么两种致使都表达。当一个能产性的形式没有相应的词汇致使形式时，可以用来表达规约性致使。

我们认为 Talmy（1976）的论述恰好反映了汉语的情况。VR 是一种表达规约性致使的词汇致使形式，而"把"字句则是一种表达一般致使情境的句法致使手段。准 VR 不能出现在施事主语句 S—VR—O 中，就是说它没有相应的词汇致使形式，不属于规约性致使。此时句法致使手段"把"使得准 VR 中的 V 与 R 转化为规约性致使形式，也就是说，准 VR 在"把"字句中形成了词汇形式的致使表达 VR。更确切地说，"把"致使 V 与 R 之间的直接致使关系发生，而这也同样适用于典型 VR。这样，我们就会自然地推出这样一个结论：处置式"把"字句与致使义"把"字句一样表达双重致使关系。在表达效果上，双重致使关系当然要比单层致使关系 VR 来得更为强烈，这也就是人们语感上的"处置"意味。处置义"把"字句的"把……VR"是基于 VR 的操作，因此我们能够断定前者蕴涵后者："把……VR" → VR。由此我们应该能够推出其否定命题之间也应该存在着蕴涵关系：¬（VR）→ ¬（"把……VR"）。我们来看下面的例句：

他没把玻璃打碎。→他打玻璃了。

他没打碎玻璃。→他可能打玻璃了也可能没有打。

他没把椅子踢翻。→他踢椅子了。

他没踢翻椅子。→他可能踢椅子了也可能没有踢。

他没把孩子打哭。→他打孩子了。

他没打哭孩子。→他可能打孩子了也可能没有打。

我没把老张叫醒。→我叫老张了。

我没叫醒老张。→我可能叫老张了也可能没有叫。

他没把老张摔倒。→他摔老张了。

他没摔倒老张。→他可能摔老张了也可能没有摔。

当然涉及VR结构的否定是比较复杂的，一般认为在S—VR—O句式中，否定一般是指向R的，但并不能排除指向V的可能性，这与重音结构相关：句重音在否定词上时，否定指向V；句重音在R上时，否定指向R。同时我们也不能完全肯定在“把”字句中的VR的否定就一定指向R，但基本上是这样。尽管情况比较复杂，我们还是可以从上面的例句中得出两个结论：第一，“把”字句的否定和S—VR—O句的否定并不等值，也就是说VR的否定形式与“把……VR”的否定形式之间没有严格的蕴涵关系，但这并不能否定我们提出的“‘把……VR’蕴涵VR”的说法，只能说语言现象与逻辑规律并不完全对应，而是要复杂得多；第二，无论是肯定形式还是否定形式，“把”字句中的V一定是肯定的。一个句子的肯定形式和否定形式都有一个相同的蕴涵，那么这个蕴涵就是这两个句子的先设。（参见方立，2000）这些蕴涵恰恰就是处置式“把”字句的语义特点：“实施了一种行为”是该句式的先设。

5.3　处置义“把”字句的语义描写

我们论述了作为能产形式的句法致使结构“把”字句表达一般的致使情境而非特定的致使情境。“一般”与“特殊”的区别在于是否以某种具体的方式导致某种结果，“把”的语义就如同使令动词“使”一样。实际上，在“把”后NP为V的受事、R的施事的“A把NP VR”结构当中，如果将“把”换成“使得”，我们完全可以说“A使得B VR了”，例如：

我把玻璃打碎了。→我使得玻璃打碎了。

我把饭弄洒了。→我使得饭弄洒了。

我把衣服洗干净了。→我使得衣服洗干净了。

也就是说致使义“把”字句中的“把”和处置义“把”字句中的“把”语义是同一的。

我们只是从致使事件的角度说明处置义“把”字句中“把”的致使义，而并不是否认现有的“处置说”。实际上沈家煊（2002）已经给“处置说”找到了很好的解释。他从语法的主观性与主观化的角度区别了“客观处置”和“主观处置”这两个不同的概念并论证“把”字句的语法意义是表达“主观处置”。客观处置是指甲（施事）有意识地对乙（受事）做出某种实在的处置，而主观处置是指说话人认定甲（不一定是施事）对乙（不一定是受事）做出某种处置（不一定是有意识的和实在的）。同时他还认为，“主观处置”的概念不同于“宽泛意义上的处置”，“主观处置”的核心是“说话人认定”，即便是“狭义的处置”，说话人仍然可以不认定有处置。我们同意沈家煊将“把”字句的形成诉诸于主观化过程，我们也可以用“主观化”概念将致使义“把”字句和处置义“把”字句统一在“主观处置”之下，但“主观性”的强弱在“把”字句中是有差异的——致使义“把”字句的主观性要远远强于处置义“把”字句和“将”字句。

综合以上论证分析，处置式“把”字句的句式义就应该是：事件参与者——致事成分（causer）A 使得致使关系“V → R”发生，而词汇形式 VR 的主体是役事成分（causee）B。我们可以把这一句式义码化为：

$$A \rightarrow VR_{(B)}$$

考虑到组合式述补结构，这个公式还可以添加一条：

$$A \rightarrow [V\text{得}R]_{(B)}$$

A、B 分别代表“把”前 NP 和“把”后 NP，而相应的包含 VR 的施事主语句的语义形式则为：

$$VR_{(A,\ B)}$$

5.4 处置义“把”字句的语义表达式

蒋严、潘海华（1998）尝试采用λ转换的方法解决汉语中的一些疑难现象，包括话题句、焦点句、“被”字句和“把”字句等。“把”字句的例子是：

关羽把文丑斩了。

“把文丑斩了”这个语言片段的λ语义表达式是：

λx[斩′(x)]:(文丑′) $e \rightarrow t$

这个公式可以还原为：

(斩′(文丑′))(关羽′)：t

作者表示：这里对“把”字的处理是取最简单的方法，即将其看成是一个程序指示词。“把”右边的论元一般可以处理为宾语论元。“把”字结构（即“把”加其宾语）由此间接触发λ抽象，使“把”的宾语可以随时加入组合过程。在这个处理过程当中，我们没有看到对“把”的最直接的语义刻画。正如作者所言：“‘把’的更全面准确的句法语义处理则需要留待更专门的文章去论述。”上面的语义公式可以解读为：存在这样一个x的集合，x被斩了，x是文丑。应该说这个描写是不甚清晰的，没有把“把”字句、“被”字句和话题句区分开来，表达的是一种宽泛的基本的命题意义。

按照上一小节的语义分析，我们可以将“把”作为非逻辑常项来描写它的语义：

$\lambda R\lambda V\lambda x$[(把′(VR))(y)](x)

这个语义式进行λ-还原之后蕴涵下面这个语义式：

VR′(x, y)

从公式之间的蕴涵关系我们可以看出，“A—把—B—VR”和“A—VR—B”这两种句式之间的关系是前者蕴涵后者。

6. “把”字句的 TVP 处理方案

6.1 “把”字句的非连续分析

综合对致使义“把”字句和处置义“把”字句的句法、语义分析，我们发现，在句法上，“把”后 NP 具有兼语的性质——它与“把”和 VP 都具有语义组合性，因此只有将“把……VP”分析为非连续的及物动词短语、将“把”后 NP 分析为这个及物动词短语的宾语才能同时满足这种语义的组合性。从事件语义学的角度看，将“把……VP”分析为一个整体也是合理的，而且是必然的。事件结构分析告诉我们，这两种“把”字句都是双重致使结构。近年来认知语义学发展出的概念整合语义学要求这两个事件整合为一个事件，即“把……VP”，“把”前 NP 与“把”后 NP 是这个整合事件的两个参与者。句法为语义解释提供基础，而语义的组合性必须由语法的组合性提供，因此，对于“把”字句的非连续分析符合非连续 TVP 结构的根本原则。

我们以下面这个句子为例说明“把”字句的 TVP 分析方案：

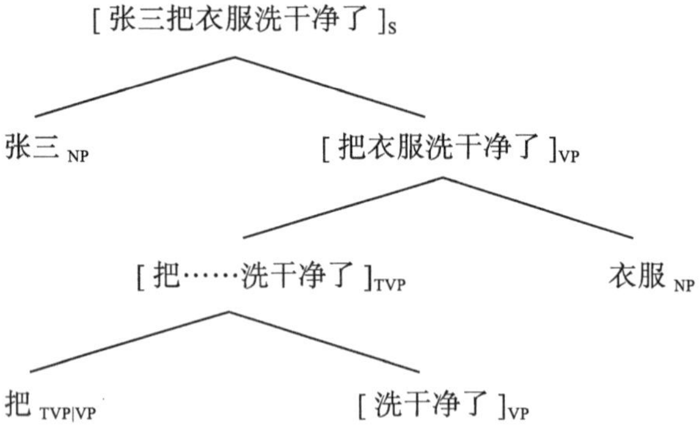

TVP 与“致使”是紧密相关的，由于这种致使关系，非连续 TVP 方案将 VP 分析为“把”的论元，实际上这种分析是将“把”处理为中心词。“把”的范畴是 TVP|VP，与宾语结合才能成为 VP 范畴，因此，准确地说其范畴应该是（TVP|VP）/NP，或者（TVP/$_{w}$ NP）/VP，其中斜线右侧的角标“w”代表内包操作（wrapping）。这个公式表明，“把”字结构是一个非连续的及物性动词

短语。单从函数构成的角度来看，“把”后 NP 既是“把”的论元也是 VP 的论元，也就是说“把”与 VP 都是它的函数。而由于致使关系的存在，“把”又是 VP 的函数，这样，我们只有将“把”和 VP 这两个函数归并为一个函数才能同时满足三者之间的“函数—论元”关系，从而符合组合语义学的要求。

我们在汉族儿童语言习得过程中发现了“把 VP”这种连续形态，这一证据有力地支持了我们“概念整合”的说法。同时，将“把”字句处理为非连续TVP结构也就意味着“把”后NP被分析为这个TVP的直接宾语，反过来，“把”后 NP 的直接宾语特征也会支持我们的 TVP 分析。

6.2　儿语习得过程中“把”与其后 VP 的连续形态

赵元任（1968、1979）在论及“第一个动词之后省略宾语”时举了这样一个例子：

我告诉他别把玩意弄坏了，他偏把（它）弄坏了。

赵元任对此的解释是“没有‘它’字，‘把’字突出一种猛劲”，又如：

杯子呢，我把（它）摔了。

此时，“把”字表达“失意”。熊仲儒（2003）以上两个例句来证明“把”不是介词，因为介词不允许宾语悬空（Huang，1992），也就是说，“把”并不与紧随其后的 NP 形成一个介词短语。

非常值得注意的一个现象是，在汉族儿童句式习得过程的初期，“把”后 NP 常常脱落，使得“把”和后边的 VP 呈现连续状态。根据周国光、王葆华（2001）的调查研究，2 岁年龄段是“把”字句在儿童语言习得中的初现阶段，此期出现的“把”字句句内构成成分十分简单，只有施事、受事、动作、结果和处所五种成分，而且受事成分经常不出现，这就是“把”字宾语的脱落现象，例如：

这是个小娃娃头，放在这个口袋里边，把塞到叔叔领子里去。（2 岁）

（被试玩弄取样人的指甲剪，取样人要回来，被试说）我把搞好。（2 岁）

（被试摆弄取样人的圆珠笔后，要求取样人缩回笔芯）把关掉。（取样人未有动作）把这个关掉。（2.5 岁）

（被试扣取样人的夹克衫的按扣，扣不上，要取样人扣）把扣上哎。（取样人未有动作）把高头扣上，把这一边扣上。（2.5 岁）

（被试拿着玩具枪追小鸭子，边追边喊）把小鸭子打死了！（小鸭子在跑动中歪仄）把打跌倒了！把打淌血了！（3 岁）

（被试甲乙画画儿，甲说）呃，我不画大鲨鱼了，把擦子给我，我自己擦。（被试乙要求帮甲擦，甲说）你擦得不干净，把擦掉吧，把擦掉吧，把这些都擦干净。（4 岁）

从上面的例子，特别是 2.5 岁至 4 岁儿童的“把”字句用例上我们可以看到，尽管比较完整、稳定地习得了“把”字句，但仍存在“把”字宾语的脱落现象，并且比较自由。对于以上现象，周国光、王葆华认为，这种“把”字宾语的脱漏并不是儿童由于知识的不足而说不出，也不是由于背景的不明而不知道，这种现象是有其特定的原因的。他们把这种原因归结为早期儿童以自我为中心的思维特点及语速这两种外部因素的影响。但除此之外，我们认为对“把”字宾语的脱漏现象很有可能从语言内部找到解释，那就是在语言机制（具体地说是语义层面）中，“把”和后边的 VP 具有组合性的直接语义关系，儿童将这种结构当作及物动词短语来使用，而作为及物动词短语的直接宾语的“把”后 NP，其脱漏、省略是比较自由的。

“把”字句的习得流行的说法是“转换习得”说，即认为儿童首先习得“主—动—宾”句，然后通过句法转换将句中宾语前置为“把”字的宾语。这种“转换习得”说的语言理论基础是汉语语法学界关于“把”字句是由“主—动—宾”变换而来的观点。实际上周国光、王葆华（2001）也认为，从习得机制的角度来说，“转换习得”说是很难成立的。因为这两种句式无论在句法构成上还是在表达的语法意义上都存在着一系列的差别。

汉族儿童对“把”字句的习得过程否定了“把+NP”的介词短语说，支持我们对“把”字句的非连续分析——“把……VP”是一个非连续及物动词短语，“把”后NP是这个动词短语的直接宾语。

6.3 “把”后NP的直接宾语性质

6.3.1 “把”字句的宾语控制特征

“把”后NP分析为直接宾语以后我们能够适用“宾语控制”来说明它与VP中的NP的领属关系或者与VP中的反身代词的照应关系。

6.3.1.1 “把”后NP与VP内NP的领属关系

从领属关系上看，与VP内名词有领属关系的只能是“把”后NP，这一点是没有疑义的。这也从另一个角度说明语义上控制VP内NP的是“把”后NP而不是主语，再如：

他把张三打断了胳膊。

我把苹果削了皮。

他把纸门踢了一个洞。

如果将“把张三”分析为介词短语充当的状语，那么“胳膊”必然应该是主语控制的，也就是说应该是“他”的，而不是“张三”的，这显然是错误的。TVP方案则可以从宾语控制的角度进行说明。

Thompson（1973）认为，类似的例句如“他把纸门踢了一个洞”，由于“纸门的一个洞”在“踢”之前是不存在的，因此无法将“纸门”和“一个洞”分析为复杂名词短语。她的解决办法是认为“踢了一个洞”的句法作用相当于一个及物动词，可以带一个直接宾语，然后由转换规则在衍生过程中将“把”加进去，其底层结构如下所示：

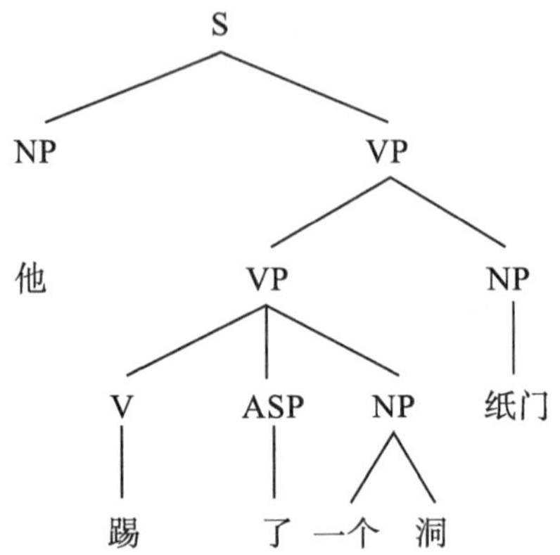

这种分析方案也是将“把”后 NP 分析为直接宾语，通过宾语控制说明“把”后 NP 与 VP 中 NP 的领属关系。

6.3.1.2 “把”后 NP 与 VP 内反身代词的照应关系

非连续 TVP 结构中的照应关系很复杂，往往会出现主语和宾语都可以与 VP 内反身代词照应的情况。由于这种现象在同属 TVP 结构的兼语句中尤为典型，因此我们在本书第九章的 § 4 中深入探讨这个问题，本小节我们只对“把”字句中的长距离照应现象略做说明。

非连续 TVP 分析使得 TVP 谓语句有可能被分解为两个主谓结构：“NP_1+[VP_1……VP_2]”和“NP_2+VP_2”。如果 VP_2 内有反身代词，这两个主谓结构都能成为这个反身代词的照应域，根据约束第一原则就可能产生两种照应现象。“把”字句的情况也是如此，例如：

张三$_i$把李四$_j$送回了自己$_{i/j}$的家。

张三$_i$把孩子$_j$放在自己$_{i/j}$的床上。

上面例句的照应域分别是 [张三把……送回了自己的家]、[李四（送）回了自己的家] 和 [张三把……放在自己的床上]、[孩子（放）在自己的床上]。VP_2 中的反身代词指向主语（“把”前 NP）时被称为长距离照应。

主语照应与宾语照应都可能被阻断，例如：

张三$_i$把衣服$_j$放在自己$_{i/*j}$的柜子里。

汽车$_i$把李四$_j$的货物拉回自己$_{*i/j}$的老家。

这种阻断效应是由 NP 的 [- 有生性] 导致的。

从上面的简单说明中我们可以看到，非连续 TVP 分析为“把”字句中的长距离照应现象提供了解释。第九章中我们将以兼语句为例进一步讨论 TVP 结构中的反身代词长距离照应现象及其阻断效应。

6.3.2 “把”后 NP 的话题化

“把”后 NP 可以话题化，但必须出现占位代词标明语法关系，例如：

张三，李四把他赶走了。

张三，李四把他的胳膊打断了。

虽然在第四章我们将这种出现占位代词的话题化处理为斜格成分的话题化，但由于话题与代词的直接释义关系，我们称其为主语或者宾语的话题化也无妨，在第九章我们对兼语句宾语的话题化的说明也同样如此。

从第五章我们知道，能够话题化是宾语的一个主要特征，说明其相对独立性。“把”后 NP 不但能够整体话题化，而且其修饰语同样可以话题化。

6.3.3 “把”字句的被动形式

“被”与“把”的连用形式“被……把”一般被认为是两种平行结构的套用或结合（如李珊，1994；曾常红，2004）。李珊（1994）认为：“‘把’字后的宾语通常是谓语动词的受事，‘被’字前面的主语通常也是谓语动词的受事。这两个受事在语义上有某些共同点（它们都是语用上的主题），可以发生语义联系，因此，这两种句式也可以合并在一个句子里，构成‘被……把’式，以表达复杂的意思。”这种说明大致是不错的，原因是绕开了被动化的句法要求而只从语义上解释了“被……把”式的形成。在将“把”字句处理为非连续 TVP 结构后，我们完全可以认为“被……把”式就是“把”字 TVP 短语的被动形式，而并不是两种句式的合并。这种被动化与主谓宾句的被动化一样——原来的宾语成为被动结构的主语。但“把”字句的被动化仍有自身的特点，我们看下面的例句：

被人把喉咙都看清了。
可是他刚刚张嘴，就被“罗锅”队长把话打断了。
宝玉……被袭人将手推开。
我到底被那木钉把头碰破了。
张三被（李四）把胳膊打断了。
那张桌子被（孩子）把一条腿弄断了。

}“把”后 NP 中心语占位（李珊，1994 例）

那对青年被日本人从电车上把他们捉下来。
她已被战争把她压倒在地。
她会被一条哈巴狗或者一只小花猫把她领到地狱里去。

}“把”后代词占位（曾常红，2004 例）

观察上面两组例句我们有两点发现。首先，能够被动化的“把”字 TVP 结构都是处置义“把”字句而不能是致使义“把”字句。我们认为原因是“被”后 NP 应为有指称的施事或者致事名词，而致使义“把”字句的“把”前 NP 是事件名词，因此这种“把”字句不能被动化。第二，这些能够被动化的“把”字句有两种情形：第一种，“把”后 NP（宾语）都是领属关系的复杂名词短语，这个复杂名词短语的限定语被动化为主语，而中心语留在原位；第二种，“把”后有代词占位。我们认为，占位成分是“把”字句被动化的一个必要条件，原因是“把”与 VP 不能以连续的形式而只能以间断的非连续形态出现，只有在保证非连续的前提下才能被动化。这也是为什么不能出现代词占位的简单宾语“把”字句不能被动化的原因。如果被动化形式中“把”后没有占位成分，那么就可以直接用 VR 的被动形式来表达，因而“把”字句的被动化只限于带复杂宾语的处置式或者有占位代词的“把……VP”。

7. “把”字句 TVP 分析的语言类型学意义

将“把”字句处理为非连续 TVP 结构的重大意义还在于帮助我们澄清汉语的语言类型。从 Li 和 Thompson（1974）开始，“把”字句一直作为一项重要的证据说明汉语正在走向 SOV 型语言。虽然反对的人很多，但由于没有给“把”字句提出合理的解决方案，因此对这种观点的反驳一直是从侧面展开的。非连续分析以最直接的方式说明“把”后 NP 并不是 VP 的宾语提前，而是插入非连续及物动词短语“把……VP”的直接宾语。TVP 结构是一种具有普遍性的语言现象，英语中大量存在这种结构，但并没有人因此而提出英语正在走向 SOV 型语言，因此，我们不能就“把”字句的情况得出“汉语正在走向 SOV 型语言”这种结论。

本章参考文献

Huang, C.-T. J. (1992) Complex Predicates in Control. In R. K. Larson, S. Iatridou, U. Lahiri, and J. Higginbotham (eds.), *Control and Grammar*, 109-147. Dordrecht: Kluwer Academic.

Keenan, Edward L. (1976) Towards a Universal Definition of “Subject”. In Charles N. Li (ed.), *Subject and Topic*, 303-333. New York: Academic Press.

Li, Charles N., and Sandra A. Thompson (1974) An Explanation of Word Order Change SVO>SOV. *Foundations of Language* 12: 201-214.

Sun, Chaofen (1996) *Word-order Change and Grammaticalization in the History of Chinese*. Stanford: Stanford University Press.

Sun, Chaofen, and Talmy Givón (1985) On the So-called SOV Word Order in Mandarin Chinese: A Quantified Text Study and Its Implications. *Language* 61: 329-351.

Talmy, Leonard (1976) Semantic Causative Types. In Masayoshi Shibatani (ed.), *Syntax and Semantics 6: The Grammar of Causative Constructions*, 43-116. New York: Academic Press.

Thompson, Sandra A. (1973) Transitivity and the BA Construction in Mandarin Chinese. *Journal of Chinese Linguistics* 1: 208-221.

Тань Аошуан（1989）现代汉语中的“把”字结构和“被”字结构 [J]，卫志强译，《当代语言学》第 4 期，169-177 页。

崔希亮（1995）“把”字句的若干句法语义问题 [J]，《世界汉语教学》第 3 期，12-21 页。

范　晓（1998）汉语的句子类型 [M]，太原：书海出版社。

范　晓（2001）动词的配价与汉语的把字句 [J]，《中国语文》第 4 期，309-319 页。

方　立（2000）逻辑语义学 [M]，北京：北京语言文化大学出版社。

冯胜利（2000）汉语韵律句法学 [M]，上海：上海教育出版社。

郭继懋、王红旗（2001）粘合补语和组合补语表达差异的认知分析 [J]，《世界汉语教学》第 2 期，14-22 页。

郭　锐（1999）“把”字句的配价结构，上海第二届全国汉语配价语法研讨会论文。

蒋　严、潘海华（1998）形式语义学引论 [M]，北京：中国社会科学出版社。

金立鑫（1993）“把 OV 在 L”的语义及语用分析 [J]，《中国语文》第 5 期，第 361 页。

金立鑫（1997）“把”字句的句法、语义、语境特征 [J]，《中国语文》第 6 期，415-423 页。

金立鑫（1999）“把”字句的配价成分及其句法结构，上海第二届全国汉语配价语法研究讨论会论文。

黎锦熙（1924）新著国语文法 [M]，北京：商务印书馆，1992 年版。

李大忠（1996）“使”字兼语句偏误分析 [J],《世界汉语教学》第 1 期,77-80 页。

李人鉴（1991）论“使”字句和“把”字句（续）[J],《扬州大学学报（人文社会科学版）》第 1 期，56-61 页。

李　珊（1994）现代汉语被字句研究 [M]，北京：北京大学出版社。

刘　坚、曹广顺、吴福祥（1995）论诱发汉语词汇语法化的若干因素 [J],《中国语文》第 1 期，161-169 页。

吕叔湘（1948）把字句用法的研究 [A]，载《汉语语法论文集》[C]，北京：商务印书馆。

吕叔湘（1982）中国文法要略 [M]，北京：商务印书馆。

吕文华（1994）“把”字句的语义类型 [J],《汉语学习》第 4 期，26-28 页。

陆俭明（2004）词语句法、语义的多功能性：对“构式语法”理论的解释 [J],《外国语》第 2 期，15-20 页。

陆俭明、沈　阳（2003）汉语和汉语研究十五讲 [M]，北京：北京大学出版社。

马　真、陆俭明（1997）形容词作结果补语情况考察（一）[J],《汉语学习》第 1 期，3-7 页。

马　真、陆俭明（1997）形容词作结果补语情况考察（二）[J],《汉语学习》第 4 期，14-18 页。

马　真、陆俭明（1997）形容词作结果补语情况考察（三）[J],《汉语学习》第 6 期，7-9 页。

梅祖麟（1990）唐宋处置式的来源 [J],《中国语文》第 3 期，第 191 页。

桥本万太郎（1985）语言地理类型学 [M]，余志鸿译，北京：北京大学出版社。

屈承熹（1984）汉语的词序及其变迁 [J],《语言研究》第 1 期，127-151 页。

沈家煊（2002）如何处置“处置式”？——论把字句的主观性 [J],《中国语文》第 5 期，387-399 页。

沈　阳（1997）名词短语的多重移位形式及把字句的构造过程与语义解释 [J],《中国语文》第 6 期，402-414 页。

沈　阳（2003）再议汉语句法结构中名词短语的分裂移位形式 [A]，载《语法研究和探索（十一）》[C]，中国语文杂志社编，北京：商务印书馆。

施春宏（2003）动结式的论元结构和配位方式研究 [D]，北京大学博士学位论文。

石毓智、李　讷（2001）汉语语法化的历程——形态句法发展的动因和机制 [M]，北京：北京大学出版社。

司富珍（2002）多重特征核查及其句法影响 [D]，北京语言文化大学博士学位论文。

宋玉柱（1979）“处置”新解——略谈“把”字句的语法作用 [J],《天津师范大学学报（社会科学版）》第 3 期，84-85 页。

宋玉柱（1991）现代汉语特殊句式 [M]，太原：山西教育出版社。

王红旗（1999）“把”字句的意义究竟是什么，第二届全国现代汉语配价语法研究会议论文。

王　力（1943）中国现代语法 [M]，北京：商务印书馆。

王　力（1944）中国语法理论 [M]，济南：山东教育出版社。

熊仲儒（2003）现代汉语中的致使句式 [D]，北京语言大学博士学位论文。

徐燕青（1999）“使”字句与“把”字句的异同考察 [J],《世界汉语教学》第 4 期，52-58 页。

薛凤生（1987）试论“把”字句的语义特性 [J],《语言教学与研究》第 1 期，4-22 页。

杨素英（1998）从情态类型来看“把”字句（上）[J],《汉语学习》第 2 期，10-13 页。

杨素英（1998）从情态类型来看“把”字句（下）[J],《汉语学习》第3期，10-12页。

叶向阳（2004）“把”字句的致使性解释[J],《世界汉语教学》第2期,25-39页。

袁毓林（2003）走向多层面互动的汉语研究[J],《语言科学》第6期,53-72页。

曾常红（2004）现代汉语中“被”字与“把”字套用的句式[J],《语言研究》第1期，30-34页。

张伯江（2000）论“把”字句的句式语义[J],《语言研究》第1期，28-40页。

张济卿（2000）有关“把”字句的若干验证与探索[J],《语文研究》第1期，28-37页。

张旺熹（1999）汉语特殊句法的语义研究[M]，北京：北京语言文化大学出版社。

张旺熹（2001）“把”字句的位移图式[J],《语言教学与研究》第3期,1-10页。

张旺熹（2004）汉语介词衍生的语义机制[J],《汉语学习》第1期，1-11页。

赵元任（1968）中国话的文法[M]，美国加州大学出版社1968年出版，丁邦新译，香港：香港中文大学出版社，1980年。

赵元任（1979）汉语口语语法[M]，吕叔湘译，北京：商务印书馆。

周国光、王葆华（2001）儿童句式发展研究和语言习得理论[M]，北京：北京语言文化大学出版社。

朱德熙（1982）语法讲义[M]，北京：商务印书馆。

邹洪民（2000）简论“我把你这个NP！”[J],《新疆大学学报（哲学社会科学版）》第4期，96-110页。

邹洪民（2001）致使义“把”字句的语义语用分析[J],《语言与翻译》第1期，18-20页。

第八章　汉语 TVP“得”字补语句与 IVP“得”字补语句

正如我们在第三章所提出的，“致使义”与非连续结构密切相关，后者是前者的句法表达形式。本章我们将要论证，“NP_1+V_1得+NP_2+VP_2”形式的“得”字补语句中，只有一部分是非连续的 TVP 结构，而另一部分是不及物的 IVP 结构，并对两种结构分别进行描述。

1.　词汇规则生成“V 得”

Sun Chaofen（1996）详细论述了“得”的语法化过程。同“把”“被”一样，“得”也经历了从实意动词到语法标记的演变过程。到公元 10 世纪左右，作为 V_2 的“得”语义已经相当丰富了，它作为 V_1 的一个黏着性成分已经真正成为标引 V_1 事件所导致的结果的一个功能性范畴，这种结构已经开始表达结果意义。可以写成“V—得”，语义如下：

V_1+（获得、达到、可能、完成、（被动））+ 结果

我国汉语语法学史研究中早已提出类似的观点，如王力先生（1980）指出：“这三种性质的动词词尾‘得’字是同一来源的，就是由原来的‘获得’义转化为‘达成’，由‘达成’的意义更进一步地虚化，而成为动词的词尾。”

1.1　“得”的性质

就“得”的性质而言，不管称它为后附号、动词词尾（王力，1943）、动词后缀（朱德熙，1982）、结构助词（张志公，1953）还是补语助词（Huang,

1988 等），有两点可以肯定，那就是“得”的后附性与黏着性。因此，“动词词尾”说和“动词后缀”说也许更为贴切。转换生成语法的研究中也是这样处理的，如 Huang（1988）采用动词上移，将补语助词“得”首先附着于动词成为“V 得”，然后上移到 INFL 给 NP_2 指派格位。尽管这种提法很贴切，但也会带来一些问题，那就是“V 得”后成分的语法地位。由于“V 得”整合为一个表达致使义的新动词，那么后边的 NP 就有可能是它的宾语（朱德熙，1982）或者兼语（宋玉柱，1981），许多转换生成语法分析方案也是这样处理的，这个问题我们将在下文论述。

“V 得”分析导致的另外一个问题是它是否是由词库生成的。首先我们应该明确，如果采取“词库生成”说，那就意味着“V 得”是一个及物性的动词短语。熊仲儒（2003）提出这方面的顾虑，他认为也许这种方法会带来一些句法分析上的便利，但是不符合人们的语感，从直觉上很难把它们当作词库中本有的词项，因为它们的生成有很大的预见性而非一种“例外”。在他的处理方案中，“得”是由一种功能范畴——达成范畴（Bec）生成的，这也就意味着“V 得”是由句法派生而来的。转换生成语法是一种自上而下的语法，这样分析没有什么错——由于词汇规则的不完善，构词规则由句法规则代劳是转换生成语法的常见做法。

1.2 范畴语法中“V 得”的生成

范畴语法的构建方式与转换生成语法恰恰相反，它是一种自下而上的语法，对于词汇规则的足够重视也使得“V 得”词库生成成为可能。我们在这里所说的“词库生成”并不是说每个具体的“V 得”在词库中都是原生的，而是说它们是在词库中由词汇规则派生的。“V 得”生成的可预见性正是我们设立该条词汇规则的基础，反过来说也是词汇规则的作用。我们赞同“词尾”或者“后缀”这种说法也表明，在范畴语法当中，我们不认为“得”是一个单独的词类，因为“V 得”是由词汇规则生成的。我们可以设定这样一条词汇规则来生成“V 得”，操作名称是“附加后缀‘得’”。

规则Ⅰ：

$< F_{(V+de)1}, < IV >, IV/t >$（_de Rule）. $F_{(V+de)1}(\alpha) = \alpha + de$.

语义解释：$\lambda P \lambda x [\alpha'(x) \text{CAUSE BECOME} P(x)]$

规则Ⅱ：

$< F_{(V+de)2}, < TV >, IV/t >$（_de Rule）. $F_{(V+de)2}(\alpha) = \alpha + de$.

语义解释：$\lambda P \lambda x \lambda y [(\alpha'(x))(y) \text{CAUSE BECOME} P(x)]$

这两条规则是说，规则名称都是“_de Rule”，操作方法是动词后加词缀“得”，词汇范畴输入分别是不及物动词 IV 或者及物动词 TV，输出范畴都是以小句 t 做补语的不及物动词短语 IV，并分别对产生的新词“V 得”进行了语义刻画。语义解释部分表明，在我们的处理方案中，具有致使性质的不是动词V，而是动词短语“V 得”。

这两条词汇规则由 V 生成“V 得”，使其具备了带小句结果补语的能力，从本质上说类似动词 V 具备带结果补语 R 形成动结式动词短语 VR 的能力，也就是朱德熙（1982）所说的与黏着性补足语相对应的组合式补足语或者李临定（1986）认为的那样，“得”字句式是相应的“动补”格句（VR）的扩展式。在转换生成语法的轻动词处理方案中（如沈阳等，2001；张璐，2003），将“得”处理为表达致使意义的轻动词，它跟谓语动词在句法中通过移位与动词成为并入结构。张璐（2003）明确提出：“……因此而抑制了谓词本来的论元指派，主要表现为取消谓词指派宾语补足语的能力，使‘V 得’的补足语变成一个动词性或者小句性 VP，所以汉语‘得’字句的句法结构应该是述补结构而不可能是其他。”可见轻动词分析方案中的“得”字句句法结构与我们的分析是一致的。

这两条词汇规则的确立表明了我们这样一种立场：在“NP_1+V_1 得 + NP_2+VP_2”句式中，“得”后成分“NP_2+VP_2”是小句补语。这种立场的连锁反应是：NP_2 不可能是“V_1 得”的宾语或者兼语。这也意味着：不管动词 V_1 是不及物动词还是及物动词，“V_1 得”总是不及物的。为了便于更好地论证这个问题并在此基础上甄别出非连续 TVP 结构“得”字句，我们首先对“NP_1+V_1 得 +NP_2+VP_2”这种形式的“得”字句进行分类。

2.　两类不同事件结构的“得”字补语句

2.1　前人的分类方法

先前对于“得”字句的分类一般是从结构（如范晓，1987）、结构加名词的施受语义特征（如李临定，1963、1986）、转换生成语法中补语的句法地位（如熊仲儒，2003）或者与各句型的转换关系等角度进行的。本节，我们将从一个新的角度——致使事件的结构差异来给“NP_1+V_1 得 +NP_2+VP_2”式“得”字句进行分类。上一章对“把”字句的分析告诉我们——非连续形态很有可能是一种句法致使手段，因此，我们推测 TVP 结构的“得”字句也会与致使关系密切相关。

李临定（1963、1986）根据充当“得”字句各个成分的语法单位的性质把“得”字句分为 12 类。其中与我们的“NP_1+V_1 得 +NP_2+VP_2”式“得”字句相对应的是“[名]+ 动 / 形 + 得 + $名_{受}$ + 动 / 形”这一类。其中，“得”后的$名_{受}$也包含$名_{施}$，他之所以取$名_{受}$是基于他对“得”后 NP 句法地位的个人主张，对此我们将有详细论述。由于他的分类为我们的进一步研究提供了很好的基础，因此我们的论证在他的分类之上进行。为论述的方便起见，我们引用他的分类及例句如下：

1. $名_{施}$ + 动 + $名_{受}$。前段是及物动词，例如：

痛苦折磨得他吃不好饭，睡不好觉。

口中的热气吹得班长的耳朵怪痒痒的。

2. 名施 + 动 + 名非施非受。前段常是不及物动词，也可以是及物动词。前段是不及物动词，例如：

有时（她）整夜地哭，哭得他忍不住生气。

非施非受的名词指身体的一部分，属于名施，例如：

她哭得眼睛都红了。

前段是及物动词，例如：

吃得小孩这么肥大。

老孙头说得老万笑起来。

3. 名受 + 动 + 名施。前段是及物动词，例如：

豌豆吃得人腿发软。

啊，辛先生，你望得我好苦啊。

这一篇话听得我凄然又悚然。

木椅上坐得他屁股发酸。

4. 名受 + 动 + 名非施非受。前段是及物动词，例如：

这句话又说得大家笑了起来。

5.( )+动+名施。前段常是“疼、累、急、忙、高兴、激动”等形容词，例如：

疼得小伙子直流汗。

累得五婶直喘气。

高兴得我一夜没睡着。

激动得他几乎流出眼泪来。

前段是不及物动词，例如：

哭得他浑身散了架似的没有劲。

6. ( )+ 动 + 名受。前段是及物动词，例如：

惹得大家哈哈大笑。

吓得她没有马上答上话来。

逗得满院子人大笑。

7. ( )+动+名$_{非施非受}$。前段是及物动词或不及物动词，例如：

村子里更是满天的云雾，说的她不像个人。

吃得胸口比下巴额还高哪！

弄得他失掉了领导权。

热得旷野里柳树上的蝉竟然在半夜里叫了起来。

以上7类例句都可以转换为相应的“把”字句。

2.2 “NP_1+V_1得+NP_2+VP_2”式“得”字句中的致使关系

李临定的这种分类兼顾了形式和语义两个方面，后者体现在NP_1和NP_2与V_1之间的施受关系上。但从致使（或者使动）性质上来看，我们发现根据能否转换成“NP_1+使+NP_2+V_1得+VP_2”形式又可以将它们分为两类，能够进行这种转换的是第3类、第5类的全部例句，例如：

豌豆使人吃得腿发软。

这一篇话使人听得凄然又悚然。

使小伙子疼得直流汗。

使五婶累得直喘气。

使我高兴得一夜没睡着。

使他哭得浑身散了架似的没有劲。

而其他例句则不能做这种转换。“使”表达的是致使关系，这种差别的存在说明两种“得”字句之间存在着致使关系方面的差别。同时，也只有第3类和第5类例句能够转换为致使义“把”字句，例如：

豌豆把人吃得腿发软。

这一篇话把人听得凄然又悚然。

把小伙子疼得直流汗。

把五婶累得直喘气。

把我高兴得一夜没睡着。

把他哭得浑身散了架似的没有劲。

这一点李临定（1963、1986）、朱德熙（1982）等也早就提到过，这也再次说明这类“得”字句比其他“得”字句多了一层致使关系。

第3类和第5类不同于其他类别之处还在于NP_2（即“得”后NP）都是施事性（含感事）的，但在“把”字句中却成为被处置的对象，这也就是致使义“把”字句中的“把”后NP对于动作的非意志性及这个NP后的VP的不可控性，这就说明在第3类和第5类“得”字句中，NP_2是非意志性的，而VP_2是不可控的。这两种特性都说明一个问题：作为VP_2的施事成分，NP_2的动作行为是不由自主发生的被使（或被迫使）行为，因此NP_1蕴涵某一事件迫使NP_2发出VP_2的动作或行为。我们不妨来考察一下这两种“得”字补语句的事件结构。

2.3 三事件的“得”字句与二事件的“得”字句

2.3.1 表达双重致使关系的三事件“得”字句

能够转换为“NP_1+使+NP_2+V_1得+VP_2”形式及相应致使义“把”字句的“得”字补语句中，许多例句的句首为空位，正如李临定（1963、1986）所指出的那样：“观察这几类句子的上下文，往往是表示由于某件事或某种动作行为而引起的某种结果。因此，这些句子的前边有时可以添上‘这’‘这件事’‘这种情况’等词语。”这种情况说明：NP_1位置为空位的第5类“得”字结构的句首隐含着一个事件，或者说是一个事件名词。事件名词与一般名词的不同在于后者指称一个客体，而前者则是一个事件的表征，例如：

这件事高兴得我一夜没睡。

这次获奖激动得他几乎流出眼泪来。

正如我们在上一小节中分析的那样，这两个句子中的NP_2“我”和“他”作为被使成分不由自主地“高兴”和“激动”，进而造成不可控结果“一夜没睡”和“几乎流出眼泪来”，因此，这两个句子之前都隐含一个致使事件。正是这种事件导致V_1的发生，而V_1的发生又导致了V_2的结果。第3类“得”

字句的句首虽然不是事件名词，但同样是致事成分，整个句子也隐含着一个致使事件，例如：

豌豆吃得人腿发软。

这一篇话听得我凄然又悚然。

例句中的 NP_2 被某事件迫使发出动作“吃”和“听”，具有不可控的特点。可见，第 3 类和第 5 类“得”字句与表致使义的“把”字句一样属于包含双重致使关系的三事件结构，其致使类型完全相同，这种双重致使关系我们可以做如下表示：

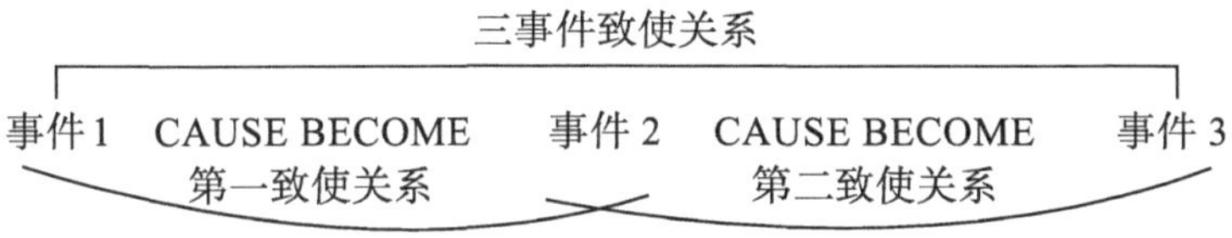

上面事件 1 是隐含的事件，事件 2 由 V_1 代表，事件 3 由 VP_2 代表。

2.3.2 表达单层致使关系的二事件“得”字句

2.3.2.1 二事件“得”后成分的类别

除三事件“得”字补语句外，其他类型的“得”字句表达的是两个事件构成的单层致使关系。这种“得”字句又分为 V_1 为不及物动词和 V_1 为及物动词两种类型，例如：

他哭得眼睛都红了。
他笑得我心里发毛。
他唱得我心烦。 } 甲类：V_1 为不及物动词

他打得孩子大哭。
张三骂得爱人很伤心。
那条狗咬得他直冒汗。 } 乙类：V_1 为及物动词

以上例句中的“得”字句表达的都是致使事件和被使事件这两个事件形成的单层致使关系。甲类中的“唱”虽然是及物动词，但是在句中与 NP_2 没有

施受关系，是不及物动词的用法。从事件结构的描写上，甲类和乙类可以描写为：

致使事件（V_1）→被使事件（VP_2）

这些句子的句法结构和成分之间的语义组合是相对应的，不是非连续结构。乙类的情形有些复杂。

2.3.2.2 从重动句看二事件“得”字句中 V_1 的及物性特征

乙类的事件结构描写存在这样一个问题：NP_2 应该出现在致使事件中还是被使事件中？也就是说我们应该采取下面哪种事件结构？例如：

a. 他打孩子→孩子大哭

张三骂爱人→爱人很伤心

那条狗咬他→他直冒汗

b. 他打→孩子大哭

张三骂→爱人很伤心

那条狗咬→他直冒汗

换言之就是上述 V_1 是及物的还是不及物的？实际上这是一个非常值得考虑的问题，因为它关系到“得”后成分的句法定位问题。

仔细琢磨，乙类句子实际上是歧义的。我们不妨将这类“得”字句恢复为重动句形式来摸清施受关系：

a′. 他打孩子打得孩子大哭。

张三骂爱人骂得爱人很伤心。

那条狗咬他咬得他直冒汗。

b′. 他打那只猫打得孩子大哭。

张三骂孩子骂得爱人很伤心。

那条狗咬别人咬得他直冒汗。

从句法与语义的完整性上来讲，重动句形式是这类“得”字句最完整的表达，也可以说这类“得”字句实际上是一种省略的，或者说是存在隐含成分的句子。石毓智、李讷（2001）从语法化角度对重动句的出现进行了解释，认为重动句（动词拷贝句）的产生是由于“V（得）OC”的消失需要一种新的结构来引进宾语。他们的考察结果是：“V（得）OC”格式在明代已经大幅度萎缩，可以做补语的形容词只限于少数的几个，比如“干净、整齐、光鲜”等，例如：

收入家火去，揩抹得桌儿干净。（《金平梅词话》四十五回）

这样我们就发现，我们正在论述的乙类句子实际上是古、近代汉语在现代汉语中的遗留形式。实际上这种句式的不完全能产性也能够说明这一点。为什么同样的句法形式、同样的语义关系，我们却不能说“*他擦得桌子很干净”“*他洗得衣服很干净”呢？因此，这类句子理应归于重动“得”字句。如果 V_1 与 NP_2 之间的动宾关系是一种常规的隐含，那么这个句子就可以不用重动句前小句表明这种语义关系，整个句子可以以非重动句形式的“得”字句出现，但我们仍然不能将 V_1 分析为及物动词。这样，这类句子的事件结构应该是上面的 b 式而不是 a 式。从词汇规则的角度来看，“V 得”同动词的被动化操作、及物动词的不及物化、及物动词短语的作格化一样适用于我们在第四章论述的词汇削减规则——由及物性动词成分转换为不及物动词成分。

刘维群（1982）认为，重动句之所以产生，是由于现代汉语的宾语和补语一般都位于动词之后，而且在很多情况下都要求直接与动词结合，尤其是补语，通常是不允许被别的成分隔开的。因此，当一个动词同时带有宾语和补语时，就常常将这一动词重复使用一次，让宾语和补语都能够直接跟在动词后，这样就形成了重动句格式。徐枢（1985）、石毓智、李讷（2001）也持同样的主张，这在汉语语法学界已成公认。但关键是重动句的前成分即“NP+V+O”的句法地位问题分歧较大，有“状语说”“连动式说”“主谓短语做主语说”“主谓谓语说”等，较近的研究如 Huang（1992）将其处理为附加语（adjunct），而熊仲儒（2003）将其处理为致事动词短语的指示语。句法地位我们暂且不谈，从语义上看，一般认为重动句的补语部分是句子的语义重心，而“NP+V+O”部分的动词 V 表意功能弱化。刘维群（1982）认为这一部分的主要作用是适应汉语结构的需要，把宾语引入重动句中来。项开喜（1997）参照沈家煊（1995）将重动句前结构定位为无界的背景信息无疑是正确的。在此基础上，我们进一步认为，重动“得”字句的“NP+V+O”部分中的V起的是引介宾语、标引语法关系的作用。既然及物性关系已得到表明和引介，那么，“V得”是否还是及物性的就值得重新考虑了。

郭锐（2000）区分了词性的层面，他把对应于内在表述功能的词性叫作词汇层面的词性，而把对应于外在表述功能的词性叫作句法层面的词性：“词汇层面的词性就是词语固有的词性，需要在词库中标明；句法层面的词性是词语在使用中产生的，需要由句法规则控制。两个层面的词性一般情况下一致，个别情况下不一致。”他从这个角度来说明动名词的产生。实际上这种词性的变化不仅仅体现在不同词类之间的变化上，同一词类的动词又分为及物和不及物两个次类，在词性不变的情况下，次类之间也可以互相转化，例如我们在第四章讨论过的关系削减规则，这个规则使得及物动词转化为不及物动词。而根据关系扩展规则，我们在第四章也发现，及物动词也可以扩展为双及物动词（双宾动词）。这些变化不是跨词类的，而是在同一词类中次类之间的转化。转换生成语法的轻动词分析方案的结论是“词汇性谓词加了‘谓词结果’义的‘得’后谓词会出现减元化现象，‘V得’相当于一元谓词，一般构成一个不及物性非宾格结构”(张璐，2003)，这种对句子自上而下的分析与我们自下而上的组合性生成方式得出的结论是一致的。

2.3.2.3　二事件“得”字句的“得”后成分

重动句的前小句表达的是背景信息，及物动词V_1的及物性在这一部分得到表达，而带有黏着后缀“得”的动词性成分“V_1得”是不及物动词。在这样的“得”字句中，尽管NP_2在语义上与V_1是动宾关系，但在句法处理上不可能是“V_1得”的宾语或者兼语。这样，我们只能认定“得”后成分是小句补语或者主谓短语补足语，徐枢（1985）就采取了这种观点，他认为“当结构和语义不相一致的时候，应以结构为标准”，另外，也是为了“尽量避免出现成分间不相连续的情况”。持这种见解的人认为，“他哭得肩膀抖动”与“你逼得爹没有一点路可走了”本质是相同的，尽管后者“爹”是逼的对象而前者“肩膀”不是“哭”的对象。我们的分析说明，这种分析方法并不是在“结构和语义不相一致的时候”的权宜之计，而是句法和语义相对应的。表达二事件单层致使关系的“得”字句中句法结构以连续的形态提供了语义的组合性解释，因此，不是非连续 TVP 结构，其“V_1 得 +NP_2+VP_2”是连续状态的不及物动词短语 IVP。

2.3.2.4 IVP“得”字句结果事件的离散化

我们在第七章 § 5.1 中已论证了，当 V_1 为及物动词并且与 VP_2 有 VR 形式时，这种 VR 不能用组合式述补结构“V 得……R”来表达，但一种例外的情况是，当 VP_2 带状语或者重叠时，这种转换却可以进行，例如：

他砸碎了玻璃。→ * 他砸得玻璃（都）碎了。→他砸得玻璃粉碎。

他洗干净了衣服。→ * 他洗得衣服（都）干净了。→他洗得衣服干干净净的。

他摇醒了赵英。→ * 他摇得赵英（都）醒了。→他摇得赵英一下子就醒了。

原因是如果两个动词结构有 VR 形式，那么二者就只存在直接致使关系，并且结果是唯一的，与“得”字句的弱致使义不吻合，因而不成立。而当 VP_2 前有状语或重叠时，此时结果范畴被离散化，成为离散的范畴，结果就不再是唯一的或者单一的，因而能够进入“得”字句，例如：

张三打得李四到处跑。（* 张三打得李四跑。张三打跑了李四。）

张三摔得桌子支离破碎。（* 张三摔得桌子碎。张三摔碎了桌子。）

张三擦得地板能照见人影。（*张三擦得地板干净。张三擦干净了地板。）

许多研究者论述了“得”字补语句必须是复杂形态的 VC 结构，其实是复杂形态使得结果范畴离散化而满足其句式义要求，这是真正的语义方面的原因。这个结论有两种例外情况，一种例外的情况是 NP_2 为及物动词 V_1 的工具

类斜格宾语或者 NP_1 与 NP_2 有领属关系时，VP_2 可以没有状语等附加成分，并能够被动化，例如：

张三哭得嗓子（都）哑了。（张三的嗓子被哭哑了。）

我笑得肚子疼。（我的肚子都被笑疼了。）

斧子用得断了把儿。（斧子把儿被用断了。）

另一种情况是 V_1 为及物动词，NP_2 为 V_1 的受事并且 V_1 在语义上蕴涵 VP_2 时，例如：

你逼得爹无路可走了。

他劝得我有点儿动心了。

他说得我不好意思了。

这类 V_1 以致使动词（兼语动词）居多。

除以上两种情形之外，即使 V_1 为及物动词，NP_2 在语义上也只能优先理解为 V_1 的斜格宾语，即受影响的成分，也就是说 V_1 的动作不直接作用于 NP_2。这种情况可以使用重动句形式，例如：

他唱得我很烦。→他唱歌唱得我很烦。

他打得我很生气。→他打孩子打得我很生气。

他学得我都觉得累。→他学英语学得我都觉得累。

张三骂得李四很烦。→张三骂孩子骂得李四很烦。

需要注意的是，这类句子即使能变成被动句，其语义也发生了变化，使得斜格宾语变为直接宾语了。如："李四被张三骂得很烦"蕴涵着"张三骂李四"，那么语义就改变了。实际上这个被动句是重动句"张三骂李四骂得李四很烦"的被动形式。

2.4 TVP"得"字句与 IVP"得"字句的分野

我们可以这样总结上面的分析：表达二事件单层致使关系的"得"字句，其线性句法关系与其成分之间的语义组合性相吻合，其谓语部分不是非连续

TVP 结构，而是不及物性的 IVP 结构（intransitive verb phrase）。相应的，表达三事件双重致使关系的“得”字句是 IVP“得”字句的致使形式，是一种非连续的及物动词短语 TVP 构造。所有的 TVP 都来源于相应的 IVP 形式，非连续形式是获得致使义的手段，是一种句法致使。下面我们来论证这种三事件的“得”字句是非连续 TVP 结构。

3. 非连续 TVP“得”字句

3.1　句法组合性与语义组合性的对应

陆俭明（1992）曾以我们分析出的三事件双重致使关系的“得”字句为例讨论补语在结构分析上的困惑并提出这样一个问题：“得”后的 NP 是连后的还是中嵌的？他给出了两种不同的分析模式：

a.　气得　他　都没有吃饭　　　b.　气得　他　都没有吃饭

实际上 a 式分析是 IVP 结构分析方法，而 b 式分析是 TVP 结构分析方法。后一种分析模式将“得”后名词性成分“他”作为中嵌成分，这也就意味着将述补性动词短语分析为非连续结构。提出这种分析的可能性表明我国学者意识到这种“得”字补语句的非连续性质。

按照我们上文的分析，这类“得”字补语句同“使”字句和致使义“把”字结构一样，应该是一个非连续结构。只有这样，才能够表达“使……气得都没有吃饭”这一语义组合性质，在这种语义组合当中，“气得……都没有吃饭”必须被整合为一个事件成为“使”或者“把”的被使事件。具体地说，如果将这里的“V_1 得 $+NP_2+VP_2$”作为一个连续形态，那么这只能是一个 IVP 结构，

只能表达 V_1 与 VP_2 之间的单层致事关系，可以由词汇形式“使”或者致使性“把”字句表达的更大的致使关系则无从表达。为了体现这种更大的致使关系，只有在结构上将其分析为非连续的 TVP 结构，而两个动词（或形容词）之间的名词性成分 NP_2 则是这个 TVP 的宾语。这是句法组合性与语义组合性相对应这一根本原则的要求。

3.2 TVP“得”字句

根据上文论述我们发现，三事件“得”字句表达的双重致使关系是通过非连续形式这种句法手段表达出来的。按照句法与语义相对应的原则，我们也可以理解为非连续形态衍生出致使关系，这种“得”字句因此与 IVP“得”字句相区别。因此，从语义考察入手我们得出的结论是这类“得”字句必然是非连续 TVP 结构。

3.2.1 NP_2 的直接宾语特征

TVP“得”字句中的 NP_2 分别与 V_1 和 VP_2 都有语义关系，而且 NP_2 是两个动词性成分 V_1 和 VP_2 的施事或感事，但由于该句式的强致使的语义特点导致该施事成分失去了其作为施事的最典型的特征——自主性（或称自控性），V_1 和 VP_2 都成为一种不由自主、无法控制的行为，NP_2 成为被强加某个动作的客体，因而从语义上看具备做宾语的条件。TVP 分析方案中 NP_2 被分析为非连续及物动词短语“V_1 得……VP_2”的直接宾语，我们也能够看到，TVP“得”字句中的宾语 NP_2 具有直接宾语的特征。虽然这类句子的 NP_2 为感事或施事而没有相应的被动形态，但我们看到 NP_2 可以被“把”提取，也可以话题化。

3.2.2 宾语控制反身代词化

TVP 分析能够说明这类“得”字句的宾语控制特点—— VP_2 后面所带的反身代词与 NP_2 有照应关系，如果 VP_2 后另有 NP_3，那么 NP_3 与 NP_2 有领属关系，例如：

这首歌听得他忘记了自己所有的烦恼。

高兴得他直咬自己的手。

痛苦得他掉了三斤肉。

3.2.3　TVP“得”字句的连续形态

我们已经提到，每个TVP“得”字结构都来源于相应的IVP“得”字结构这种连续形态，前者是后者的致使形式。李临定（1986）中的第3类和5类例句中的$名_{施}$都可以前移，形成IVP，“V_1得”与VP_2也同样形成了连续形态，例如：

人们吃豌豆吃得腿发软。

我听这番话听得凄然又怵然。

小伙子疼得直流汗。

五婶累得直喘气。

我高兴得一夜没睡着。

尽管二者能够互相转换，但它们的语义特征并不完全相同。

3.2.4　内包操作

对于非连续TVP结构的处理同样需要内包规则把“V_1得……VP_2”和宾语NP_2联结起来，具体操作方式如下：

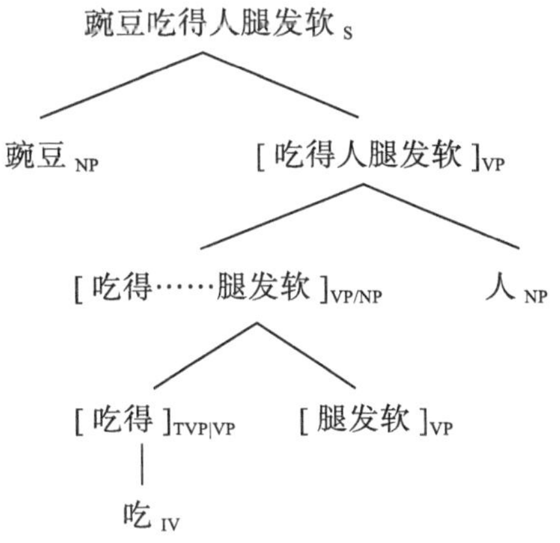

虽然没有直接提出“V_1 得”与 VP_2 是非连续结构而 NP_2 是该非连续结构的宾语这样的提法，但是李临定（1963、1986）已经十分明确地提出：“这种句型的特点是，‘得’后有一个名$_{受}$，这个成分不只是和前段动词（或形容词）发生关系的，而是和前段加后段这个组合发生关系，也就是说它是一个插在中间的成分……就是说‘得’后边的这个名$_{受}$是和前段加后段这个组合发生关系的，因此它才可以用‘把’提前。”在那个时期的相关研究中，李临定对于 NP_2 的句法定位显得格外与众不同。按照我们的分析，这种论断对 TVP “得”字句来说的确是适用的，但不适用于 IVP “得”字句，因而概括过宽。

同样提出 NP_2 是非连续结构“V_1 得……VP_2”宾语的是 Shyu（1990），她将“张三哭得很伤心”处理为连续性的 IVP “得”字结构，而将“张三哭得李四很伤心”处理为非连续的 TVP 结构。按照我们的分析，第二个句子同第一个句子一样是连续性的 IVP “得”字结构，她显然没有注意到非连续结构与致使语义之间的对应关系——句法形式上的变异必然导致语义解释的差别，如果语义上没有变化，那么句法结构上的非连续处理是没有必要的，也是不准确的。

4. IVP“得”字句与 TVP“得”字句的歧义及语义差别

4.1 IVP “得”字句与 TVP “得”字句的歧义

朱德熙曾指出“这孩子追得我直喘气”有三种不同的理解：

A. 追孩子，我喘气

B. 孩子追我，我喘气

C. 孩子追我，孩子喘气

Li（1988）认为相同格式的句子只有两种歧义：

友友追得滔滔抬不动腿

A. 滔滔追友友，滔滔抬不动腿

B. 友友追滔滔，滔滔抬不动腿

C.* 友友追滔滔，友友抬不动腿

以上两个句子确实是歧义的——其中的“V_1 得……VP_2”既可以做 IVP 结构理解，又可做 TVP 结构理解。作为 TVP 结构，这两个句子的意思为 A，即“这孩子使得我追得直喘气”和“友友使得滔滔追得抬不动腿”；作 IVP 理解时，这两个句子恢复重动句为“孩子追我追得我直喘气”和“友友追滔滔追得滔滔抬不动腿”，而意义 C 在这两个句子的歧义解读中是不存在的，该意义的表达方式是“孩子追我追得直喘气”和“友友追滔滔追得抬不动腿”。在 TVP 解读中，NP_2 既是 V_1 的施事成分（或感事成分）又是 VP_2 的施事成分（或感事成分）；在 IVP 解读中，NP_2 为 V_1 的受事成分，同时也是 VP_2 的施事成分，不可能既是 V_1 的施事成分又是 VP_2 的施事成分。如果 NP_1 既是 V_1 的施事成分又是 VP_2 的施事成分，那么只能也必须采用“NP_1+V_1+NP_2+V_1 得 +VP_2”这种重动句的形式表达。

IVP“得”字句与 TVP“得”字句可能造成的歧义还表现在相应的“把”字句上。我们的问题是诸如下面的这些“把”字句是从 IVP“得”字句转换来的还是从 TVP“得”字句转换来的，例如：

把他高兴得跳了起来。

把他吃得肥头大耳的。

把我愁得头发都白了。

这组“把”字句可能是由 TVP“得”字句转换来的，也可能是由 IVP“得”字句转换来的，例如：

高兴得他跳了起来。 吃得他肥头大耳的。 愁得我头发都白了。	} TVP“得”字句

他高兴得跳了起来。
他吃得肥头大耳的。 } IVP“得”字句
我愁得头发都白了。

按照我们的分析，TVP“得”字句中的NP_2是非连续TVP动词短语“V_1得……VP_2”的直接宾语，因此，致使义“把”字句显然是对这一宾语的提取。也就是说致使义“把”字句是由TVP“得”字句转换而来的。如果假设致使义“把”字句是由IVP“得”字句转换而来，那么转换手段就只能是句首添加“把”字，但我们知道“把”字句并不是通过添加“把”字而形成的，因此致使义“把”字句不是由IVP“得”字句转换而来。

当然，“把”字句本身就是一个非连续TVP结构，正如上文所说的“把”后NP是“把……VR”的宾语，其中“VR”包括“V得”形式。当然我们也仍然可以认为“把”的作用是将宾语提前了。根据上面的例句分析，我们发现其实致使义“把”字句与TVP“得”字句相对应，并且是通过“把”将这类TVP结构中的宾语提前了。那么我们就得出这样一个结论：实际上致使义“把”字句后面的NP虽然是施事成分，但仍然是宾语，所以在这里“把”的作用仍然是“提宾”，这与处置式是一样的。在这里我们沿用了“提宾”的说法，所指是通过“把”字，宾语的位置发生了改变，但我们认为这种改变不是“把”单独能够完成的，而是通过“把”与VR构成非连续TVP结构，通过内包的操作方式使得宾语处于较之S—VR—O句式更为靠前的位置。

4.2 IVP“得”字句与TVP“得”字句的语义差别

TVP“得”字句有相应的IVP连续形式，即每个TVP结构“得”字句都可以转换成IVP形式，但反之则不然。转换必然导致语义的变化，传统语法对“转换”所下的经典定义是“转换一个句子是改变句子的语法形式而不改变句子的意义”。胡明扬（2000）指出：“这里的‘不改变句子的意义’应该理解为‘不改变句子的命题意义’，因为实际上语法形式方面的任何变化都会引起语

义内容不同性质和不同程度的变化，或者是语用方面的变化，或者是修辞方面的变化，等等，仅仅是命题意义基本上没有重大变化而已。”从朱德熙提出的“变换矩阵”中的“低层语义关系”和“高层语义关系”至今，这种观点已在汉语语法学界形成共识，这也是西方词汇主义的一个基本出发点。那么 IVP 与 TVP 形式之间存在着什么样的语义差别呢？

我们通过对下面这组例句的语义分析来说明三者之间的关系：

A. 把他吃得肥头大耳的。

B. 吃得他肥头大耳的。

C. 他吃得肥头大耳的。

以上三个例句代表了三种不同的句法形式：A 句是致使义“把”字句，B 句是 TVP“得”字句，C 句是 IVP“得”字句。C 句的动词是自主的，没有什么事件使得他去吃，而完全是一种可控的行为，“吃”的结果是导致自己“肥头大耳的”。B句表达某种事件、条件使得他“吃”并导致“肥头大耳”的结果，句中的动词“吃”具有不可控的特点。A 句则从“处置”(主观处置)的角度表达一种“迫使”性，用这种手段表达“他”“不得不吃”的处境，显然其语义强度要强于 B 句。这样我们就看到，这三种不同的句法结构在致使性强度上形成了一个连续统。

本章参考文献

Huang, C.-T. J. (1988) Wo Pao De Kuai and Chinese Phrase Structure. *Language* 64: 274-311.

Huang, C.-T. J. (1992) Complex Predicates in Control. In R. K. Larson, S. Iatridou, U. Lahiri, and J. Higginbotham (eds.), *Control and Grammar*, 109-147. Dordrecht: Kluwer Academic.

Li, Yen-hui Audrey (1998) Argument Determiner Phrases and Number Phrases. *Linguistic Inquiry* 29: 693-702.

Shyu, Shu-ing (1990) *Topics on a Categorial Theory of Chinese Syntax*. Ph.D. dissertation, Ohio State University.

Sun, Chaofen (1996) *Word-order Change and Grammaticalization in the History of Chinese*. Stanford: Stanford University Press.

范　晓（1987）V—R 及其所构成的句式 [A]，载《语言研究集刊》(1)[C]，上海：复旦大学出版社。

郭　锐（2000）表述功能的转化和“的”字的作用 [J],《当代语言学》第 1 期，37-52 页。

胡明扬（2000）基本句式和变式 [J],《汉语学习》第 1 期，1-5 页。

李临定（1963）带“得”字的补语句 [J],《中国语文》第 5 期，396-410 页。

李临定（1986）现代汉语句型 [M]，北京：商务印书馆。

刘维群（1982）论重动句的句法特点 [A]，原载《南开学报》第 2 期，载《现代汉语补语研究资料》[C]，北京：北京语言学院出版社。

陆俭明（1992）《现代汉语补语研究资料》序，载《现代汉语补语研究资料》[C]，北京：北京语言学院出版社。

沈家煊（1995）“有界”与“无界”[J],《中国语文》第 5 期，367-380 页。

沈　阳、何元建、顾　阳（2001）生成语法理论与汉语语法研究 [M]，哈尔滨：黑龙江教育出版社。

石毓智、李　讷（2001）汉语语法化的历程——形态句法发展的动因和机制 [M]，北京：北京大学出版社。

宋玉柱（1981）现代汉语语法论集 [M]，天津：天津人民出版社。

王　力（1943）中国现代语法 [M]，北京：商务印书馆。

王　力（1980）汉语史稿 [M]，北京：中华书局。

项开喜（1997）汉语重动句式的功能研究 [J],《中国语文》第 4 期，260-267 页。

熊仲儒（2003）现代汉语中的致使句式 [D]，北京语言大学博士学位论文。
徐 枢（1985）宾语和补语 [M]，哈尔滨：黑龙江人民出版社。
张 璐（2003）现代汉语“得”字补语句研究 [D]，北京大学博士学位论文。
张志公（1953）汉语语法常识 [M]，北京：中国青年出版社。
朱德熙（1982）语法讲义 [M]，北京：商务印书馆。

第九章　汉语 TVP 结构——兼语短语

在现代汉语动词谓语句中，兼语式一直被当作一种特殊的结构。王力（1943）把它叫作递系式，取“递相连系”之意。黎锦熙（1924）则注意到 NP 成分兼有主语和宾语两种资格，称之为“兼格”。赵元任（1952）正式提出 NP 兼任 VP_1 的宾语和 VP_2 的主语，开创了“兼语式”的提法。朱德熙（1985）则认为“兼语”之说不能成立，N 在语义上是 V_1 的受事和 V_2 的施事，但在结构形式上只做 V_1 的宾语，不做 V_2 的主语。在“连谓结构”中，有许多做谓语动词 V_1 宾语的名词 N 都可以与 V_2 构成各种语义关系，却不被看作“兼语”，所以也不必另设一类，因此他把“兼语式”也归入“连谓结构”。关于兼语式最新也是最全面的研究是邢欣（2004），她（1984、2004）从深层结构入手，假设 VP_2 前有一个与 NP_2 所指相同的空语类，通过这样的手段拆分 NP_2 的双重语法关系。

需要特别注意的是马庆株（1998）提出的“谓词性配价成分”这一概念，在如“派你到常熟城里采购嫁妆”这样的兼语句中，兼语动词后的 NP 和 VP 都是动词的直接配价成分，因此 VP 应该分析为宾语。这样一来，兼语格式就不宜再分析为兼语式，相应地，形成句子的词组、短语、结构也就不宜再分析为兼语词组、兼语短语、兼语结构了。马庆株（1998）对此有详细的论述：

> 其实这些格式都可以分析为远宾语是谓词性成分的双宾构造，其中充当远宾语的动词性成分各不相同。充当述语核心的“安排 / 放 / 通知 / 托付 / 约”一类的动词有控制义，在后面充当其宾语的动词性成分是内容宾语，可以是而且常常是表示没有实现的动作。充当述语核心的“报告 / 抱怨 / 表扬 / 称赞 / 批评”一类的动词表示态度和言语行为，在后面充当宾

语的动词性成分则表示已经实现的动作或者变化，这些动词性成分（如：报告派出所丢了自行车）是粘附性的，不能单独成句；表示态度和言语行为的动词后面充当宾语的动词性成分中动词范围很大。

兼语动词的“谓词性配价成分”这一概念的提出直接体现了兼语式中 VP_1 与 VP_2 之间直接而紧密的语义关系，为我们对兼语结构的非连续 TVP 分析提供了支持和佐证。

按照前人研究的惯例，我们在下文的讨论中将兼语句公式化为：$NP_1+VP_1+NP_2+VP_2$。

1. 兼语句在语法分析上存在的问题

1.1 兼语式分析面临的困境

兼语式之所以成为汉语语法研究中一个难处理的问题，其原因在于 NP_2 与两个 VP 之间是一种非线性关系或者说是一种重叠式关系。如果采用中心词分析法，则难于找到一个中心词，如果两部分被分析成两个动词中心词构成的复杂谓语，这与中心词分析法的基本观点相左；而如果采用直接成分分析法，兼语结构无法二分。按照目前对兼语句的研究，即使两个动词都做谓语，两者处于同一层次，却不具备直接成分的关系，两者之间的关系无法确定，还是解决不了问题。正如伍铁平（1981）所说，“汉语中的连动式和兼语式都有双边关系”，“对这种结构硬要按照直接成分的方法逐次进行对切，必然破坏它的双边关系，将人们引入歧途”。

总结前人的研究，我们觉得兼语式面临的困境主要集中在两点：首先，兼语句的句法分析，也就是如何把兼语的句法分析与其双重语义身份对应起来，不割裂其“双边关系”；其次，VP_1 与 VP_2 之间的语义关系和句法关系，二者是否真如人们所说的不具备直接成分关系。

1.2 关于兼语式的“空代词”分析

邢欣（2004）以专著的形式对兼语式问题进行了深入的研究，其核心思想是提出空代词理论来解决兼语式研究中的一系列问题。她认为兼语式当中的 NP_2 与 VP_2 之间存在一个空代词 e，如下面的例句：

张三让李四 e 来。

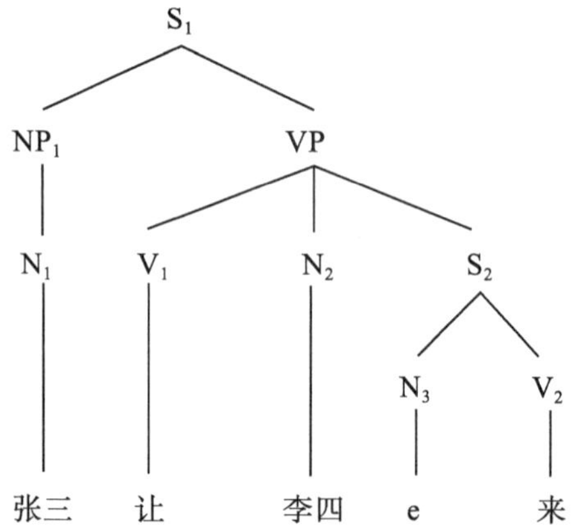

这种分析的好处是使我们摆脱了 NP_2 双重身份的困扰，在转换生成语法理论的框架内如作者所说也符合题元角色理论的规定，她将空代词 e 当作 PRO 对待这也是没有错的，但是这种分析毕竟不够精细——我们看到树形图中 VP 不是理想的双分支结构而是三分支结构。其实转换生成语法早已将兼语动词处理为轻动词，这样做既能保持双分支结构，又能很好地说明兼语动词的致使性质及宾语控制特征。另外，空代词 e 的出现使得上面这个兼语句表达的致使事件出现了三个参与者“张三”“李四”和“e”，这是有悖我们的直觉的。

正如我们在第三章中介绍的，不管采用什么样的方式，转换生成语法约束和控制理论的提出就是为了解决照应等语义解释问题。这种理论实际上是把语义解释转向表层结构的具体体现，使得语义介入到句法分析当中来。我们知道转换生成语法的特点是句法的自治性，也就是用发达的句法学减轻语义学的任务，即用句法手段的方式说明语义方面的内容，但是这样做往往使得句法结构层次过多，因此我们也称其为多层次或者多策略的分析方案。显然，为了说明语义内容，句法分析就被复杂化了，我们认为语义性质的空代词的介入反而破坏了句法的完整性，因而这种分析方法有待商榷。

范畴语法认为，句子的表层结构完全可以作为语音形式与语义组合的接口。这也就是说，尽管语言表达的表层结构形式在所有的语言当中都被批评为在表义层面是无序的、难以把握的，但是我们还是相信，从表层结构能够直接构建一致的语义表达，而不需要任何中间层次的介入。所谓范畴语法是单一层次的语法或者单一策略的语法说的就是这一点。按照这种理论，句法纳入了语音结构而语义纳入了信息结构，二者之间的关系正是 Bach（1976）所提出的规则对规则的原则。也就是说，每一条句法规则都有一个相应的语义解释规则。因此从范畴语法的角度我们认为表层结构（或者“谓词—论元”结构）完全能够提供语义解释，而不必借助空代词之类的形式。以下我们要证明兼语式是一种典型的非连续 TVP 结构并给以句法和语义相对应的分析。

2.　兼语句的分类

2.1　致使与役使

Dowty（1982）把致使结构分为两类来描述，一类是致使结构（factitive construction），另一类是迂回的致使结构（periphrastic causative），实际上我们可以将其理解为直接的致使结构和间接的致使结构。二者的主要区别体现在语义表达式中是抽象动词 BECOME 的有无，也就是说是否一定能够导致某种结果的发生。正如邹崇理（1995）（邹崇理翻译为“役使”，我们认为“役使”与“致使”有不同的语义特点，因此翻译为“致使”）所理解的那样，间接致使表达的致使行为不知最终能否获得结果。直接致使结构的补足语是形容词（如：John hammered the metal flat）或者名词（如：Mary appointed Bill chairman），而间接致使结构的补足语是动词性成分并且包含“中性”（neutral）致使动词 make、have、cause 的结构。需要注意的是间接致使结构还可以分为两类：光杆动词或动词短语做补足语的被称为引导型（directive）致使结构，而其他动词类型做补足语的不是。例如：

Mary had John visit her every day.

Mary had John visiting her every day.

第一个例句表示 Mary 命令 John 每天来看她（但 John 来不来不能肯定），而第二个例句所表达的役使手段是十分含蓄和间接的。光杆动词或动词短语补足语结构中的直接宾语一定是有感知的个体（sentient being），一般都是人，而非光杆动词致使结构则没有这个限制。由于引导型致使结构的 NP_2 一般为人，且其致使动词都是自主性动词并有“命令”“差遣”“致使”“役使”的意味，因此我们将其称为役使动词。

2.2 役使类兼语式与致使类兼语式

带有使令意义的动词一般被分为两小类（如李临定，1986）：a.单纯使令义；b. 多义使令义。而前者一般指“使、令、让、叫”四个动词，我们认为还可以加上“要”。所谓“单纯”与“多义”完全是从词汇意义出发而并没有考虑到句式义的特点。

我们在这里对使令动词的分类实际上依据句式义或者说是词汇蕴涵义的特征，分类的标准是：该使令动词是否一定能够导致某种结果出现。我们发现，从这个角度出发，只表“致使义”的使令动词只有“使、令”两个及“致使、导致”等双音节使令动词，相应的兼语式也叫作致使义兼语式；“要”和多义使令动词全部表示役使，相应的兼语式可以叫作役使义兼语式；“让、叫”既可以构成致使义兼语式也可以构成役使义兼语式。邓守信（1994）区分了“让$_1$”与“让$_2$”，但分别对应于“施事$_1$授权施事$_2$从事某事”和“施事$_1$对施事$_2$的意愿让步”，这只是对役使义“让”的再分类而并不是致使义“让”和役使义

“让”的分类。以下我们分别讨论“致使”与“役使”两种不同的兼语式。

2.2.1 致使义兼语式

只能表达致使义的兼语动词 V_1（即兼语式中的第一个动词）有“使、令”，“叫、让”也能表达致使义。孟琮等（1987）认为“第一个动词带有使令意义，第二个动词是第一个动词引起的结果”，准确地说这实际上概括的是致使义兼语式的语义特点而不是役使义兼语式的语义特点。致使义兼语式的语义特征是 V_1 使得 N_2 处于某种状态 V_2，而 V_2 是不可控的。V_2 为形容词、心理动词或其他形容词性质的成语性表达，因而 V_1 的范畴是：$P_{TV/ADJ}$。其致使关系应该用 CAUSE BECOME 来表达，语义公式是：

$$\lambda P\lambda x\{\hat{y}[\$Q[Q\{x\}CAUSE\ BECOME\ P\{y\}]]\}$$

其中致使义兼语动词用 Q 来表达，需要注意的是 Q 并未直接作用于 y 即 N_2 之上，而 P 表达状态性 V_2。这个公式的意思是：存在一个谓词 Q，其论元为 x，x 通过 Q 的方式使得 y 转变为某种状态。比如“我让他很生气”，按照语义公式的解释是：我通过某种行为或动作方式使得他转变为生气的状态。这种行为或动作方式必然存在，但句子中没有体现出来。我们也可以把它补出来，比如“我在房间里抽烟让他很生气”，可以说，致使义兼语句中的主语是一个事件性成分。我们再来看下面的例句：

她让我非常着迷。

她让我很紧张。

这个孩子真令人头疼。

他使我非常生气。

进入 V_2 位置的动词具有不可控的特征，例如：

他的暴躁使好几个女孩儿离开了他。

他的精彩表演让很多观众都哭了。

那碗面叫他吃了一头汗。

那个实验叫他做了整整一个晚上。

那篇文章让他改了一个下午。

需要注意的是，致使义兼语动词不能带体貌成分，上面一个句子末尾的“了”是 V_2 所带的时体成分。

由于 V_2 的不可控性，使得带有表达不可控性质的双重否定形式“不得不、不能不”等动词短语也能够进入 V_2 的位置，例如：

他的幽默滑稽使人不能不笑。

他的诚恳让我不能不帮助他。

2.2.2 役使义兼语式

役使义兼语式是由使令动词“让、叫、要”或者多义使令动词做 V_1、V_2 为动词短语的兼语结构。这种句式的语义特点是兼语动词 V_1 并不必然导致某种结果 V_2 的发生，例如：

我让张三来了。（但是张三可能不来。）

他派老张去修电脑了。（但是老张可能没有去。）

我催他快点走。（但是可能他还是走得很慢。）

上面我们之所以选择了两个句尾带时体成分“了”的例句是为了说明即使句尾带“了”也不一定表示达成了结果，“我让张三来了”仍然不能表达张三确实来了。VP_2 所表达的不是一种结果，而是 Searle（1989）所说的“满足性条件”（conditions of satisfaction）——只有 V_2 得以实现才能够满足 V_1 所表达的“祈使”言语行为。

石毓智、李讷（2001）等通过语法化考察论证了连动式、兼语式的 V_1 有弱化的倾向，不能带时体成分，邢欣（2004）更明确提出框架的一体性对 V_1 的定类有一定影响，使 V_1 体貌特征弱化甚至消失而强化 V_1 的[+致使]语义特征。框架的整体性对 V_2 的时态性有所限制，限制 V_2 为非时态动词但允许 V_2 后带有表示体貌信息的词语，以此体现框架的有界、无界性。但是从例句的情况来看，句尾“了”只是表达役使行为已然发生，而并不能确定结果已经达成，因此与 V_1 有更为密切的关系。如果需要强调结果确已发生，一般使用“把”字句。役使义兼语式的这种语义特点、V_1 与 V_2 之间的语义关系只能用抽象动词 CAUSE 来表达而不能用 CAUSE BECOME：

$$\lambda P \lambda x\{\hat{y}[[\text{役使}'_*(x,y)\text{CAUSE } P\{y\}]]\}$$

N_1 与 N_2 的关系我们直接用“役使”来表达，这种“役使”作用使得 y 即 N_2 做某事 P，因为没有抽象动词 BECOME，因而不能保证动作 P 确实发生。由于 V_2 只能是动词，因而役使义兼语动词的范畴是：$P_{TV/IV}$。

2.2.3　逆序兼语式

我们所说的“逆序兼语式”是指兼语动词为心理动词的句子（胡裕树、范晓，1995；范晓，1998；游汝杰，2002）。一般认为这种句子的 V_1 不含致使义，并且 V_2 的出现并不是 V_1 的结果。这类动词的典型例句是：

我喜欢他老实。

我嫌他慢。

如果从事件结构分析入手，我们发现这类句子蕴涵着致使义，但却是一种逆向关系，即结果事件在前，致使事件在后，呈现一种逆序关系：

结果事件（我喜欢他）←致使事件（他老实）

因此可以说这是一种逆序致使事件。实际上李临定（1986）已经指出，这类句子的 V_1 和 V_2 之间有一种因果关系，例如：

他原谅我小 = 他原谅我 + 因为我小

从分类上看，这类兼语句属于致使义兼语句，原因是表达结果的心理动词 V_1 具有不可控的特点。

3.　兼语式的 TVP 分析

从两类兼语式的语义公式我们可以看到，它们表达的都是双重事件结构——致使事件（或起因事件）和结果事件，而概念整合使得这两个有致使关系的事件整合为一个综合事件，这个综合事件的参与者是NP_1和NP_2。马庆株（1998）将VP_2分析为VP_1的远宾语也就是直接宾语——第一配价成分，也正是这种事件整合的反映。同时，致使义兼语动词“使、令”的抽象意义很难让我们将NP_2分析为它的第一配价成分，倒是与VP_2的语义关系更为直接。从这种事件语义结构出发，加上句法上NP_2是典型的兼语，因此我们完全可以将汉语兼语句分析为一种典型的TVP结构。这样的分析既能充分、准确地表达兼语句的语义特点，又能解释兼语动词宾语控制的特性，同时也能够解决句法分析上的尴尬。以下我们来考察TVP方案下将NP_2处理为非连续及物动词“VP_1……VP_2”的直接宾语的合理性。

3.1 NP_2的直接宾语特征

NP_2能够话题化，并且一般在原位置有一个占位代词与其同指，特别是VP_1和VP_2没有连用形式的情况下，例如：

李四，张三劝他考研究生。

李四，张三派他去修理机器了。

张三，李四喜欢他老实。

这个地方我嫌脏。

兼语句是否有相应的“被”字句和“把”字句一般取决于VP_1，VP_1是反映主体（即NP_1）动作性强的致使动词时一般有相应的“把”字句和“被”字句；如果VP_1是纯致使概念动词如“使、令”或者表达致使义的“叫、让”则没有相应的“把”“被”转换形式，也就是说致使义兼语句不能转换成“把”字句和“被”字句，例如：

他被派到北京大学进修英语。

他被逼出家了。

他被推举为这个选区的候选人。

*他被让玩电子游戏了。

* 这件事把他使生气。

逆序兼语句由于 VP_1 是心理动词，因而没有相应的“把”字句与“被”字句形式。

3.2　VP_1 与 VP_2 的连续形态

兼语式的 VP_1 与 VP_2 连用的形式很多，甚至成为一种造词方式，这就涉及兼语省略的问题。一般说来，兼语是不能省略的，但戚晓杰（1996）总结了大量兼语省略的情况，这种省略只发生在兼语前动词即 VP_1 含有使令意义的兼语句中。兼语的省略有以下三种情况：

1）语句用于言传他人对言谈者自己或自己一方施加影响，兼语所指为交谈主体的第一人称，例如：

老郭叫（我）问问你能不能参加。

你得请（我）吃一顿。你爸爸让（我）用吗？

2）语句用于陈述他人对第三者施加影响，兼语所指为表示第三者的第三人称，例如：

王光明叫（他们）等一等。

接着又让（他）讲武松打虎。

3）语句用于表述某一事件使某一处所产生存现变化，兼语为表示处所的词语，例如：

促使产生出经纪人、买办等。

从构词角度看，有的词内部结构也是通过兼语的省略而构成的。任学良（1987）论述“兼语式”造词法时指出：“句子格式有兼语式，构词形式也有，如‘讨人嫌’就是例子（‘人’是兼语）。不过，兼语式的词就一般情况来看，‘兼语’并不出现，而是隐含着的，只有仔细分析才能看出来。如‘讨嫌、讨厌、召见、召集、召开、引见、请示、逼供、劝进、诱降’。”词内部兼语的省略，从另一方面看，它也印证了句子内部可以存有兼语省略的可能性。

史有为（1992）也注意到这样的现象，并指出下面的例子用兼语很难得出完满解释：

在企业整顿验收中，（机电一局）不再请吃高标准客饭。

（《文汇报》1983–11–14）

在现在，上帝请吃糖果的事，是当然无人相信了。（鲁迅）

老师让买白球鞋。（电影《人到中年》）

（史有为，1992 例）

这种现象恰恰说明了VP_1与VP_2在语义上具有连贯性或者说是直接组合性，是一个非连续 TVP 构造，而作为宾语的 NP_2 有时是可以省略的。

4. TVP 分析对兼语句中反身代词长距离约束的解释

汉语反身代词“自己”的约束是一个十分棘手的问题，在兼语式中，这个问题也是比较复杂的。请看下面的例子：

张三让李四洗洗自己的衣服。

张三命令李四打自己两下。

张三让李四住在自己的房间。

张三劝李四回自己的宿舍。

张三催李四寄回自己的简历。

上面的例句都是有歧义的，其照应对象可能是宾语李四，也可能是主语张三，后者就是所谓汉语反身代词长距离约束（long-distance binding）。在分类的基础上我们再回过头来讨论兼语式的反身代词约束问题。

汉语中的“自己”的分布和指称与英语等西方语言中的反身代词有许多不同。它除了可以接受长距离约束外，在寻求先行语时还表现出英语反身代词回指时所不具有的主语倾向（subject-orientation），再加上影响“自己”进行长距离约束的阻断效应（blocking effect）的存在，使“自己”的约束问题成了一个剪不断理还乱的难题。程工（1994）等人从历时角度挖掘“自己”的异质性来解决问题，而其他学者如胡建华（1998）等则区分了照应语“自己”和语内传递语“自己”，指出“自己”的长距离约束现象是一种述谓结构扩展的结果，并认为如果述谓结构能够得以顺利扩展，“自己”就成了一个语内传递语，而语内传递语与约束理论毫无关系，因此它并不对乔姆斯基的约束原则构成反例。

上文中我们看到汉语兼语式当中确实存在着反身代词的长距离约束，应该说这种现象看起来似乎和我们的非连续结构分析是相违背的，因为我们的 TVP 方案要求宾语激发反身代词化而不是主语，因此，从 TVP 分析的角度，我们必须对反身代词的长距离约束问题进行考察并提出解释。

4.1　致使义兼语句中的反身代词照应

在对兼语句进行分类的基础上，我们发现在致使义兼语句中只存在反身代词的域内约束，而没有长距离约束的情形，例如：

张三的话使李四想到自己的处境。

赵英的眼泪令李四非常痛恨自己。

张三的事迹让每个人都会反思自己的行为。

这一结果与 TVP 结构的“宾语激发反身代词化”论断完全吻合。这样，我们可以说，兼语句中的反身代词的长距离约束问题只局限在役使义兼语句当中。

4.2　役使义兼语句中的反身代词照应

从 V_1 的角度看，致使义兼语句中的 V_1 已经高度抽象化为一种致使的符号。与此相比，役使义兼语句的 V_1 保留了更多的动词语义特征，比如我们上文所说的致使兼语动词完全不能带时体成分，而役使义兼语句句尾的时体成分实际

上是和 V_1 而不是 V_2 有一定的呼应性。

反身代词的长距离照应（主语照应）似乎不利于我们对役使义兼语句进行TVP 分析。但是这种现象实际上恰恰反映了役使义兼语句作为非连续结构的语义特征，甚至可以说是非连续的句法结构特征造成了役使义兼语句中的反身代词的"长距离"约束现象。除反身代词化以外，根据 TVP 其他判定标准我们基本可以将兼语句判定为非连续结构，那么我们就可以对这种句子采用内包的方法进行分析。范畴语法对此的分析是采用内包的方法使得两个谓词性成分 VP_1 和 VP_2 首先结合，然后再把体词性成分 NP 内包进这个非连续的及物动词短语。至于两个谓词性成分组合的语法地位，范畴语法将这种形式定义为基本表达（basic expression）（再如 *He looked up it. He looked it up 等），从而与词相区分，这种结合属于形态操作，确切地说是词汇和句法的接口层面，也可以称为超级形态词。内包的方法是句法学和形态学共同分析的方法，也可以叫作共同分析，具体操作如下：

劝（（VP/W_NP）/VP）　　他（NP）　　离开（VP）

劝离开　VP/W_NP

劝离开　VP/NP　　他（NP）

劝他离开 VP

"劝"在范畴分配当中就注定要先与"离开"组成超级形态词，然后再把"他"内包进来。采用同样的方式，我们对包含反身代词的役使义兼语句做如下分析：

$NP_1+VP_1+NP_2+VP_2 \rightarrow [NP_1+（VP_1 \cdots\cdots VP_2）+NP_2]$

张三让李四洗洗自己的衣服→[张三+（让……洗洗自己的衣服）+李四]

从这种句子结构来看，这个句子的主语是"张三"，谓语动词是 TVP 短语"让……洗洗自己的衣服"，根据第一约束原则，"自己"为域内约束，因此与主语"张三"照应。但同时我们不得不注意到，在兼语句中，NP_2"李四"是TVP"让……洗洗自己的衣服"的宾语，但由于 NP_2 的兼语性质使得 NP_2 在

语义上是 VP_2 的主语。虽然李临定（1986）指出 N_2 不是 V_2 的主语，但是在形式和语义（施事是原型主语的语义特征）两方面确实构成了一个具有区域性（locality）的小句，也就是一个域：

[NP_2+VP_2]

[李四洗洗自己的衣服]

同样根据约束第一原则，反身代词“自己”指向了“李四”。由此可见，兼语句中的反身代词存在两个先行词的现象都在反身代词域内约束的原则下得到了解释，这就从兼语句的角度对汉语中是否真的存在所谓反身代词“长距离”约束提出了质疑。同时，我们的分析方法是基于范畴语法语言片段（fragment）的概念，也就是说动词短语可以首先和主语组合然后再和宾语组合，当动词短语先与主语组合时，产生所谓的“长距离约束现象”，当动词短语先与宾语组合时，就是域内照应。

上面的分析我们借用了转换生成语法的约束三原则的域内照应次则，这种做法在我们的非转换理论框架内似乎不妥，但其实是可以的。原因是 Steedman（2000）明确提出在“谓词—论元”内确定照应关系，这与转换生成语法的小句照应域的本质是基本相同的。不同点在于转换生成语法使用句法的概念，而范畴语法使用了句法—语义接口的概念。

4.3 兼语句中反身代词的长距离约束阻断效应

4.3.1 致使义兼语句中的阻断效应

虽然解释了役使义兼语句中反身代词的双先行语现象，但是我们还必须回过头来再考虑这样一个问题：为什么致使义兼语句中没有这种现象？例如：

张三的话使李四想到自己的处境。

赵英的眼泪令李四非常痛恨自己。

张三的事迹让每个人都会反思自己的行为。

从例句上看，致使义兼语句反身代词域内约束的原因与致使义兼语句的事件结构有关，这种兼语句的 V_1 前 NP 是事件名词而不是指人的名词性成分，自然在认知上阻断了与反身代词的照应关系。即使 N_1 是指人名词，也蕴涵着一个事件，例如：

他让我觉得自己很龌龊。

在这个例句当中致使者并不是“他”这个自然人，而是他的某些方面，如品行，或他做的一些事情，如热心助人等，因而是一个事件名词。这样致使义兼语句的事件结构是：

致使事件（N_1）—V_1（致使）→被使事件（N_2+V_2）

而役使义兼语句的事件结构是：

致使事件（N_1+V_1+N_2）→被使事件（N_2+V_2）

可见两种兼语句的事件结构是完全不同的。

基于上面的分析，我们发现，其实说“致使义兼语句中不存在反身代词的长距离照应”是比较片面的。从句法结构上讲，致使义兼语句在句法上具备了反身代词长距离照应的条件，但是其特殊的事件结构阻断了这种长距离照应，成为认知上的过滤器。致使义兼语句中 VP_2 后所带的反身代词只能与 NP_2 形成照应关系，这也是典型的 TVP 结构所具备的特征，也是我们判定 TVP 结构的基本标准之一。

4.3.2 役使义兼语句中的阻断效应

尽管在役使义兼语句当中发现了反身代词照应双先行词的现象，但是我们同时也注意到，这在役使义兼语句当中并不是普遍现象，这与汉语使用者对 V_1 动词语义的认知有关。尽管在句法分析上提供了反身代词双先行语的可能，但在语言认知上这种现象绝大部分被过滤掉了。虽然我们认为“张三让李四洗洗自己的衣服”“张三命令李四洗洗自己的衣服”“张三催李四洗洗自己的衣服”等这样的 V_1 为命令类、催逼类动词导致了这种现象，但很多因素会阻断这种“长距离约束”，比如在N_1的数的方面：我们让他洗洗自己的衣服；在N_2方面：他让电脑演示了一下自己设计的程序；V_1 方面：张三劝李四洗洗自己的衣服、张三派李四修修自己的电脑。可见，反身代词的双先行语现象在句法可能的前提下最终要经过认识的过滤。而在更为复杂的非连续嵌套结构当中可能会出现反身代词三个甚至更多先行语的情况，如“张三让李四告诉王五洗洗自己的衣服”。

以上分析表明，非连续 TVP 分析方案为兼语句的反身代词长距离照应现象的出现提供了句法解释，使得两种照应都在“域内照应”原则下得以解决，因而，我们完全没有必要像胡建华（1998）那样通过区分照应语“自己”和语内传递语“自己”来解决问题。

5. TVP 方案下的宾语小句中反身代词的“长距离约束”及阻断效应

正如程工（1998）所指出的那样:“80 年代以后，生成汉语研究随着原则与参数模型的诞生而相应进入了一个新的时期。其中对逻辑式性质和运行方式的研究占了很重要的地位，而汉语疑问词和汉语反身代词（主要是“自己”一词）构成了这一研究的中心。”其实主要针对“自己”一词进行分析的汉语指称约束关系的研究很早就开始了（如 Huang，1982），汉语反身代词的特殊性质——“长距离约束”是研究的中心问题。

由非连续 TVP 方案对反身代词“长距离照应”现象的解决我们想到这样一个问题：TVP 方案能否为兼语句以外的其他“长距离照应”现象提供解释呢？因此，本节我们并不是要证明小句宾语句是一种非连续 TVP 结构，而是为这类句子中的反身代词的长距离约束及阻断效应提供一种可行的解决方案。

5.1　内涵义小句宾语动词

反观这些研究中的例句，我们不难发现一个共同的特征：这些句子具有递归扩展性，而正是由于这种扩展使得反身代词“自己”的所指获得延伸。句子的扩展性是由小句宾语造成的，胡建华（1998）称之为主谓关系的扩展。我们不妨先观察从前人文献中搜集到的例句：

张三$_{i}$说李四$_{j}$知道王五$_{k}$常批评自己$_{i/j/k}$。

老王$_{i}$知道小李$_{j}$喜欢自己$_{i/j}$。

张三$_{i}$认为李四$_{j}$知道王五$_{k}$喜欢自己$_{i/j/k}$。

张三$_{i}$说自己$_{i}$是傻瓜。

我们不难发现 V_1 都是小句宾动词的次类，它们共同的语法特点是一般不能带体词性宾语，但是能带谓词性宾语和小句宾语。在语义上这些动词或者直接表达心理活动或估价、引述等意义，如“认为、希望、觉得”等；或者表示通过言语行为间接表达估价、引述等意义，如“说、告诉、宣布”等。实际上这种语义类型的动词具有共同的特点，在内涵语义学理论当中被称为内涵动词。方立（1993、1997、2000）及邹崇理（1995）等分别对该类动词进行过介绍。内涵动词最早由古希腊的斯多阿学派发现，提出了著名的“厄勒克拉特”悖论，弗雷格在语言表达式的分析中也涉及类似问题，提出“晨昏星推论”：

哥白尼知道晨星是一颗行星，

晨星与昏星为同一颗行星，

所以哥白尼知道昏星是一颗行星。

我们都知道这两个前提条件不能推出最后的结论，这是由内涵不同造成的。蒙塔古语义学发展了内涵语义学，很好地解决了这个问题。“知道”“认识”“相信”等动词涉及的宾语子句是内涵语境，而这类激发内涵语境的动词也被称为内涵动词。当然除这些例词以外汉语中还有“寻找”“探索”等内涵动词，但是我们要集中讨论的是能够激发反身代词“长距离约束”的这些例词。

5.2　长距离约束及阻断效应

5.2.1　长距离约束现象的产生

在 TVP 方案内，反身代词的长距离约束问题是基于内包操作解决的。以“老王 $_i$ 知道小李 $_j$ 喜欢自己 $_{i/j}$”为例：

a. 老王知道……喜欢自己。

b. 小李喜欢自己。

由 a 句知“自己”照应“老王”，由 b 句知“自己”照应“小李”。

5.2.2　长距离约束阻断效应的认知过滤

现在我们来考虑阻断效应。胡建华（1998）在最简方案的理论框架下分析反身代词的“长距离约束”，并从句法规则的角度来考虑阻断效应。我们无意评价这种方法的优劣，但是我们仍然坚持上文中的看法，即：反身代词的“长距离约束”首先要基于句法结构的可能性，然后再经过认知的过滤。除了上文指出了 N_1、V_1、N_2 的语义均可以阻断“自己”的“长距离约束”，比较受人关注的是代词“我”的阻断效应，例如：

张三知道我喜欢自己。

我知道张三喜欢自己。

不管“我”出现在 N_1 还是 N_2 的位置，“自己”都只照应 N_2 不会照应 N_1。而把“我”换成“他”，则反身代词的长距离约束现象就又恢复了。

胡建华（1998）认为，当“自己”被指派给结构上的宾格并且没有述谓结构的扩展（或者这一扩展被阻断）时，它便是照应语，并认为在汉语中只有宾语位置上的反身代词才是强制性的照应语，例如：

张三 $_i$ 说我 $_j$ 知道李四 $_k$ 常批评自己 $_{*i/*j/k}$。

上面这个例句述谓结构的扩展被阻断了，所以“自己”仍然是一个照应语。当述谓结构得到扩展时，照应语的特征就被减弱了，例如：

张三 $_i$ 说他 $_j$ 知道李四 $_k$ 常批评自己 $_{i/j/k}$。

我们认为，反身代词约束的认知性很强，从句法上我们可以得到一些解释，但同其他句法现象一样，反身代词约束在汉语中也是会出现歧义的，也许有句法上的解释，但转换生成语法也要从 LF 这样一个句法与语义接口的层面来解释，但同时我们也许可以直接从认知方面入手直接排除歧义。我们的探讨就从“我”与“他”的区别开始。

“我”代表了第一人称叙事体，而“他”则代表了第三人称叙事体。从叙事者与读者的关系上看，二者是合一的，第三人称叙事体决定了读者作为旁观者的地位，因而除了上下文语境以外，叙事者无法帮助读者排除歧义因素；而第一人称的叙事者则意味着读者既是旁观者又是小说中的主人公，对自我与他者的关系认知是十分确定而没有歧义的，所以在出现第一人称“我”的句子中，虽然反身代词从句法上讲有两指或多指的可能，但是第一人称自我认知的确定性使得其指向只能是唯一的，这是认知上的要求。但另一个问题是，在反身代词照应必须确定的前提下，为什么反身代词要选择 N_2 作为先行词？当然我们可以说这是域内照应原则决定的，但从范畴语法的角度我们还有如下解释：

> 按照我们的分析，作为非连续结构的 TVP 结构其谓语动词是“V……V_2”，作为宾语的 N_2 首先与这个 TVP 组合成 IVP，这个 IVP 再与 N_1 并联成为句子。从组合的次序来看，“自己”与最先组合的 NP 发生照应关系。这也是范畴语法自下而上的生成性所决定的。而转换生成语法是自上而下的，因而不适用这种解释。

通过上面的分析，我们认为反身代词的长距离照应现象是与非连续结构相关的一种认知过程。胡建华（1998）提出的“主谓关系的扩展”只有通过非连续结构这样的方式才能够简捷地得以实现。

本章参考文献

Bach, Emmon (1976) An Extension of Classical Transformational Grammar. In R. Saenz (ed.), *Problems of Linguistic Metatheory: Proceedings of the 1976 Conference at Michigan State University*, 183-224. Department of Linguistics, Michigan State University.

Dowty, David R. (1982) Grammatical Relations and Montague Grammar. In Pauline Jacobson and Geoffrey K. Pullum (eds.), *The Nature of Syntactic Representation*, 79-130. Dordrecht: D. Reidel Publishing Company.

Huang, C.-T. J. (1982) *Logical Relations in Chinese and the Theory of Grammar*. Ph.D. dissertation, MIT.

Searle, John R. (1989) How Performatives Work. *Linguistics and Philosophy* 12: 535-558.

Steedman, Mark (2000) *The Syntactic Process*. Cambridge, MA: A Bradford Book, The MIT Press.

程　工（1994）从汉语“自己”一词的历时性演变看新格赖斯主义语用照应理论 [J],《解放军外语学院学报》第 6 期，10-15 页。

程　工（1998）生成语法中的汉语研究：课题与问题 [J],《当代语言学》第 2 期，2-10 页。

邓守信（1994）汉语使成式的语义 [A]，载《功能主义与汉语语法》[C]，戴浩一、薛凤生主编，北京：北京语言学院出版社。

范　晓（1998）汉语的句子类型 [M]，太原：书海出版社。

方　立（1993）美国理论语言学研究 [M]，北京：北京语言学院出版社。

方　立（1997）数理语言学 [M]，北京：北京语言文化大学出版社。

方　立（2000）逻辑语义学 [M]，北京：北京语言文化大学出版社。

胡建华（1998）约束、述谓与特征核查——最简方案框架内的反身代词化研究 [J],《外国语》第 5 期，58-64 页。

胡裕树、范　晓主编（1995）动词研究 [M]，开封：河南大学出版社。
黎锦熙（1924）新著国语文法 [M]，北京：商务印书馆，1992 年版。
李临定（1986）现代汉语句型 [M]，北京：商务印书馆。
马庆株（1998）动词的直接配价和间接配价 [A]，载《现代汉语配价语法研究》第二辑 [C]，袁毓林、郭锐主编，北京：北京大学出版社。
孟　琮等（1987）动词用法词典 [M]，上海：上海辞书出版社。
戚晓杰（1996）谈兼语的省略及其条件限制 [J],《世界汉语教学》第 2 期，19-22 页。
任学良（1987）汉语造词法 [M]，北京：中国社会科学出版社。
石毓智、李　讷（2001）汉语语法化的历程——形态句法发展的动因和机制 [M]，北京：北京大学出版社。
史有为（1992）呼唤柔性——汉语语法探异 [M]，海口：海南出版社。
王　力（1943）中国现代语法 [M]，北京：商务印书馆。
伍铁平（1981）二分法和直接成分学说 [J],《现代英语研究》第 1 期，第 14 页。
邢　欣（1984）论兼语式的深层结构 [J],《新疆大学学报》第 1 期，105-114 页。
邢　欣（2004）现代汉语兼语式 [M]，北京：北京广播学院出版社。
游汝杰（2002）现代汉语兼语句的句法和语义特征 [J],《汉语学习》第 6 期，1-6 页。
赵元任（1952）北京口语语法 [M]，上海：开明书店。
朱德熙（1985）语法答问 [M]，北京：商务印书馆。
邹崇理（1995）逻辑、语言学和蒙太格语法 [M]，北京：社会科学文献出版社。

第十章　汉语 NCC 构造

范畴语法中的 NCC 是“non-constituent conjunction”的缩写，也就是非直接成分的联结。广义的 NCC 现象是由两个同序并且同构的小句（co-ordinations）在合并为一个句子的过程中造成的。按照其构成方式的不同又可以分为两种——缺口句（gapping）和狭义 NCC 句。本章重点介绍后者，但为了保持论述的完整性，我们对前者即缺口句做以简要介绍。

1. 缺口句现象

缺口句是 Ross（1970）提出的概念，表达的是这样一些结构，其底层结构是（1），表层结构是（2）：

（1）I ate fish, Bill ate rice, and Harry ate roast beef.

（2）I ate fish, Bill rice, and Harry roast beef.

从上面的例句我们不难看出缺口句是由于两个小句结构、语序相同，后小句通过缺失动词与前小句合并为一个句子。汉语中相应的例子如：

张三学英语（而）李四（是）法语、赵英（是）日语。

张三吃苹果（而）李四（是）香蕉。

张三养了一只宠物猫而李四是一条狗。

张三让李四写小说而王五是剧本。

张三星期三吃中餐（而）星期四（是）西餐。

可以看出汉语的缺口句通常是“而……是……”连接的一种紧缩复句，但遗憾的是紧缩句研究并没有把缺口句列入其中（如邢福义，1997；刘月华等，

2001 等）。对于后小句动词的缺失我们避免使用“省略”这种说法，一方面因为范畴语法认为“删除”是一种破坏性机制而予以回避；另一方面，范畴语法能够在不使用“省略”或“删除”的前提下很好地解决问题、成功地生成句子。

Oehrle（1987）认为这些句子与布尔代数（Boolean algebra）中的迪摩根定理（De Morgan’s Laws）有相同之处，对于缺口句的直接解释是有可能的。也就是说缺口句结构在句法上并不依赖相应的完整句的存在，在语义上的组合性质直接与布尔语义学相联系。

对于这种现象，范畴语法先后出现了三种处理方案（Oehrle，1987；Wood，1993；Steedman，1990、2000），其中 Steedman（1990）的方法是比较成功的。他的分析分为两步：第一步，第二个带有缺口（gap）的成分作为一个结构可能会有什么样的范畴，这一步需要顺向不和谐函数复合；第二步，在第一个完全句中找到有这样范畴的一个结构，这一步要运用分解操作，具体分解为什么样的范畴是视后小句的范畴而定的。

比如下面的句子我们要先使“Barry potatoes”成为一个单一的范畴，然后要在“Harry eats beans”中找到相同的范畴，这两个相同的范畴合一后再与其他范畴一起生成句子，如下所示：

第一步：

Harry eats beans, and　　Barry　　potatoes.

Conj　S/（S\NP）　（S\NP）\((S\NP）/NP））（宾语提升）

[S/（S\NP）] §　——————　B_X

[S\（(S\NP）/NP）]] §

第二步：

Harry eats beans,　　and Barry potatoes.

S　　[S\（(S\NP）/NP）] §

（S\NP）/NP　S\（(S\NP）/NP）（分解）　——————　（合一）

S\（(S\NP）/NP）

S

虽然操作是成功的，但这种复杂数学方法的运用导致的结果是心理现实性的缺失——这也是整个范畴语法理论体系多受诟病之处。

2. 狭义 NCC 结构与缺口句的区分

两个不是直接成分的甚至不是同一层次上的语符串连接成为一个 NCC 成分，这在范畴语法当中是被允许的，这也正是范畴语法的特征之一——突破了直接成分的概念而更注重可能的“语言片段”。CCG 以解决这方面的问题见长，但却没有区分缺口句与狭义 NCC 结构，也就是说，CCG 把这两种现象合并为广义的 NCC 结构。但实际上这种区分是十分必要的。Hudson（1982）列举了很多理由认为缺口句和 NCC 不是一样的语法过程，他列举的 NCC 的例子有：

John eats rice quickly and beans slowly.

Mary eats beans on Tuesday and rice on Thursday.

John gave a book to Bill and a record to Max.

Mary gave Susan a book on Monday and Alice a record on Tuesday.

John persuaded Bill to write a book and Max to write a play.

Mary painted the chair red and the table blue.

我们知道，缺口句必然与它前面的一个严谨的表达（formal register）相联系，并以此获得语义解释，而 NCC 则在各种表达中都是十分自然的，而且大多数人都同意，缺口句有明显的韵律特征而 NCC 则不然。NCC 结构的处理方式如下：

John saw Mary yesterday and Bill today.

e tv vp\tv vp\vp（FC）conj vp\tv vp\vp（FC）

vp\tv vp\tv （C）

vp\tv（FA）

vp （FA）

t

我们注意到，为了产生结合，Mary 和 Bill 这两个人名不得不提升以适用函数复合并以此分别与 yesterday 和 today 结合，在获得相同的范畴之后二者合一，合一的公式如下：

$[X^{+} \text{ conj } X] \rightarrow X$

我们知道双宾句可以通过基本的函数应用规则来生成，例如：

John gave a man a book.

e ttv tv\ttv（FA）vp\tv

tv （FA）

vp（FA）

t

但实际上我们也可以通过函数复合的方式生成这个句子：

John gave a man a book.

e ttv tv\ttv vp\tv

vp\ttv（FC）（R-TO-L）

vp FA（R-TO-L）

t

这样的话双宾句就有了两种生成模式。注意两种模式对应汉语不同的层次分析，以函数应用规则（FA）生成的是 [约翰 [[给一个男人] 一本书]]，而以函数复合规则（FC）生成的则是 [约翰 [给 [一个男人一本书]]]。直接宾语和间接宾语结合而成的是一个有名无实的成分（phantom constituent），这种方式在直接成分分析法当中是绝对禁止的，但是运用这种方法我们却可以很好地生成并解释双宾句构造的 NCC 结构，例如：

John　　gave　　Mary a book　　and　　Susan a record.

e　　ttv　　vp\ttv　　conj　　vp\ttv C

vp\ttv FA（R-TO-L）

vp

t

实际上我们上面分析的两个句子中的有名无实的组合是跨越层次的，把两个不同层次上的成分结合在一起了，我们也称其为具有局部组成部分的 NCC 结构，这样的例子再如：

John went to Chicago on Monday and New York on Tuesday.

Mary talked about Magnet on Wednesday and Renoir on Thursday.

Rover jumped through the hoop first and the window second.

（Dowty，1988 例）

这些句子的共同特点是动词短语的一部分被划了出去与动词短语平级的姐妹节点形成了 NCC，如下所示：

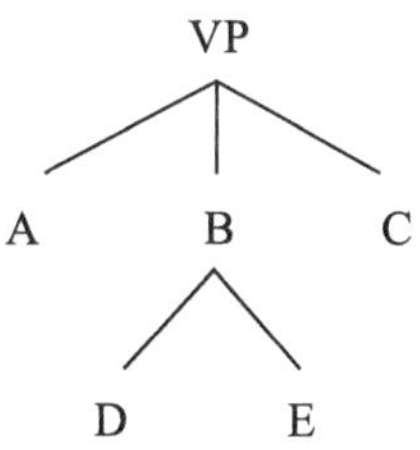

也就是说 E 和 C 形成了 NCC 结构，比如 Chicago 和 on Monday。为了生成这些例句，我们必须把动词、to 和 Chicago 全部提升，才能形成我们需要的 NCC 结构：

John　went　to　Chicago　on　Monday.

e　vp/（vp\vp）（vp\vp）/e　vp\（vp/e）（vp\vp）/e　e

vp/e　vp\vp

vp\（vp/e）

vp

t

这样我们就可以生成我们的例句了：

John　went to　Chicago on Monday　and　New York on Tuesday.

e　vp/e　vp\（vp/e）　conj　vp\（vp/e）

vp\（vp/e）

vp

t

从 NCC 现象的生成过程我们看到，同话题句的生成过程一样，函数复合起了决定性的作用。我们在第一章已经总结了函数复合规则的重大意义，范畴语法之所以能够突破直接成分的限制而发展了“语言片段”这个概念，完全是因为函数复合规则使其成为可能，而函数复合规则对汉语非连续现象的强大解释力也说明这种突破扩大了范畴语法的生成能力并使其具有了上下文敏感性。

3. 狭义 NCC 结构的树形图解释——右向节点提升（right node raising，RNR）

如果用树形图来表达 NCC 结构，我们会发现实际上这是一种两个相同范畴合为一个范畴再共用一个节点生成句子。英语语料当中这个提升的节点即共用成分在右侧而小句连接词在左侧，因而被称作右向节点提升。

转换生成语法是在维持直接成分的前提下来改变词序，相关的规则还有爬升（scrambling）、小品词分裂（particle separation）和重成分移位（heavy NP shift）。但是如果坚持这个原则，那么有些句子的生成就有问题了，比如下面的例句：

Tom maybe, and everyone is sure that Mary is a genius.

A 式（McCawley，1982）：

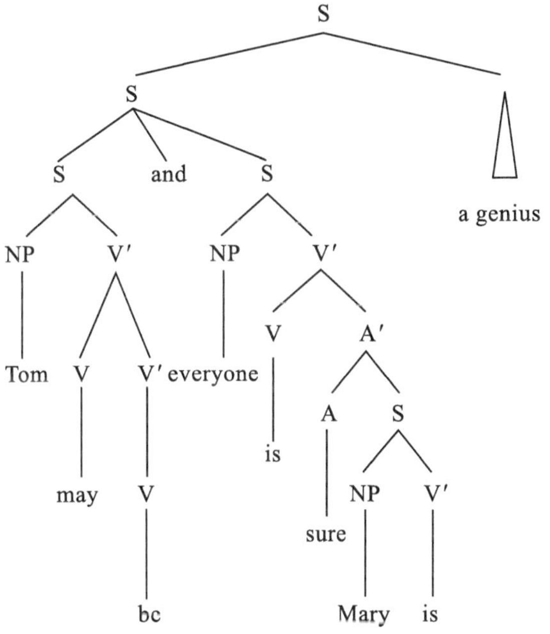

A 式是通过不改变结构方式而改变词序所产生的表层结构。这种方法生成的句子显然是违反语感的，因为在形式上一个句子由 S 和 NP 两部分组成也是十分牵强的。把这个句子当作一个非连续结构来处理就非常方便，具体方法是把 NP 单独提升出来成为共用的节点，也被称为右向节点提升，如下所示：

B 式（McCawley，1982）：

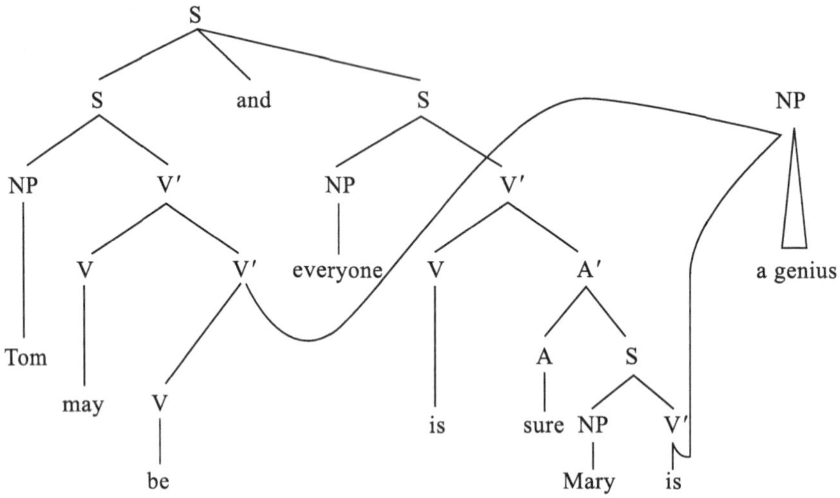

从 B 式我们可以看到，所谓的右向节点提升就是将结构相同、语序相同的两个小句最右侧的节点提取出来并共用。本质上说，节点提升的目的是为了共用，以达到两个小句融合的目的。

McCawley（1987）为非连续结构的存在提供了补充证据以及解决的方法。以下采用的基本上都是 RNR 的处理方法：

John loves and Mary hates oysters.

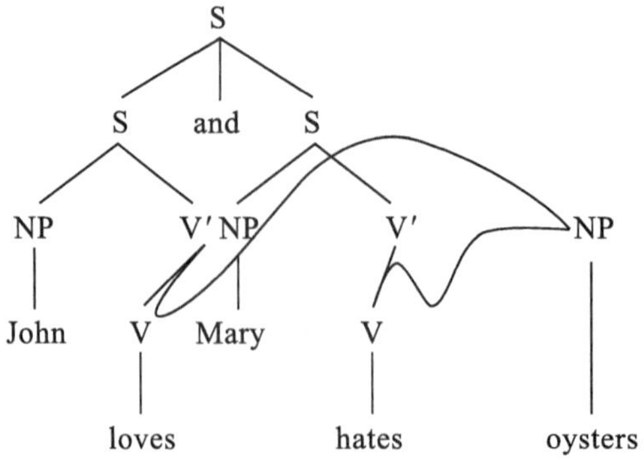

John gives books to his children, but not money.

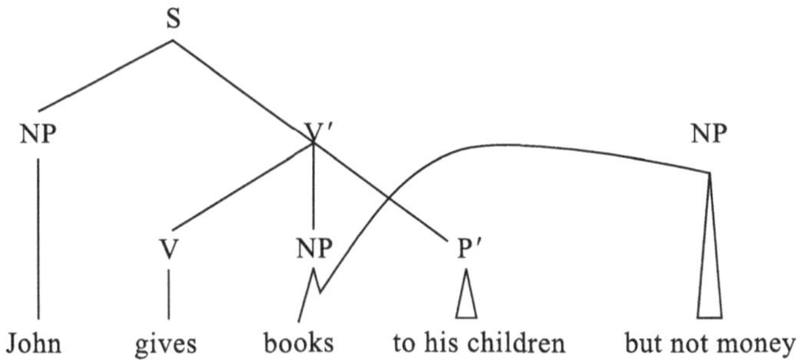

4. 汉语中的狭义 NCC 结构

汉语 NCC 结构有以下几种类型：

类型 1：主语与状语结合为一个语言片段，例如：

[我经常而他很少] 抽烟。

[张三高兴地而李四沮丧地] 走了出来。

这种句子只能用“而”连接，其生成模式是：

我　经常　而　他　很少　抽烟。

S/VP　VP/VP　conj　S/VP　VP/VP　VP　（逆向函数复合）

S/VP　　　S/VP　　（合一）

S/VP　　（并联）

S

类型 2：宾语与后置状语结合为一个语言片段，例如：

张三喝 [啤酒很快而白酒很慢]。

张三吃 [米饭很多而面食很少]。

张三学 [日语很早而英语很晚]。

这种类型的 NCC 结构是由宾语与后置状语“多、少、早、晚、快、慢”

组合为一个“有名无实”的成分。这种 NCC 结构只能用“而”连接而不能用“而……是”连接。其生成模式是：

张三　喝　啤酒　很快　而　白酒　很慢。

NP　V　V\VP　VP\VP　conj　V\VP　VP\VP（顺向函数复合）

V\VP　V\VP　（合一）

V\VP　（顺向函数应用）

VP　（并联）

S

类型 3：双宾句中的直接宾语和间接宾语结合为一个语言片段，例如：

张三给了 [李四一本书（而）王五（是）一盒磁带]。

这种类型可以用“而……是”连接，其生成模式与上文中英语双宾句一致，这里不再给出。

类型 4：主语与谓语动词结合为一个语言片段，例如：

[所有的男孩都喜欢而所有的女孩都讨厌] 那个歌手。

[我喜欢而他不喜欢] 喝啤酒。

这种格式要求两个动词的语义必须是对立的，否则不成立，例如：

* 我做他吃饭。（可以说：我做饭他吃。）

* 我挣他花钱。（可以说：我挣钱他花。）

这种类型只能用“而”连接并且能够话题化：

那个歌手所有的男孩都喜欢而所有的女孩都讨厌（他）。

啤酒我喜欢喝而他不喜欢。

其生成模式是：

男孩　都喜欢　而　女孩　都讨厌　那个歌手。

S/VP　VP/NP　conj　S/VP　VP/NP　NP　（逆向函数复合）

S/NP　S/NP　（合一）

S/NP　（逆向函数应用）

S

5. 汉语中两种特殊的共用节点结构

5.1 “NP_1 而不是 NP_2”短语

汉语中存在一类特殊的节点共用情况，我们先来看下面的两组例句：

A 组：

[我买了]一斤花生油而不是瓜子油。（我买了一斤花生油，我没有买瓜子油。）

[我要去]北京而不是上海。（我要去北京，我不去上海。）

[德国人喜欢]啤酒而不是白酒。（德国人喜欢啤酒，德国人不喜欢白酒。）

[张三给了孩子]书而不是钱。（张三给了孩子书，张三没有给孩子钱。）

B 组：

[张三而不是李四]最聪明。（张三最聪明，李四不是最聪明的。）

[中国菜而不是韩国菜]最受欢迎。（中国菜最受欢迎，韩国菜不是最受欢迎的。）

上面的句子在后面的括号中都注明了相应的完全句形式。完全句的合并是基于前后两个小句的同序与基本同构（前小句为肯定，后小句为否定）。但问题是两个小句一个是肯定，一个是否定，这种合并是如何进行的呢？我们认为，为了与前小句完全同构，后小句进行了否定转移——把命题否定算子“不/没”加诸 NP 之上，也即：

我没有买瓜子油：¬（我买瓜子油）→我买（¬瓜子油）

李四不是最聪明的：¬（李四最聪明）→（¬李四）最聪明

（“¬”代表否定算子“非”）

通过这种否定算子转移，使得前小句与后小句严格同构，进而共用节点。A 组例句是共用“主语＋动词”节点而 B 组例句共用“动词＋宾语”节点。其生成模式都是“NP_1 而不是 NP_2”合一为一个 NP，再与其他成分生成句子。它们的树形图模式分别是：

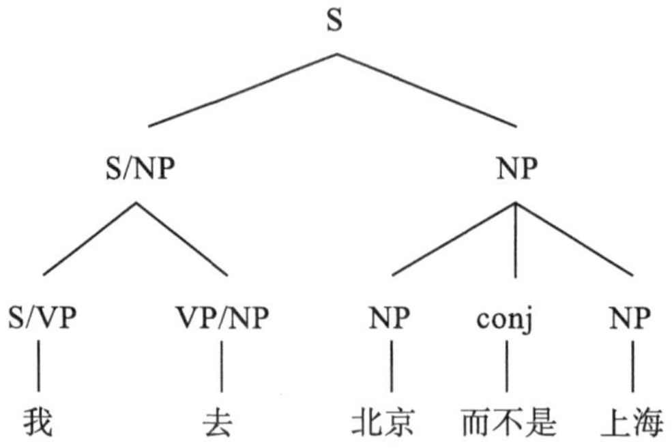

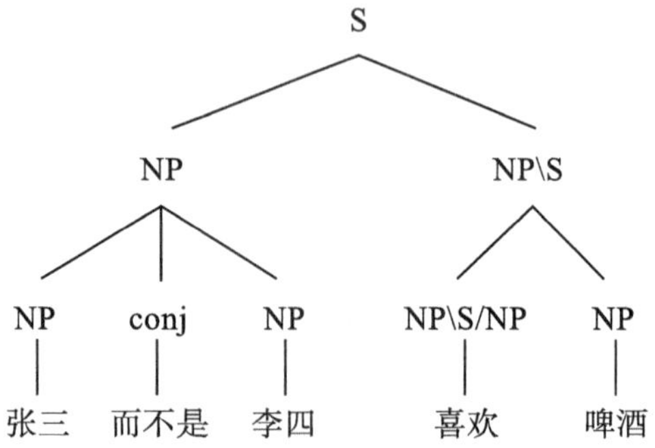

这样的树形图结构意味着“而不是”是连接NP的连词，“NP_1而不是NP_2”合一为一个NP，也就是说“NP_1而不是NP_2”成为一个成分。下面的这些句式变化似乎可以说明这一点：

话题化：啤酒而不是白酒德国人最喜欢。

这家而不是那家饭馆留学生常常去。

被动化：张三的钱而不是李四的被偷了。

张三的书而不是李四的被他弄丢了。

“把”字句：他把你的书而不是我的拿走了。

我把衬衫而不是裤子洗干净了。

此时“而不是”最好被看作名词短语之间的连词。陆宗明（1993）把联结词区分为联结词项的项联结词和联结语句的句联结词。“而不是”显然应该是一个句联结词，但在 NCC 结构中却转化为联结 NP_1 与 NP_2 的项联结词，语义类似“和”，不同的是它是一种取舍联结词。

5.2 一类特殊的“兼语式”

邢欣（2004）从 V_1 的致使性角度排除表示强调和无定的动词“是”“有”类句型，把兼语式的范围局限在了带有 [+ 致使] 意义这一类动词的范围里，我们同意这种限定，在第九章我们正是从致使性的角度论证了将兼语短语中的 V_1 和 V_2 分析为非连续及物动词短语 TVP。那么，下面的句子就不应该是兼语式了：

我买了一个皮包非常漂亮。

他有个女儿很聪明。

他娶了个媳妇很漂亮。

我买了一本旧杂志缺了两页。

但是无论是从结构上还是语义上这些句子确实与兼语句有相似之处，因此不管过去还是现在，许多研究者仍然将这类句子列为兼语句的一个次类。那么，这样的句子与典型的兼语句到底有何不同呢？

这些句子有话题化形式，也可以反身代词化，句中还可插入连词，例如：

那个皮包我买了并且很漂亮。（话题化）

他有个女儿很爱自己。（反身代词化）

他娶了个媳妇很爱自己。（反身代词化）

我买了一个皮包并且很漂亮。（句中插入连词）

他有个女儿并且非常聪明。（句中插入连词）

需要注意的是表达致使义的兼语式不能在中间插入连词“并且”，这说明这类句子不是兼语式，而有可能是 RNR 结构。我们来看下面这个共用 NP 节点的树形图：

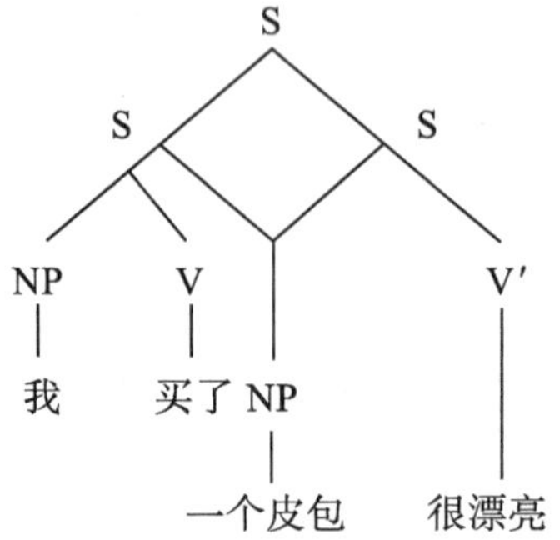

从树形图上看，这是一种非常特殊的共用节点情况。关键在于“我买了一个皮包”这一部分的树形图分析。从图上我们看到，“我买了一个皮包”被分析成了左分支结构而不是通常的右分支结构：

a.　　　　　　　　　　　　　　b.

也就是说我们把这个小句分析为 a 模式而不是 b 模式，这也意味着，这句话的层次是：

[[我买了] 一个皮包]

实际上我们对上面这两个结构图并不陌生，因为我们在第一章介绍范畴语法的“语言片段”概念时进行了介绍。由于前小句分析为这样的结构，使得两个小句的共同成分“皮包”处于树形图的同一层次并且可以被共用。这是汉语中存在的一类特殊现象，既不是右向节点提升也不是左向节点提升，而是兼语式的节点共用。但是这种结构显然不同于我们在之前论述的 TVP 构造兼语句，或者更严格地说不是兼语式而是节点共用。我们再来看这种句式中反身代词的照应情况：

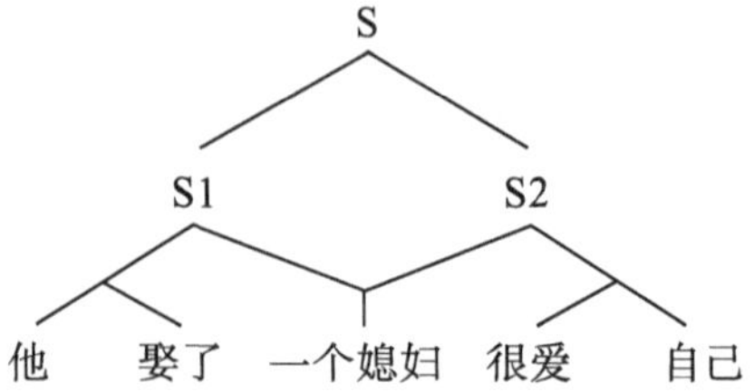

这类句子的反身代词照应是歧义的——“自己”既可以是“媳妇”也可以是“他”。前者很好解释，是典型的域内照应，而后者则需要特别说明。上图是一个完全对称图形，通过“一个媳妇”的传递，“他”统制“自己”，因而二者同指。

范畴语法中的每种内包（wrapping）的函数都有两种分布：1）分布在论元周围；2）插入论元中。后者是中缀式（infixes），前者是环绕型词缀（circumfixes），这种例子是极其少见的，其实可以看作是前缀后缀同时操作的过程。我们在第九章论述了汉语兼语短语，得出的结论是兼语的宾语是插入的，而像“他娶了个媳妇很漂亮”这样的共用节点生成的句子则是环绕型词缀化操作，尽管其结果似乎与兼语相同，但实际上是两种相反的操作。

桥本万太郎（1985）区分了句法结构的顺行结构（progressive structure）和逆行结构（regressive structure），分别与我们所说的左分支结构和右分支结构相对应。同时他也指出：“在某种自然语言的各种结构里，某些部分是顺行结构的话，其他部分也常常是顺行结构；同样，某些部分是逆行结构的话，其他部分也常常是逆行结构——至少这种统一的趋向是可以确认的。即使找出一个语言有两种结构相混的反常例子，多数也能以历史的、区域的推移过程中产生的过渡现象加以解释。”关于顺行结构与逆行结构的相混结构，他在英语和日语中都找到了实例。显然上面我们讨论的这种对称结构就是桥本万太郎（1985）所说的顺行结构与逆行结构相混的反常例子，其成因也许正如桥本万太郎所说的是“历史推移过程中产生的”。石毓智（2001）及石毓智、李讷（2001）详细论述了汉语动补结构从 VOC 到 VCO 的发展过程并指出，动补结构的发展对汉语句法体系的演化具有重要影响，比如体标记的诞生、“把”“被”结构的迅速发展、动词拷贝结构的出现、受事主语的增加，等等。实际上，汉语动补结构的发展是与顺行结构与逆行结构的混合结构的出现紧密相关的，桥本万太郎以此来说明混合结构出现的历时原因：

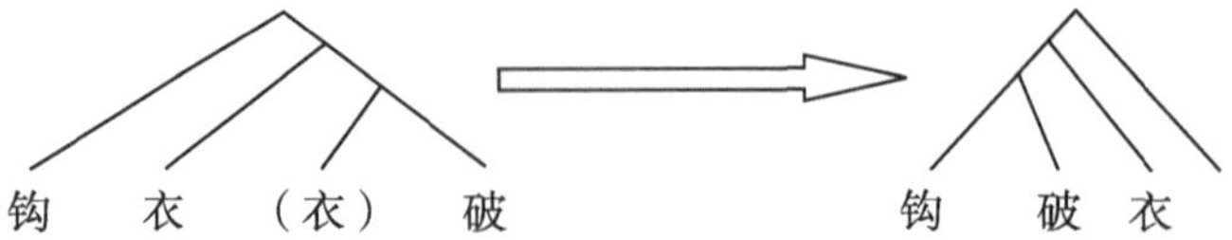

上面是顺逆行结构统一图式，说明了汉语的顺行结构向逆行结构的统一，这就说明，我们的 NP 节点共用分析在这种历时背景下是有可能的。

本章参考文献

Dowty, David R. (1988) Type-Raising, Functional Composition, and Non-constituent Conjunction. In Richard T. Oehrle, Emmon Bach, and Deirdre Wheeler (eds.), *Categorial Grammars and Natural Language Structures*, 153-197. Dordrecht: D. Reidel Publishing Company.

Hudson, Richard (1982) Incomplete Conjuncts. *Linguistic Inquiry* 13: 547-550.

McCawley, James D. (1982) Parentheticals and Discontinuous Constituent Structure. *Linguistic Inquiry* 13: 91-106.

McCawley, James D. (1987) Some Additional Evidence for Discontinuity. In Geoffrey J. Huck and Almerindo E. Ojeda (eds.), *Syntax and Semantics 20: Discontinuous Constituency*, 185-200. New York: Academic Press.

Oehrle, Richard T. (1987) Boolean Properties in the Analysis of Gapping. In Geoffrey J. Huck and Almerindo E. Ojeda (eds.), *Syntax and Semantics 20: Discontinuous Constituency*, 203-240. New York: Academic Press.

Ross, John R. (1970) Gapping and the Order of Constituents. In Manfred Bierwisch and Karl Erich Heidolph (eds.), *Progress in Linguistics*, 249-259. The Hague: Mouton.

Steedman, Mark (1990) Gapping as Constituent Coordination. *Linguistics and Philosophy* 13: 207-263.

Steedman, Mark (2000) *The Syntactic Process*. Cambridge, MA: A Bradford Book, The MIT Press.

Wood, Mary McGee (1993) *Categorial Grammars*. London and New York: Routledge.

刘月华、潘文娱、故　韡（2001）实用现代汉语语法（增订本）[M]，北京：商务印书馆。

陆宗明（1993）汉语逻辑概论 [M]，北京：人民出版社。

桥本万太郎（1985）语言地理类型学 [M]，余志鸿译，北京：北京大学出版社。

石毓智（2001）语法的形式和理据 [M]，南昌：江西教育出版社。

石毓智、李　讷（2001）汉语语法化的历程——形态句法发展的动因和机制[M]，北京：北京大学出版社。

邢福义（1997）汉语语法学 [M]，长春：东北师范大学出版社。

邢　欣（2004）现代汉语兼语式 [M]，北京：北京广播学院出版社。

第十一章　词汇语法与构式语法

构式语法（也称句式语法，参见陆俭明2004a）是从Fillmore的框架语义学（frame semantics）中发展出来的。Goldberg（1995）首次提出构式语法（construction grammar）的概念至今，构式语法已成为认知语言学中一个引人注目的流派并在近年受到我国语言学者的重视，相继出现了引介性文章（沈家煊，2000；董燕萍、梁君英，2002；陆俭明，2004a、2004b等）及一些具体运用构式概念对汉语中的一些特殊句式及动词配价等问题进行研究的文章（张伯江，1999、2000；沈家煊，1999、2000；陆俭明，2004a、2004b等）。由于这种语法流派与词汇语法直接对立而密切相关，因此我们不得不对构式语法进行评价，并探讨其与词汇语法之间的关系，以此加深我们对这两种不同语法体系的认识，并希望能够对构式语法在汉语研究中的正确定位及运用有所帮助。

1. 构式语法要旨

1.1　构式的定义

我们这里对于构式语法的评价主要针对Goldberg（1995）中所提出的构式语法的概念及基本体系，同时也涉及其近年来的一些发展成果。Goldberg（1995）是这样定义构式的："一个结构C是一个构式，当且仅当C是一个形式—意义有序对 <F_i, S_i>，并且 F_i 的一些特性或者 S_i 的一些特性并不是C的组成部分所能断定的或者从已经存在的其他句式是无法断定的。"从这个定义中我们不难看出，这里主要强调的是构式具有自己独特的意义，这种意义是不依赖于或者说独立于个别动词的意义而存在的。在这样的定义之下，构式就成为语言中的一个基本单位，而短语结构也被看作是构式——如果其形式或者意义不能严格地由其组成成分的性质所预测或不能从其他句式推导出来。可见，如果能够证明一个形式的意义或形式本身不能组合性地从其他已然存在的句式中推导出来，那么就有必要把这个形式作为句式列入语法当中。

构式语法当中“构式”的概念应该说是相当宽泛的，并不只是指那些大家认为是比较特殊的句式，也包括最基本的句子格式，并认为论元结构句式（argument structure constructions）是构式的一种特殊小类，能够提供最基本的小句表达手段。而句式意义的本质、把动词与句式联系起来的原则及句式之间的关系是构式语法最为关注的。

构式语法区分了两种配价结构，相应地突出两种不同层次的论元，动词的框架语义学论元角色叫作参与者角色（participant roles），而构式的题元角色叫作论元角色（argument roles），二者的区别在于动词与具体而特定的角色相联系而构式则与更宽泛的如施事、受事、目标等这样的角色相联系。

1.2　构式的判定

作为一个构式的理由需要说明其从词汇角度看，其语义不是组合性的。这种特定的词汇的组合并不直接导致句义解释。这也就是说构式是对语义非组合性的解释，而反过来语义的非组合性也是构式的判定标准。

1.3　动词意义与构式意义的关系

构式语法自认为并不是片面强调构式的意义而否认动词的意义，相反，Goldberg（1995）认为构式语法不能只是自上而下的语法，进而把构式意义强加给动词，其实它既是自上而下的，又是自下而上的。他承认动词的语义属性框架语义特征，同时也承认动词的丰富的框架语义知识，而在特定构式当中动词可以出现“新用法”(或称“创造性”用法，novel uses of verbs in particular constructions)。我们认为，这一表述导致一个问题——构式对于动词似乎是没有选择性的，只要进入一个构式该构式就赋予了动词新用法，所以构式语法认为一个句式一旦建立就可以规约化(conventionalized)。

我们需要确定的是：构式的规约化力量到底有多么强大？是不是对所有的动词都是如此呢？而动词丰富的框架语义知识不是由动词语义的丰富性而来吗？对于不同基本语义的动词进入同一句式，Goldberg 解释为“句式表达一组相近的意义而不是一个抽象的意义”，这实际上是把动词的语义差别转移到构式上了，对构式范畴的确立是不利的。

2. 构式语法对词汇主义的批评

Goldberg(1995)开宗明义地指出，一个完全的词汇的或者自下而上的方案不能够解决英语中所有的语料并对此进行了批评，他主要针对词汇语法提出了句式语法的若干优点，我们对此逐一进行探讨和评价。

第一，不合理的动词感觉被避免了。

这一点主要针对的是词汇主义对于动词“特殊意义”的提法并认为动词基于特殊意义而“变价”的观点。如果考虑到这些特殊的意义，Goldberg 认为词汇主义的观点会导致这样的结论：这些有基本意义而在一些句法形式中有特殊意义的动词是歧义的，而没有一种语言会用不同的动词来分解这种歧义。

实际上“歧义”说是比较武断的，因为“歧义”是指毫不相关的意义，但是词汇语法中所说的“特殊意义”是与动词基本意义紧密相关、由动词基本意义蕴涵而来的，这也非常符合语言的经济性原则。如果使用不同的动词来分解这种“歧义”，那么可以想见这种语言的词汇将是何等臃肿。词汇语法并不否认句子格式对于判断动词意义的作用，因为句子格式不是由动词投射而来的，而是由动词的某个具体的意义投射而来的。换句话说，构式语法当中的构式对非原型典型动词来说是有意义的，但是对原型动词来说仍然是基本句式。构式的意义不是凭空而来，仍然是从动词的意义而来的。正像袁毓林（2004）所评述的那样："这种能决定句式配价的句式意义是由动词的论元结构提供的，动词的论元结构中各论元角色之间的语义关系的抽象化为有关句式提供了最初的意义。"对此我们需要补充的是，"动词的论元结构"应修正为"表达某一特定意义的原型动词的论元结构"。

第二，循环性（circularity）被避免了。

在许多语法理论（如 GB，LFG）中句法是词汇的投射，动词被认为是最重要的，动词决定了其补足语的数量和种类。这样，动词被类比为形式逻辑中的谓词，具有固定的不同数量的论元。Goldberg 认为，构式语法对于论元结构的方案允许我们避免这样一个循环论证："一个动词是 n 元谓词所以有几个补足语，当且仅当它有 n 个补足语。而动词有一种或多种基本意义。也就是说，一个动词（如 kick）有可以带 n 种论元的意义（n-argument sense）是基于它可以跟 n 种补足语共现这一语言事实，而动词之所以可以跟 n 种补足语共现是因为它有可以带 n 种论元的意义，由此，词汇主义语法就造成了循环论证（circularity）。"

正如我们所强调的，词汇主义的配价实际上是基于动词动态语义的配价，动态语义与配价之间是一种表里关系——意义是"里"，配价是"表"。这种关系不能说是一种循环论证。实际上，由于动词语义上具有动态性的特点，其配价结构也很难一言以蔽之，词汇语法中这种循环论证同样是可以避免的。但是需要指出的是，构式语法避免这种循环性的手段是将 n 元谓词换成 n 元句式才达到的，已知某种句式是 n 元句式，那么其动词必然为 n 元动词。从构式而不是动词语义的角度来确定动词的配价，这种做法显得更为间接。首先是构式配价来源于原型动词的配价，确定了构式配价后再用以决定句式中动词的配价，这在某种程度上来说才是一种真正的循环论证。

第三，语义的缩减（parsimony）。

Goldberg同意动词出现在不同构式中其语义表达是完全不同的，但这些区别不应该归因于不同的动词意义，而可以简单地被认为是构式自身的意义，这样，动词复杂的语义就被大大缩减了。

根据本文的分析，每种句式都有一些原型动词和非原型动词。如果用构式意义来说明动词的意义，由于构式并不能把自己的意义赋予任意一个动词，那么每种构式就不得不说明哪些非原型动词可以进入该句式并对能够进入的原因或者条件进行说明。事实上构式语法近期对于动词与句式之间关系的探讨做的正是这件事——因为动词与构式之间的关系太复杂了，如Goldberg（1997）认为动词和构式之间主要有四种关系：增添（elaboration）、动态作用力（force-dynamic relation）、前提条件（precondition）、同时进行的行为或动作（co-occurring activity）。这就表明构式语法对于动词意义的缩减是毫无意义的，表面上看来是缩减了词汇的“特殊意义”，但却增加了动词与构式关系这个层面，对动词词义的变化进行说明。

第四，保持了组合性。

构式语法认为，一个构式可以建立在语法当中，当且仅当这个语法（或已建立的构式）的其他方面无法严格地预测（predictable）这个构造的形式、意义或用法。为了更好地理解这一原则，我们要考虑组合性概念。认识到了具有内容性的构式的存在，构式语法试图用最弱的方式来保持组合性：一个表达的意义是把词汇项目的意义整合为一个构式意义的结果。这样构式语法就不必声称：句法和语义绝对是由主要动词的特定性质投射而来的。关于语义的弱组合性，构式语法提出一个假设：简单小句句式直接与反映人类经验的事件或情景语义结构相联系。这也就是说构式语法承认简单句子与语义直接联系，而组合语义学只在简单句中适用。

我们不难发现实际上构式语法对于句法结构的组合语义特征的论述有自相矛盾之处。首先，构式语法似乎声称是维护语义组合性原则的；其次，承认简单句直接与语义相联系而体现组合语义学；第三，又说明构式是非组合语义特征所导致的结果。实际上，之所以称之为“语义的弱组合性”是因为构式语法认为组合语义学是很难贯彻到句法各个层面的，而提出“构式”具有独立的意义本身是对组合语义学缺陷的弥补和拯救。

3. 构式语法可能存在的问题

如我们上文所说，非原型动词进入某种句式形成的句子与原型动词进入该句式形成的句子之间存在的句法差异，主要表现为句法操作方面的差别，这在构式语法当中是不曾提及实际上也是无法解决的，过分强调构式的意义就模糊了原型动词与非原型动词之间的界限。

Goldberg（1995、1998、2000、2001）认为：“虽然在一个句子的所有词语中，动词似乎携带了有关句法和语义的最大信息量，但是动词所具有的对句子整体意义的预测能力并没有我们过去所想象的那样强劲。”（转引自董燕萍、梁君英，2002）我们认为实际上这也许是我们对动词词汇意义动态性的预测过于狭窄、研究不够深入所致。

构式语法存在的另一个突出的问题是构式的不完全能产性。袁毓林（2004）认为：“如果句式具有配价能力，那么它可以自由地指派（assign）论元，于是，特定句式对某种语义类别的动词应该具有相当的开放性。”但是事实上正如Goldberg所指出的，许多构式只是在一定程度上具有能产性，即部分能产性。也就是说，构式意义并不能自由地而是有选择地加诸动词之上。构式的这种不完全能产现象，如果不能找到合理、充分的解释，那么，构式作为一种独立自主的语法实体、可以不依赖动词而指派论元等论断的可靠性就要大打折扣了。这种不完全能产性从另一个侧面说明，构式只选择语义上与句式义相吻合的动词而不是全部，这样就又回归到动词语义上来了。

因为构式语法是建立在认知语言学基础上的理论体系，所以构式语法也具有认知语言学的一些弱点。（石毓智，2004）这主要体现在两个方面：第一，构式语法过分强调每一种语法结构的独立性，否定结构之间可能的“转换”关系；第二，构式语法过分强调语法系统的开放性，忽略了它的相对独立性。构式语法持非模块性的观点，这本身无可厚非，但关键的问题是：支持这一观点的来自于构式语法内部的证据似乎就是支持“构式是语法、语义和语用的一体”的那些例子。因为我们怀疑这种“三位一体”的合理性，所以我们怀疑构式语法是否能够为非模块的语言观提供更多的来自于构式语法本身的证据。

张伯江（2000）从构式语法角度概括出“把”字句整体意义是：“由 A 作为起因的，针对选定对象 B 的，以 V 的方式进行的，使 B 实现了完全变化 C 的一种行为。”国内学者对这种研究方法和研究结论普遍给予肯定，他本人也认为“这样的句式整体意义，不是靠动词的支配能力（配价）分析所能得出来的，也不是能够靠施事、受事这样的概念说明的，这是语法分析‘综合观’的结果”。但细究起来我们发现，这种构式义的概括同样也适用于 S—VR—O 式结果补语和“得”字补语句，也就是说并没有成功地将“把”字句相对于“S—VR—O”句式和“得”字补语句的个性充分表达出来。实际上，这一研究实践再次表明，构式语法的合理性及其对于汉语研究的适用性是值得我们认真考虑的。

4. 构式的作用及在汉语研究中的应用

4.1 构式的作用

构式概念在汉语研究中的意义在于，作为一种外部形式可以帮助我们判断词义发生的变化，并成为具有某一共同语义的动词的聚合体。

汉语研究之所以注意到构式语法并开始强调构式的作用其起因是配价语法

所面临的一些难题。配价语法在汉语中的研究尤为深入，并发现了一些问题，比如动词语义的不确定性导致了“词无定价、依句辨价”的局面。对此我们的看法是：系统的简单性、语法的最简性是我们追求的目标，但不能以牺牲描写和解释的充分性为代价。在下位目标没有达成的情况下，我们不能急于顾及上位目标。

动词语义的动态性看似不可琢磨，但并不是不可归纳的。如何对待和处理本文提出的这些非原型动词，袁毓林（2004）提出了非常中肯的主张，即采用归纳和类推的方法。具体做法是从一定数量的实际语料中归纳、总结各种动词的配价情况，概括出它们的论元结构，然后预测，在其他语境下，这些动词跟名词的组配情况将是什么情况。他认为：“这是一种基于用法的语法模型（usage-based model of grammar），从归纳中得到一般性的概括，再用一般性的概括来解释已有的相关现象并预测可能出现的相关现象。”我们认为，这种方法的本质就是语言研究中的先自下而上再自上而下的方法，构式语法在自上而下的过程中发挥作用。具体地说，构式的主要作用之一是显现词义的变化。在确立原型动词与非原型动词的基础上，如果某个非原型动词进入该构式，那么就可以比照原型动词考虑该动词是否发生了语义上的变化。换句话说，构式是词汇意义的外部表征或表达方式，在这个意义上，构式就具有了对动词语义的过滤作用：凡是蕴涵义与该构式相同的动词可以进入该构式，否则不然。必须明确的一点是：不存在没有原型动词的构式。

沈家煊（2000）建议将构式语法引入汉语配价语法研究当中来，他认为句子都是构式的体现，而构式有其自身独立于组成成分的整体意义，这个整体意义是无法完全从组成成分中推导出来的，这就是“整体大于部分之和”。组成成分的意义固然对句式整体意义的形成有很大的贡献，但是反过来句式的整体意义也制约着组成成分（包括动词）的意义。他把配价语法遇到困难的原因归纳为两点：一是在研究动词的配价时没有考虑到构式自身还有其独立于动词和相关名词性成分的意义；二是没有认识到动词的词义不仅仅是一些“客观的”

语义特征，更不是用目前的价数或者价类分析就能充分说明的。我们认为，采用这样的方法意味着把词义层面的问题诉诸构式意义上去。这样做的好处是我们得到了所希望的“词有定价”，从本质上说这是为了解决动词配价问题不得已而为之的一种做法。我们在上文中已经指出了这种方式的缺陷及不合理之处，这里不再重复。

对构式语法的批评并不是说“构式”作为一个句法单位是毫无作用的。与Goldberg（1995）类似，沈家煊（2000）也提出并强调应该从构式出发来观察动词和相关名词的组配关系，这是自上而下的研究路向。自下而上的研究应该跟自上而下的研究结合起来才能对句子的合格性做出充分的解释。应该说在确定了句式义之后再理解并确定动词意义是十分有效的手段，毕竟词义的动态性只有入句之后才体现出来。但需要注意的是，此时我们把这种“自上而下”的方法看作一种理解和判定动态词义的标准和参照，而并不是一种句法模式。具体地说，我们采用的是先自下而上再自上而下这样一种类似循环的过程：首先从动词基本语义，即“理想的认知模型”（idealized cognitive model，ICM）（Lakoff，1987）下的语义来考察其配价结构所形成的句式，我们认为每种句式的意义正是来源于这些动词，在确定句式意义之后，再反观那些出现在该句式中的非原型动词，确定这些动词的动态语义。从词汇主义的观点和立场出发，我们坚持这样一种观点：动词配价结构依据词义而定。

4.2 构式语法在汉语研究中的应用

陆俭明（2004a）把郭锐（2004）的“词语的语法多功能性”和“词语的语义多功能性”这二者结合起来统称为“词语的语法、语义多功能性”，并指出：

> 同一个动词之所以会形成不同的构式，就是由语言所具有的这种词语的语法、语义多功能性的特性所决定的。按照句式语法理论和词语的语法、语义多功能性的观点，语言研究要重视对一个个具体句式的研究，而

且要从具体句式所表示的语法意义来考察分析句式内部词语之间的语法关系与语义关系。而具体的句式可能不只限于跟基本论元结构相关的那些句式，可能包括所谓的“变式”，可能包括由于语用因素所造成的格式。

陆俭明（2004b、2008）从五个方面进一步明确了构式语法理论对于汉语研究的指导意义，但是同时他也指出其存在四个方面的局限性，其中一点就是对放弃组合性的批评：“放弃投射的观点和与之相关的组合规则，认为‘词库和句法之间没有严格的分界线’，甚至认为没有必要制定句法组合规则之类的规则，这样就等于取消了句法组合理论。而这无论从语言教学、自然语言处理以及对语言本身种种现象的解释都是不利的。”（陆俭明，2008）正如我们在第一章的 § 2.2.5 中总结的，陆俭明从词汇意义的角度对构式语法进行了补充和修正。

总之，汉语研究中采取词汇语法与构式语法相结合的方式是实际可行的，但需要注意的是不能过分夸大构式的作用而忽视词义分析的作用，这对语法体系的构建是不利的。

本章参考文献

Goldberg, Adele E. (1995) *Constructions—A Construction Grammar Approach to Argument Structure*. Chicago: The University of Chicago Press.

Goldberg, Adele E. (1997) The Relationships between Verbs and Constructions. In M. Verspoor, K. Lee, and E. Sweetser (eds.), *Lexical and Syntactical Constructions and Construction of Meaning*, 383-398. Amsterdam: John Benjamins.

Goldberg, Adele E. (1998) The Emergence of the Semantics of Argument Structure Constructions. In B. MacWhinney (ed.), *The Emergence of Language*, 197-212. Hillsdale, NJ: Lawrence Erlbaum Associates.

Goldberg, Adele E. (2000) The Contribution of Argument Structure Constructions to Sentence Meaning. *Journal of Memory and Language* 43: 640-651.

Goldberg, Adele E. (2001) Patient Arguments of Causative Verbs Can Be Omitted: The Role of Information Structure in Argument Distribution. *Language Sciences* 34: 503-524.

Lakoff, George (1987) *Women, Fire and Dangerous Things: What Categories Reveal about the Mind*. Chicago: The University of Chicago Press.

董燕萍、梁君英（2002）走近构式语法 [J],《现代外语》第 2 期，142-152 页。

郭　锐（2004）语法的动态性和动态语法观 [A]，载《21 世纪的中国语言学》第一辑 [C]，商务印书馆编，北京：商务印书馆。

陆俭明（2004a）词语句法、语义的多功能性：对“构式语法”理论的解释[J]，《外国语》第 2 期，15-20 页。

陆俭明（2004b）“句式语法”理论与汉语研究 [J],《中国语文》第 5 期，412-416 页。

陆俭明（2008）构式语法的理论价值与局限 [J],《南京师范大学文学院学报》第 3 期，142-151 页。

沈家煊（1999）“在”字句和“给”字句 [J],《中国语文》第 2 期，94-102 页。

沈家煊（2000）句式和配价 [J],《中国语文》第 4 期，291-297 页。

石毓智（2004）认知语言学的“功”与“过”[J],《外国语》第 2 期，21-33 页。

袁毓林（2004）论元结构和句式结构互动的动因、机制和条件——表达精细化对动词配价和句式构造的影响 [J],《语言研究》第 4 期，1-10 页。

张伯江（1999）现代汉语的双及物结构式 [J],《中国语文》第 3 期，175-184 页。

张伯江（2000）论“把”字句的句式语义 [J],《语言研究》第 1 期，28-40 页。

结　语

本书运用范畴语法理论，严格贯彻词汇主义语法的语义组合性原则及语义规则对应句法规则的理论主张，对汉语语法关系、话题化过程、TVP 构造（含“把”字句、致使义“得”字补语句和兼语句）及 NCC 结构进行了全面、深入的探讨，将汉语中一系列重要语法现象统一到“非连续”这一本质特征上来。句法非连续分析方案来源于语义的组合性，而句法、语义的同构要求句法提供相应的组合性——哪怕不是连续的形态也要在句法上组合在一起。这个过程似乎背离了句法决定语义这一前提，但实际上语言研究从语义入手是可行的，特别是像汉语这样缺乏丰富形态特征的语言。尽管如此，我们仍然坚持这样一个原则：句法提供语义解释的基础，也就是说句法是最本质的。

如果说本书能够取得一些成果的话，那么我们认为应该是以下几个方面：

首先，我们基于具体的动态词义分析提出了确定语法关系的原则：语法关系由动词（谓词）的具体意义蕴涵，主语、宾语这样的功能性成分是动词的“谓词—论元”结构中的施事论元序列成员及受事论元序列成员的句法实现。这种方式或隐或显地体现在汉语配价语法的一些研究当中，但并没有自觉地上升为一种原则将题元角色与句法成分明确对应起来。这种确定语法关系的原则也凸显了词义分析的重要地位。

第二，提出并论证了原型动词与非原型动词范畴并说明了二者的句法差别，明确指出“任何句式都源于原型动词，不存在没有原型动词的句式”。这样，句式研究必须对这两种不同性质的动词进行甄别并分别对待，希望能对句式研究的进一步深入有一定的参考价值。

第三，明确提出话题是来源于基本语法关系的派生语法关系，提出了话题化过程中的三个重要原则并澄清了话题研究当中的一些误区，如话题化的广泛使用抹杀了主谓谓语句的基础句地位、“次话题”与“多重话题”结构的提出等，同时通过对汉语作格性的分析提出 VP_E 动词短语范畴。

第四，通过句法、语义、事件结构等多方面分析在汉语中确立了 TVP 动词短语这样一个范畴，并将“把”字句、致使义“得”字补语句和兼语句统一分析为非连续及物动词短语 TVP，它们共享下面这个树形图：

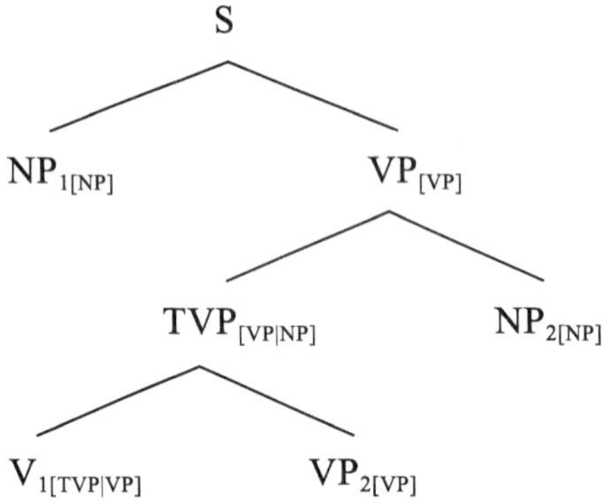

这种分析否定了“把”字介词说，论证了“把”直接表达抽象的致使意义并将“把”后 NP 处理为“把……VP”的直接宾语，这一方面对“把”字句提供了全新的句法分析方案，同时也说明“把”字句并不是“汉语正在从 SVO 型语言发展到 SOV 型语言”的论据。同时，TVP 分析方案为汉语中的反身代词长距离约束现象的产生提供了解释。

第五，本书对词汇语法的贯彻与坚持表明，深入、细致的词汇意义及语义分析能够解决汉语句法分析中的一些问题。实际上汉语句法的灵活性很大程度上是由词义的灵活性造成的。由于词义的变化缺乏形态上的反映，因此汉语中的词义分析需要更为慎重，句式无疑是词汇意义改变与否的过滤器，因此二者必须结合起来才能更加有效。

最后还要说明的是，自 20 世纪 90 年代以来，国内陆续出现了若干篇范畴语法的引介性文章，应用方面主要集中于计算语言学及词库建设，从本体角度系统研究汉语问题的不多，本书是这方面的一个尝试。早在范畴语法刚被引入国内之时，充分运用这一理论进行深入研究的语言就已有十余种，我们希望本书能够说明范畴语法对于汉语的研究同样适用。

当然，以上五个方面只是我们的理想目标，由于水平所限未必论证得十分严密和清晰，再加上牵涉的语法项目过多造成很多问题的论证不够集中和深入，但我们仅希望在句式语法正在兴起、成熟的形势下，通过本书引起汉语学界对词汇语法与词义分析的重视。汉语配价语法研究已经取得了丰硕的成果，如果我们能够坚持和贯彻词汇主义理念，收获一定会更多。